Johann Möller

Der verteidigte Luther

Gründliche Widerlegung was die Päbstler Dr. Martin Luthers Person vorwerfen

Johann Möller

Der verteidigte Luther

Gründliche Widerlegung was die Päbstler Dr. Martin Luthers Person vorwerfen

ISBN/EAN: 9783743456228

Hergestellt in Europa, USA, Kanada, Australien, Japan

Cover: Foto ©ninafisch / pixelio.de

Weitere Bücher finden Sie auf **www.hansebooks.com**

Der vertheidigte Luther,

das ist:

Gründliche Widerlegung

dessen, was die Päbstler

Dr. Martin Luthers Person vorwerfen

von seinen

Eltern, Geburt, Beruf, Ordination, Doctorat, Ehestand, Unzucht, Meineid, Gotteslästerung, Ketzerei, Hoffarth, Saufen, Unflätherei, Unbeständigkeit, Aufruhr, Lügen, Gemeinschaft mit dem Teufel, Verfälschung der Schrift, Tod, Begräbniß 2c. und was sonst seine Schriften, Werke, Sitten und Reden betrifft.

Kurz und ordentlich verfaßt durch

Johann Möller,

Dr. der heil. Schrift, Pastor der Haupt=Kirche St. Petri, Senior des Ehrw. Ministerii und Inspector der Schulen in Hamburg.

———◆◆◆———

St. Louis, Mo.,

Zu haben bei M. C. Barthel, Agent.

1868.

Vorrede.

Dr. Johannes Möller (auch „Müller" geschrieben) war im Jahre 1598 zu Breslau geboren. In seinem achtzehnten Lebensjahre erfuhr er eine Rettung aus sichtlicher Lebensgefahr, was ihn bewog, sich der Theologie zu widmen. Er wurde Professor zu Wittenberg 1623 und Pastor und Inspector zu Lüneburg 1625 und ein Jahr später bekam er einen Ruf nach Hamburg, wo er bald zum Senior Ministerii und Inspector sämmtlicher Kirchen und Schulen erhoben wurde. Man erzählt, König Gustav Adolph von Schweden, der von des Mannes großem Religionseifer gehört hatte, habe ihn persönlich ermahnt: „Er solle die Wahrheit mit der Feder vertheidigen, wie er, der König, dies mit dem Schwerte thun wolle." (S. Heinsius' Unpartheiische Kirchenhistorie. II, 325.) Als er am Michaelistage, den 29. September, 1672 die Kanzel besteigen wollte, um eine Predigt von den Engeln zu halten, da überfiel ihn eine Schwachheit, er mußte aus der Kirche nach Hause gebracht werden, worauf er schon nach einer Stunde unter den Tröstungen seines Sohnes, der sein Stadt-College war, und anderer Collegen und unter den Thränen der Seinen sanft entschlief.

V. E. Löscher nennt Dr. Möller in den Unschuldigen Nachrichten „einen großen, vortrefflichen und hochberühmten Theologen". (XXI, 397. XXVI, 565.) Unter seinen Schriften heben wir besonders hervor: seine herrliche Erklärung der Augsburgischen Confession aus der heil. Schrift; ferner 1628 ein Buch über die Frage: „Ob Jemand jemals, sonderlich die Laien im Alten Testament, ohne Christi Erkenntniß selig geworden?" Seine Antwort ist unter anderm: „Gleichwie nicht zween Himmel sind, einer für die Gelehrten, der andere für die Einfältigen, sondern ist Ein Himmel, Ein ewiges Leben, dahin wir gedenken: also ist auch einerlei Wort und Mittel für alle, die dahin kommen sollen." Er verfaßte ein großes Werk über die Lehre der Calvinisten vom absoluten Rathschluß. Von dieser Schrift sagt Löscher: „Sie hat an Deutlichkeit und gründlicher Abhandlung einer schweren Sache wohl wenig ihres Gleichen; es ist aber auch in dem ganzen Buche kein bitteres Wort zu finden." (U. N. XXVI, 565.) In einer andern vortrefflichen Schrift widerlegte er 1645 das Bekenntniß der Wiedertäufer. Gerade damals waren allerlei arge Schwarmgeister, sogar Quäker und sogenannte neue Propheten aufgestanden, gegen welche Möller die Wahrheit tapfer und gründlich vertheidigte. Auch schrieb er gegen den Atheismus. Seine große, berühmte Schrift gegen die Juden hatte er Gustav Adolph dedicirt. Sie gilt für die beste. Der erste Theil hat fünf Auflagen erlebt, die erste 1634, die fünfte 1684; der zweite Theil zwei, 1658 und 1684. —

Unsere Vertheidigungsschrift Dr. Luthers gegen die Lügen und Verleumdungen der Päbstler gab Dr. Möller im Jahre 1658 heraus. Zur Verabfassung derselben veranlaßte ihn vor-

V

nehmlich die Lästerschrift eines gewissen Nicolaus Jansenius, eines umlaufenden Dominicaner-Mönchs, der sehr log mit unverschämter Stirn. Da nun viele einfältige Christen durch diese Lügen und Verdrehungen geärgert wurden, so unternahm Dr. Möller die unangenehme aber nothwendige Arbeit, alle die verschiedenen, von den römischen Katholiken verbreiteten Lügen und Lästerungen wie auf einen Misthaufen zu sammeln und dann gründlich auszufegen. Zu dem Werke war ihm behülflich August der Jüngere, Herzog zu Braunschweig und Lüneburg, der ihm aus seiner Bibliothek eine Anzahl päbstischer Bücher lieh, und besonders Nicolaus Hunnius, Superintendent zu Lübeck, und mehrere andere Theologen, die ihm in dem einen und andern Punkte ihre Bedenken und Gutachten mittheilten.

Da nun jetzt die Päbstler wieder **dieselben alten Lügen** aufwärmen, Luthers Meinung fälschlich verkehren, seine Worte verstümmelt anziehen, wie z. B. der umlaufende Jesuit Weninger und der Apostat M. Oertel in New York und viele andere derselben Art, so haben wir gemeint, den lieben Christen einen Dienst damit zu erzeigen, wenn wir diese Schrift des Dr. Möller wieder auflegten. Der HErr JEsus gebe uns seine Gnade und mache uns stark im Geist, daß wir uns nicht fürchten vor dem Teufel, sondern die Wahrheit vertheidigen bis in den Tod! —

Register der Capitel.

Das erste Capitel. Seite
Von Dr. Luthers Abkunft, Eltern und Geburt............... 4

Das zweite Capitel.
Von Dr. Luthers Vocation und Beruf zum heil. Predigtamt und Reformation der Kirche........................ 8

Das dritte Capitel.
Ob der Beruf und die Ordination Luthers, im Pabstthum geschehen, hernach gültig gewesen, als Dr. Luther wider das Pabstthum gestritten?............................. 26

Das vierte Capitel.
Von Luthers Doctorat, und ob dasselbige auch gültig gewesen, nachdem er vom Pabstthum getreten ist.................. 33

Das fünfte Capitel.
Von Dr. Luthers Abfall und Meineid, indem er vom Pabstthum abgetreten 42

Das sechste Capitel.
Von Dr. Luthers Hochzeit, ob er mit einer entlaufenen Nonne vor der Hochzeit in Unehren zugehalten und forthin mit ihr in Unzucht wider Gottes Gebot gelebet?.................... 46

Das siebente Capitel.
Von mancherlei Unzucht, Blutschande, vielen Weibern, Ehescheidung und andern unzüchtigen Dingen, welche in Luthers Schriften sollen gefunden werden 52

Das achte Capitel.
Von großer Lästerung Luthers wider Gott, die Jungfrau Maria, die verstorbenen Heiligen und ihre Gebeine............... 74

Das neunte Capitel.
Ob Dr. Luther die Concilien und Kirchen-Versammlungen verachtet habe und denselben sich nicht unterwerfen wollen?.... 85

Das zehnte Capitel.
Ob Dr. Luther die Patres und alten Kirchenlehrer verachtet habe? 92

Das elfte Capitel.
Ob Dr. Luther die heilige Schrift gelästert und verachtet, insonderheit Mosen verworfen habe?......................... 97

Das zwölfte Capitel.
Von mancherlei Ketzereien und Ketzern, als: Wiedertäufern, Arianern, Eutychianern, Calvinisten, denen Luther soll zugethan gewesen sein................................ 107

Das dreizehnte Capitel.
Ob Dr. Luther das heilige Predigtamt habe wollen abschaffen, und wie er die geistlichen Güter habe den Weltlichen zum Raube gegeben?................................. 123

Das vierzehnte Capitel.
Von der Gemeinschaft, welche Dr. Luther mit dem Teufel gehalten, indem er seine Lehre von ihm empfangen und ihn über Gott gesetzet habe................................. 131

Das fünfzehnte Capitel.
Von Dr. Luthers Hoffart, indem er sich für einen Engel, Propheten und Apostel ausgegeben hat 141

Das sechszehnte Capitel.
Von Wunderwerken, welche Luther habe thun sollen und wollen, da doch keines derselben erfolget ist................. 148

Das siebenzehnte Capitel.
Von Dr. Luthers Saufen und Völlerei, wie er die Fastnacht zugelassen und das Fasten verboten 157

Das achtzehnte Capitel.
Ob Dr. Luther ein säuischer, unfläthiger Mann gewesen?...... 162

Das neunzehnte Capitel.
Ob Dr. Luther das apostolische Glaubensbekenntniß verfälscht habe? 167

Das zwanzigste Capitel.
Seite

Von der deutschen Bibel Dr. Luthers, und ob er dieselbe übel verdolmetschet und an vielen Orten verfälschet habe?.......... 170

Das einundzwanzigste Capitel.

Von großer Unbeständigkeit Luthers, indem er seine Meinung oft verändert und ihm selber in seinen Schriften zuwider redet .. 182

Das zweiundzwanzigste Capitel.

Von großer Verachtung und Lästerung der Obrigkeit und großer Herren, welche in Luthers Schriften gefunden werden 190

Das dreiundzwanzigste Capitel.

Von Aufruhr, Krieg und Blutvergießen, dazu Luther soll geholfen haben..................................... 200

Das vierundzwanzigste Capitel.

Ob Luther des Türken Patron gewesen, und daß man sich wider den Türken nicht wehren solle, gelehret habe?.............. 205

Das fünfundzwanzigste Capitel.

Wie Dr. Luther die hohen Schulen und freien Künste verachtet habe 212

Das sechsundzwanzigste Capitel.

Ob Luther die guten Werke verboten und die Leute habe heißen sündigen?... 218

Das siebenundzwanzigste Capitel.

Von mancherlei Lügen Dr. Luthers, damit er sich als einen falschen Propheten erwiesen hat........................ 227

Das achtundzwanzigste Capitel.

Ob Luther ein furchtsamer und verzagter Mann gewesen, in welchem keine apostolische Freudigkeit gewesen?.................. 233

Das neunundzwanzigste und letzte Capitel.

Von Dr. Luthers Tod und Begräbniß................. 236

Alphabetisches Sach=Register.

(Die Ziffern bezeichnen die Seitenzahlen.)

A.
Apostolisches Glaubensbekenntniß hat Luther nicht verfälscht, 167.
Apostolischen freudigen Geist hat Luther gehabt, 234.
Antichristen sind alle diejenigen, so Christo zuwider sind, 210.
Aristotelem hat Luther nicht verworfen, noch abgeschafft, 216.
Arianern hat Luther nicht beigepflichtet, 115.

B.
Bauernkrieg hat Luther nicht angestiftet, 202.
Bibel hat Luther nicht verfälscht, 170 f., sondern die Papisten, 176. 180.

C.
Calvinisten hat Luther nicht geholfen, 120.
Christen sind Gott verlobet, 51; ihre Heiligkeit kommt her von Christo, 80; haben keinen Vorzug einer vor dem andern, 95; sind Priester, 128.
Christus ist unsere Sünde und Fluch, 79.
Crucifix wird von den Päbstlern geehret wie Christus, 83.
Concilien hat Dr. Luther nicht ganz verworfen, 86 f.; werden von den Papisten nicht hoch gehalten, 90 f.

D.
Doctorat Luthers, 33.
Doctoren wird Macht gegeben, öffentlich zu lehren, 40.

E.
Ehestand ist nöthig, man soll die Leute auch dazu nöthigen, 67.
Eide darf man nicht alle halten, 34 f. 44.
Einwürfe der Päbstler wider Dr. Luthers Person, 2. 3.

F.

Francisci Geburt, und was sich dabei begeben habe, 7.
Frieden hat Luther allezeit geliebet und keinen Rumor angerichtet, 202.
Fasten hat Luther nicht verworfen, 159; hat die päbstischen vierzigtägigen Fasten gar recht abgeschaffet, 160; hat vom Fasten gar recht geurtheilet, 161.
Fasten der Päbstler ist nur eine Spötterei Gottes, 161.

G.

Geistliche Güter hat Luther den weltlichen Herren nicht preisgegeben, 130.
Gelübde der Keuschheit darf man nicht halten, 43.
Gott ist nicht Ursach der Sünden, 74 f.
Grammatik hat Luther hochgehalten, 216.
Gute Werke hat Luther hoch gehalten und nicht verboten, 218.
Guten Werken klebet Sünde an, 219. 223.

H.

Heiligthümer hat Dr. Luther nicht gebilliget, 82.
Hohe Schulen hat Luther hoch gehalten, 214.

J.

Jungfrauschaft wird betrachtet auf unterschiedene Weise, 66.
Jungfrauschaft ist dem Ehestand nicht vorzuziehen, 67.

K.

Karl, den Kaiser, lobet Luther, 195.
Ketzereien hat Luther nicht eingeführt, 107 f.
Kindertaufe hat Luther nicht abgethan, 110.
Kaisern gebührt, wider den Türken zu streiten, 211.

L.

Luthers Abkunft, Eltern und Geburt, 4; er hat zweierlei Beruf gehabt zu seinem Predigtamt und Reformation, 10; seine Reformation ist Gottes Werk gewesen, 20; er ist in die Acht erkläret, 36; ist nicht meineidig worden, 44; hat sich in den heiligen Ehestand begeben, 44; hat gelehret, man soll nicht viel Weiber zugleich haben, 54; hat den Ehebruch nicht zugelassen, 55; hat die Hurerei nicht gelobet, 69; hat die Patres hoch gehalten, 97; hat die heilige Schrift nicht verachtet, 98; hats mit Eutyches nicht gehalten, 117; nennet sich einen Propheten,' Apostel und Evangelisten, 142; er ist nicht bald auf einmal vollkömmlich erleuchtet worden, 183.

Luthers Person macht die Lehre weder gut noch böse, 3.

M.

Männer sollen nicht viel Eheweiber zugleich haben, 56.
Messe ist eine Abgötterei, 133.
Moses wird von Luther nicht verunehret, 104.
Mönche halten Freundschaft mit dem Teufel, 139.
Meßpriester haben Kundschaft mit dem Teufel, 140.
Musik hat Luther nicht abgeschafft, 122.
Matthesii Zeugniß von Luthers Abkunft und Geburt, 5.

O.

Obrigkeit hat Luther hoch geehret, hat keineswegs das weltliche Regiment aufheben wollen, 191; Jesuiten aber verunehren den Stand der Obrigkeit, 200.
Wider die Laster der Obrigkeit hat nicht allein Luther, sondern auch Propheten und Apostel geredet, 193 f.

P.

Pabst ist der große Antichrist, 210.
Päbste sind ehr- und geldgeizig, 24; haben mit dem Teufel Gemeinschaft gehabt, 136. 139; der Hoffartsteufel ist gar bei ihnen, 147.
Päbstische Einwürfe wider Dr. Luthers Person, 2.
Päbstler sind abtrünnige Leute, 45; halten die Concilien nicht hoch, 91; haben viel Dinge in den Schriften der Väter ausgemustert, 96; lästern die heilige Schrift zum höchsten, 106; halten Freundschaft mit vielen Ketzern, 122; halten Freundschaft mit dem Teufel, 139; sagen, man soll den Kirchenlehrern nicht in Allem folgen, 146; sind hoffärtig, 147; sind Verfälscher der Bibel, 174. 180; sie gehen mit den Schriften Luthers gar übel um, 188; sind unbeständig, widerwärtig und uneinig in der Lehre, 189; verunehren den Stand der Obrigkeit, 199; sind Aufrührer und Rumorgeister mit ihrer Lehre und Werken, 204; sind die rechten Freunde des Türken, 211.
Pabstthum ist voll Hurerei und Ehebruch, 73.
Patres werden von Luther nicht gar verworfen, 93; werden von den Papisten wenig geachtet, 96.

Person der Prediger soll man nicht ansehen, sondern ihre Lehre betrachten, 3; das Predigtamt hat Luther nicht abgethan, 124.
Prediger werden vom Heiligen Geist sonderlich getrieben, 17.
Prediger, die nicht berufen sind, können auch recht lehren, 8.
Prediger können irren, 22; können durch gottlose Leute recht berufen werden, 27.
Philosophie hat Luther hoch gehalten, 215 f.
Prophezeiungen Luthers sind viele erfüllt, 230.

R.

Rom ist eine Mutter aller Hurerei, geistlicher und weltlicher, 73.

S.

Scheidebrief, 57.
Heilige Schrift wird von Luther nicht verachtet, 98; sondern hoch gehalten, 106.
Sleidans Zeugniß von Luthers Geburt und Abkunft, 5.
Schulen hat Luther hoch gehalten, 215.
Sünde ist nicht von Gott, 74.
Sprachen hat Luther hoch gehalten, 216.

T.

Teufel hat Luthern versucht, 133; hat auch die heiligsten Leute angefochten, 136.
Tod Luthers, wie er gestorben, 236.
Türkenkrieg an sich selber hat Luther nicht verworfen, 206 f.
Türke ist frömmer als der Pabst, 208.

U.

Unberufene können auch Gottes Wort lehren, 8.

W.

Widerwärtige Dinge hat man Luther oft angedichtet, 185.
Wunder hat Luther nicht thun dürfen, 149; hat von den Wiedertäufern Wunder begehret, 150; Wunderwerke soll man nicht achten, 153; durch Wunderwerke können die Leute betrogen werden, 156.
Wiedertäufern hat Luther nicht beigepflichtet, 109 f.

Im Namen JEsu.

Gründliche Widerlegung
der

vornehmsten Einwürfe, welche die päbstischen Lehrer wider Dr. Martin Luthers Person vorbringen,

betreffend

seine Eltern, Geburt, Beruf, Ordination, Doctorat, Ehestand, Schriften, Sitten, Werke, Reden, Tod, Begräbniß ꝛc.,

dadurch sie seine Lehre verhaßt zu machen, und die Leute zum Abfall vom wahren Evangelischen Glauben zu bereden sich unterstehen.

~~~~~~~~~~

1. Gleichwie vor Zeiten die Pharisäer und Schriftgelehrten bei den Juden, wenn sie die Lehre des HErrn Christi nicht konnten widerlegen, auf seine Person fielen, dieselbe verkleinerten und allerlei falsche Anklagen erdichteten, daß er ein Fresser und Weinsäufer wäre, [1] daß er der Zöllner und Sünder Geselle, [2] ja daß er ein Uebelthäter und Aufrührer wäre, [3] welcher das Volk errege, und verbiete dem Kaiser den Schoß zu geben, [4] sich selber zum Könige mache, [5] daß er ein Verführer des Volks wäre [6] und Gott im Himmel lästere, [7] ja gar den

---

[1] Matth. 11, 19. [2] Matth. 11, 19.; Luc. 7, 34. [3] Joh. 18, 30. [4] Luc. 23, 2. [5] Joh. 19, 12. [6] Matth. 27, 63. [7] Matth. 9, 3.; Matth. 26, 65.

Der verth. Luther.

Teufel habe,[1] wie solche und dergleichen Verkleinerungen der Person des HErrn Christi mit Haufen zu finden: also thun auch heutiges Tages die päbstlichen Lehrer mit der Person Dr. Martin Luthers. Denn weil diese Leute in ihrem Gewissen überwunden sind, daß seine Lehre nicht wider das geoffenbarte Wort Gottes laufe und also von ihnen widerlegt werden könne, fallen sie auf seine Person mit großer Bosheit, verkleinern dieselbe, dichten ihm schreckliche Dinge an, dadurch sie vermeinen die evangelischen Glaubensgenossen zu bereden, daß sie von solcher Lehre abtreten und zum Pabstthum sich begeben möchten, wie solche erdichtete Anklagen wider Dr. Luthers Person in den Schriften der Päbstler mit Haufen zu finden sind.

2. Solcher Einwürfe wider Dr. Luthers Person sind zwar ziemlich viel, es können aber die vornehmsten aufs kürzeste gefasset werden in nachfolgende Stücke, nämlich: Er sei nicht von einem Menschen, sondern vom Teufel gezeuget, und von einer Bademagd geboren. Er habe keinen richtigen Beruf gehabt zu seinem Predigtamt und Reformation; seine Ordination wie auch sein Doctorat gelte nicht mehr nach seinem Abfall. Er sei abtrünnig worden, habe sein Gelübde gebrochen und einen Meineid begangen, als er vom Klosterleben abgetreten. Er habe Unzucht getrieben mit einer entlaufenen Nonne, ehe er Hochzeit mit ihr gemacht. Er sei sehr unzüchtig in seinen Schriften, lasse viel Weiber, ja Blutschande zu, wolle die Ehescheidung aufbringen, wolle Jedermann zum Ehestande zwingen. Er rede lästerlich wider Gott und mache ihn zur Ursache der Sünde. Die Engel im Himmel und die lieben Heiligen lästere er. Er verachte die Concilia, verachte die alten Kirchenlehrer; er verachte und lästere die heilige Schrift, Mosen verwerfe er. Er habe mancherlei Ketzereien eingeführt, sei den Arianern, Eutychianern, Wiedertäufern, Calvinisten zugethan gewesen und habe ihnen den Weg bereitet. Er habe das Predigtamt in der Kirche wollen aufheben, die geist-

---

[1] Joh. 8, 48.

lichen Güter habe er zum Raube gegeben. Er habe den Teufel zum Lehrmeister gehabt und erhebe ihn über Gott. Er sei sehr hoffärtig gewesen und habe sich für einen Evangelisten und Apostel ausgegeben. Er habe kein Wunder thun können, wie gern er auch gewollt. Er habe sich dem Saufen und der Völlerei ergeben und verwerfe das Fasten. Er sei säuisch und unfläthig in seinen Schriften. Er habe den christlichen Glauben verfälschet, die Bibel verfälschet und übel verdolmetschet. In seiner Lehre sei er unbeständig und habe wider sich selbst gar oft gelehrt. Er habe die Obrigkeit verachtet, und zum Aufruhr geholfen. Er sei ein Rumorgeist und blutdürstig gewesen. Er sei der Türken Patron gewesen und habe gelehret, man solle sich wider die Türken nicht wehren. Er habe die hohen Schulen und freien Künste verachtet, die guten Werke habe er verworfen und die Leute heißen sündigen. Er sei ein falscher Prophet und großer Lügner gewesen, er sei ein furchtsamer Mann gewesen ohne apostolische Freudigkeit; er sei eines bösen Todes gestorben, und sollen die bösen Geister bei seinem Begräbniß sich haben sehen lassen.

3. Nun wissen wir aber aus Gottes Wort, daß man nicht die Person des Lehrers soll ansehen, sondern die Lehre an ihr selbst betrachten, ob sie Gottes Wort gemäß sei oder nicht. Daß Judas zu einem Verräther worden,[1] daß Petrus den HErrn Christum verleugnet,[2] daß Thomas in großen Unglauben gefallen,[3] daß Paulus ein grausamer Verfolger der Christenheit gewesen,[4] daß Petrus und Paulus sich gezanket,[5] benimmt ihrer Lehre nichts. Wenn auch ein Engel vom Himmel käme und predigte falsch,[6] würde seine Lehre doch nicht besser; ja, wenn ein Prophet weissaget und auch Wunder und Zeichen thut,[7] hilft es doch nichts, wofern er wider Gottes Wort lehret. Also kann eine große und gute Person die Lehre nicht gut machen, wo sie falsch ist; eine geringe und böse Person kann die Lehre an ihr selbst nicht böse und falsch machen, wo sie richtig ist.

---

[1] Matth. 26, 47. ff. [2] Matth. 26, 70. 72. 74. [3] Joh. 20, 25.
[4] Apstg. 9, 1. ff. [5] Gal. 2, 11. ff. [6] Gal. 1, 8. [7] 5 Mos. 13, 2. 3.

Also wären wir nicht schuldig, um Dr. Luthers Person uns zu bekümmern und auf die Einwürfe wider solche Person zu antworten, dieweil seine Lehre richtig und der heiligen Schrift gemäß ist.

4. Jedoch aber, dieweil die erzählten Anklagen wider Dr. Luthers Person alle falsch sind, Herr Dr. Luther auch mit seiner großen und heiligen Arbeit um unsere Kirche sich wohl verdienet, die heilige Schrift auch befiehlet, daß wir unserer Lehrer im besten gedenken sollen, die uns den Weg zur Seligkeit haben gewiesen;¹ die Päbstler auch sonst groß Frohlocken treiben über solchen Einwürfen, wir auch unsern seligen Herrn Luther viel besser vertreten können als sie ihren Ignatius, Franciscus, Dominicus und andere vermeinte Heilige und Lehrer ihrer Kirche; insonderheit ihre Päbste, derer etliche greuliche monstra und Ungeheuer von ihren eigenen Scribenten gescholten werden,² soll in diesem Büchlein dasjenige zusammengefasset und widerleget werden, was wider Dr. Luthers Person vorgebracht wird, dazu der liebe Gott seines heiligen Geistes Gnade verleihen wolle.

Erstes Capitel.
Von Dr. Luthers Abkunft, Eltern und Geburt.

5. Greuliche Dinge haben die Päbstler von Dr. Luthers Abkunft, Eltern und Geburt ausgesprenget, daß nämlich sein Vater gewesen sei der Satan,³ welcher, als ein incubus (Alp) in angenommener Gestalt, zugehalten mit einer Badenmagd, davon dieser Martin Luther solle gezeuget sein. ⁴ Etliche geben auch vor, daß der Satan in Gestalt eines Kaufmanns mit

---

¹ Hebr. 13, 7.   ² Platina in vita Bened. IV. et Christoph. I.
³ Johann. Naso in Centuriis Evangel. verit.   Genebrardus in Chronico lib. 4. p. 1105.   Gretser. Luther. Acad. cap. 26. p. 298
⁴ Serarius cap. 6. in Tobiam. qu. 4.

5.

Edelgestein=Handel nach Wittenberg kommen sei und in eines Bürgers Haus Luthern soll gezeuget haben.¹

6. Dieses alles ist eine schändliche Unwahrheit und von den Päbstlern erdichtet, welches aus nachfolgendem Bericht abzunehmen ist. Erstens bezeuget Sleidanus, der vornehme Historiker, daß Luther geboren Anno 1483 den 10. November zu Eisleben, in der Grafschaft Mansfeld, von ehrlichen frommen Leuten, Johann und Margarethe, wie sie mit Namen daselbst genennet werden.² Und ist dieser Historiker in großem Ansehen bei Jedermann, auch bei den Päbstlern selber, wie dann seine Historien auch mit kaiserlichem Privilegio approbiret sind, daß also an dieser Erklärung nicht zu zweifeln. Zweitens, Matthesius, gewesener Prediger in Joachimsthal, welcher Dr. Luthern wohl gekennet und sein Schüler gewesen, gibt auch dergleichen Zeugniß, daß nämlich Martin Luther Anno 1483 den 10. November, am St. Martins Abend, zu Eisleben geboren sei von Hans Luther, einem Bergmann, und Margaretha Luther, sei auch denselbigen Tag in St. Peters Kirche getauft, und Martinus genennet worden. Von seinem Vater berichtet er noch absonderlich, daß er vom Dorf More, bei Schmalkalden gelegen, gen Eisleben gezogen und ein Bergmann oder Schieferhauer gewesen sei, welcher zwei Schmelzöfen gehabt und sein Söhnlein von seinem Berggut auferzogen.³ Und ist diesem Matthesio wohl zu glauben, dieweil er ein ehrlicher und wohlberufener, auch im Pabstthum bei großen Herren bekannter Mann gewesen, wie er denn dem römischen Kaiser Maximilian II. seine Postille zugeschrieben. Drittens, Dr. Luthers Eltern haben ziemlich lange gelebt, und ist von Niemand zur selbigen Zeit gezweifelt worden, daß dieser ihr Sohn sei. Anno 1521 schrieb Luther ein Buch von Mönchsgelübden, in der Vorrede aber schreibet er an seinen Vater und nennet sich seinen Sohn, gedenket dabei, daß er im zweiundzwanzigsten Jahr seines Alters ohne des Vaters Willen

---

¹ Vide Johannem Wierum de praest. daemon. lib. 3. cap. 23.
² Sleidanus lib. 16. ³ Matthesius in Histor. de Luthero, Conc. 1. p. 1.

sei ein Mönch worden.¹ Ja Anno 1530 hat dieser Johann Luther zu Eisleben noch gelebet, wie denn sein Sohn Dr. Martin Luther einen trostreichen Brief an ihn geschrieben, in seiner Krankheit ihn getröstet und sich entschuldiget, daß er nicht gegenwärtig sein und dem Vater, vermöge des vierten Gebots, in seiner Krankheit dienen könne. ² Anno 1531 hat Dr. Luthers Mutter noch gelebet, da ihr Sohn Luther achtundvierzig Jahre alt war, in welchem Jahr auch Dr. Luther einen Trostbrief an sie geschrieben, sie seine liebe Mutter genennet, der er kindliche Ehre und Gehorsam schuldig, wie er sie denn wider die Furcht des Todes mit der Gnade Christi tröstet am selbigen Orte.³ Viertens, es müssen etliche Päbstler selber bekennen, durch die Wahrheit gezwungen, daß Dr. Luther nicht vom Teufel und einer Badenmagd, sondern von Johann Luther und Margaretha, seiner Ehefrau, im Ehestande gezeuget sei.⁴ Das alles sind Zeugnisse genug, dadurch die Fabel von Dr. Luthers Geburt und Abkunft widerlegt wird.

7. Neben diesem Zeugniß fragen wir auch die Päbstler, wie es doch kommen sei, daß man bei dem Leben Herrn Dr. Luthers solches nicht offenbaret und darauf gedrungen habe, daß er vom Satan gezeuget sei. Er ist ja von einem Päbstischen getauft, warum habens diese Leute zugegeben, daß man ein solch Ungeheuer und Satanskind getauft hat? Man hat ihn ja auferzogen in päbstischen Schulen, warum hat man ihn denn unter die Gesellschaft der rechten Menschenkinder gesetzet und nicht vielmehr hinausgestoßen? Ist er nicht ein Augustinermönch gewesen, warum haben denn die Aebte, Prior und andere Brüder dieses vermeinte Satanskind in die Klöster genommen? Sind denn dieselbigen blind und taub gewesen, welche ihn haben zum Magister und Doctor promovirt? Hat die Obrigkeit zur selbigen Zeit nicht können das Ihrige dabei thun, sondern zugegeben, daß man solch Ungeheuer in Kirchen und Schulen habe lassen bleiben

---

¹ Jenaer lateinische Ausg. Bd. 2. fol. 504. ² Jenaer deutsche Ausg. Bd. 5. p. 12. 13. ³ Ebendas. fol. 329. ⁴ Cochlaeus in historia de actis Lutheri, pag. 1.

und auftreten? In Summa, es müssen alle Menschen zur selbigen Zeit im geistlichen und weltlichen Stande taub und blind gewesen sein, daß sie hiervon nichts haben vernommen, wie denn weder der Pabst Leo in seiner Bulle [1] noch der Kaiser in seiner Achtserklärung [2] wider Luthern dessen gedenkt, welches nicht würde verblieben sein, wofern es sich also verhalten hätte.

8. Es gehet aber den Päbstlern über dieser Fabel gleichwie den alten Richtern bei der Susanna, die erdichteten auch wider ihre Person etwas, daß sie einen jungen Gesellen bei ihr hätten gefunden, stimmeten aber nicht überein: einer sagte, er hätte sie gefunden unter einer Linde, der andere, unter einer Eiche: [3] also gehet es auch ihnen, denn in den Umständen dieser Fabel können sie gar nicht übereinkommen. Einer saget, es sei geschehen zu Eisleben, [4] der Andere saget, zu Wittenberg; [5] Einer saget, die Mutter sei eine Bademagd gewesen, [6] der Andere nennet sie eines Bürgers Tochter zu Wittenberg, [7] gleichwie dort von den falschen Zeugen, die wider Christum redeten, geschrieben stehet, daß ihr Zeugniß [8] nicht übereingestimmet. Schämen sollten sich solche Fabelhansen, mit solchen lügenhaftigen Grümpen hervorzukommen und die Christenheit zu betrügen.

9. Und sollten die Päbstler nur auf sich selber und auf ihre Heiligen sehen, von deren Geburt und Ursprung sie des Dichtens kein Ende machen. Da Franciscus ist geboren worden, hat sich in der Hölle ein schrecklicher Tumult und Gepraßel hören lassen, daß die Teufel gemeinet, die Welt würde einfallen; und als der Teufel auf der Post ausgeschicket und sich erkundigen lassen, was doch in der Welt vorgehen müsse, hat er erfahren, daß Franciscus geboren, welcher das höllische Reich zerstören sollte, dannenhero solch Gepraßel entstanden. [9] Also dichteten sie vom

---

[1] Jenaer deutsche Ausg. Bd. 1. pag. 256. ff.   [2] Ebendas. pag. 456.
[3] Historie von der Susanna.   [4] Cochlaeus in actis Lutheri.   [5] apud Wierum de praestig. daemonum, lib. 3. cap. 23.   [6] Serarius in cap. 6. Tob. q. 4.   [7] Wierus am erwähnten Ort.   [8] Marc. 14, 57.
[9] Legenda Francisci, num. 65.

Dominicus, daß ihn Gott der Vater aus seinem Herzen habe gezeuget, Christum aber nur aus seinem Munde, wie die Jungfrau Catharina solches in einem Gesichte gesehen, in welchem ihr Gott der Vater erschienen ist.¹ Wie denn fast kein Heiliger bei ihnen ist, in dessen Geburt nicht was Großes und Wunderliches soll vorgegangen sein. Solche Dinge erdichten wir nicht von Luther, sondern lassen ihn sein einen sündigen Menschen, von sündlichen Eltern geboren, wie denn die heiligen Apostel und Propheten auch also geboren worden.

Zweites Capitel.
Von Dr. Luthers Vocation und Beruf zum heil. Predigtamt, und Reformation der Kirche.

10. Im Pabstthum dringet man hart darauf, daß ein Prediger müsse ordentlich berufen sein zu seinem Amte; ² denn wer unberufen lehre, der sei straffällig; ³ man dürfe auch der Unberufenen Stimme nicht hören, dieweil sie Diebe und Mörder sind, denen die Schafe nicht folgen. ⁴ Nun sei Dr. Luther nicht recht berufen zu seiner Reformation und Predigtamt des lutherischen Evangelii, darum dürfte man seine Stimme nicht hören, sondern seine Lehre sei falsch und verwerflich. ⁵

11. Wir antworten hierauf, daß wir gern gestehen, daß Niemand unberufen in der Kirche Gottes lehren solle, **jedoch aber, so Jemand unberufen lehren würde, folget doch nicht daraus, daß seine Lehre eben darum falsch sein müsse.** Wer unberufen Gottes Wort

---

[1] Legenda Dominici, lib. 2. cap. 14. [2] Stapleton prompt. Cathol. fer. 3. Pentec. p. 127. [3] Tannerus parte 1. Anatom. demonst. 5. § 2. [4] Joh. 10, 5. [5] Scherer de Communic. sub una conc. 3. pag. 387. Lessius Consult. ad consid. 9. rat. 3. Tannerus part. 1. Anatom. dem. 5. § 1. Ungerstorff in der christlichen Glückwünschung, Thl. 2. Argum. 1. 2. ff.

lehret, der thut Unrecht, dieweil er wider Gottes Ordnung sündiget, welcher will, daß Niemand predigen soll, als der gesandt sei.¹ So aber Jemand unberufen auftreten und falsche Lehre ausbreiten würde, der sündiget zwiefach: erstlich, weil er wider Gottes Ordnung unberufen prediget, darnach, weil er irrige Lehre wider Gottes Wort ausbreitet, von welchen Lehrern Gott spricht: Wehe den tollen Propheten, die ihrem eigenen Geist folgen und haben doch nicht Gesichte.² Wer aber unberufen anstehet und Gottes Wort recht prediget, dessen Lehre soll und kann man für falsch nicht halten, ob er gleich unberufen dieselbige lehret.

12. Das können wir beweisen mit nachfolgenden Gründen: Erstens bezeuget es die Schrift klärlich, daß wer unberufen prediget, bei Gottes Wort aber bleibet, daß er dadurch könne ein Volk bekehren: Ich sandte die Propheten nicht, dennoch liefen sie; ich redete zu ihnen nicht, dennoch weissageten sie; denn wo sie bei meinem Rath blieben und hätten meine Worte meinem Volke geprediget, so hätten sie dasselbe von ihrem bösen Wesen und von ihrem bösen Leben bekehret, spricht Gott der HErr von den unberufenen Propheten.³ Zweitens haben wir Exempel derer, die unberufen geprediget und dennoch die Wahrheit geredet. Niemand hatte berufen die Hirten zu Bethlehem, daß sie die Lehre von der Geburt Christi, des Heilandes der Welt, sollten ausbreiten, und dennoch predigten sie unberufen die Wahrheit.⁴ Niemand hatte berufen diejenigen, welche zu St. Pauli Zeiten um Zank und Hasses willen Christum predigten, und dennoch spricht St. Paulus, er freue sich dessen, wenn Christus auch nur zufälliger Weise verkündiget werde.⁵ Niemand hatte den Wahrsagergeist berufen zum Zeugniß, was Paulus und Silas für Leute wären; dennoch redete er die Wahrheit und nannte sie Knechte Gottes, welche den Weg zur Seligkeit verkündeten.⁶ Drittens, wofern die Lehre zu verwerfen eines Menschen, der unberufen ist, würde folgen, daß viele öffentliche Lehrer in

---

¹ Röm. 10, 15. ² Hesek. 13, 3. ³ Jerem. 23, 21. 22. ⁴ Luc. 2, 17.
⁵ Phil. 1, 16. f. ⁶ Apstg. 16, 17.

der christlichen Kirche, ja auch in der päbstlichen Kirche nicht könnten gehöret werden, denn ihrer viele werden erwählet aus Liebe, Geschenk, Ehrgeiz und anderen unziemlichen Mitteln. Ja die Päbste selber wären nicht zu hören, dieweil ihrer viel durch unrechtmäßige Mittel zu ihrem Amt kommen.[1] **Und müßte ein Zuhörer immer zweifeln, ob er seinen Lehrer auch hören solle, dieweil er nicht gewiß ist, ob er auch recht berufen sei.** Viertens, die Päbstler selber müssen gestehen, daß der Teufel die Wahrheit reden könne und geredet habe, als er JEsum den Heiligen Gottes genennet, ob er schon nicht Befehl hatte, solches zu reden.[2] Aus welchem allem zu sehen, daß auch ein Unberufener dennoch die Wahrheit lehren und reden kann.

13. Es fraget sich aber, ob Dr. Luther zu seinem Predigtamt und Reformationswerk recht berufen sei? Darauf antworten wir: ja, und sagen, daß Dr. Luther zweierlei Beruf gehabt, einen General=Beruf, indem er zum Christenthum von Gott berufen ist, und dann einen Special=Beruf, welcher sein Amt angehet. Sein General=Beruf bestehet darin, daß er als ein Christ ist schuldig gewesen, zu befördern dasjenige, was zur Ehre Gottes und der christlichen Kirchen Wohlfahrt gereichet, welches Stück einem jeden getauften Christen oblieget. Sein Special=Beruf aber ist dreierlei: erstens zum heiligen Predigtamt, zweitens zur Profession der Theologie in der Universität Wittenberg, drittens zum Doctorat der heiligen Schrift.

14. Erstens ist Dr. Luther seines Christenthums halber schuldig gewesen zu befördern dasjenige, was zur Ehre Gottes und zur Erbauung und Wohlfahrt der christlichen Kirche gereichet. Das wird bewiesen **erstens** aus dem klaren Befehl Gottes: man soll Alles zur Ehre Gottes thun,[3] man soll nicht zugeben, daß der Name Gottes gelästert werde;[4] wer stille dazu schweigt,

---

[1] Siehe Platinam in vita Sylvest. III. et Damasi. [2] Maldonatus super Marcum, 1, 24., pag. 712. [3] 1 Cor. 10, 31. [4] Röm. 2, 24.

der machet sich fremder Sünde theilhaftig,[1] er sei sowohl der Strafe schuldig, als der Gott selber gelästert habe.[2] Man soll sich abthun von falschen Lehrern,[3] Einer soll den Andern ermahnen und bauen,[4] ein Christ soll seinen Bruder stärken,[5] man solle sich vorsehen vor den falschen Propheten,[6] die Propheten die Geister prüfen, ob sie aus Gott sind,[7] ꝛc. Gebühret das einem getauften Christen, so hat Dr. Luther auch nicht unrecht gethan, wenn er solchem Befehl ist nachkommen. Zweitens aus dem Exempel der heiligen Schrift, daß die Gläubigen vermöge ihres Glaubens und Christenthums die Wahrheit geredet und ausgebreitet. Die Hirten zu Bethlehem breiteten das Wort aus, das zu ihnen vom Kindlein JEsu gesaget war;[8] die alte Hanna preisete den HErrn und redete von ihm zu Allen, die auf die Erlösung zu Jerusalem warteten;[9] Aquila und Priscilla legten den Weg Gottes Apollo fleißig aus;[10] Triphena und Triphosa arbeiteten auch in dem HErrn mit guten Ermahnungen.[11] Haben denn diese Christen recht gethan, indem sie vermöge ihres Christenthums das Gute ausgebreitet, der irrigen Lehre widersprochen, so hat Dr. Luther auch recht gethan, indem er seines Christenthums halber herzugetreten und der irrigen Lehre widersprochen hat. Drittens aus dem Exempel des gemeinen Lebens in allen Ständen. Wenn ein Feuer des Nachts aufginge und der Wächter schliefe, ist ein Jeder schuldig vermöge seines Bürgereides, solches anzumelden und die Gefahr abzuwenden. Wenn ein Mörder käme und einen Fürsten wollte ums Leben bringen, seine Trabanten aber nichts davon wüßten oder nicht wollten wehren, ist ein anderer Diener schuldig vermöge der Treue, die er seinem Herrn zugesaget hat, solches anzumelden und abzuwehren nach Vermögen. Wenn denn in allen Ständen Jemand das Gute befördern und das Böse abwenden kann vermöge seiner Treue und Liebe, so ist Herr Dr. Luther auch schuldig gewesen,

---

[1] 1 Tim. 5, 22. [2] 3 Mof. 5, 1. [3] 2 Joh. 10. [4] 1 Theff. 5, 11.
[5] Luc. 22, 32. [6] Matth. 7, 15. [7] 1 Joh. 4, 1. [8] Luc. 2, 17.
[9] Luc. 2, 38. [10] Apstg. 18, 18. 26. [11] Röm. 16, 12.

das Gute auszubreiten und dem großen Irrthum der päbstischen Lehre zu widersprechen.

15. Auf solche Pflicht, die ein jeder getaufter Christ seinem Gott schuldig ist, berufet sich nun Dr. Luther, wenn er schreibet an den Cardinal Albertum: „Wo nicht Aufhören ist Gott schänden und seine Wahrheit zu unehren, bin ich und alle Christen schuldig, an Gottes Ehre zu halten, obgleich alle Welt, ich schweige, ein armer Mensch, ein Cardinal, darob müßte zu Schanden werden."[1] Und ob zwar ein jeder Christ solchen Beruf mit Dr. Luther hat gemein gehabt, dennoch hat es bei etlichen gemangelt, daß sie solches nicht zu Werke setzen und vollziehen können. Etliche haben des Pabstes Irrthum nicht recht erkannt, Etliche habens wohl gesehen, aber durch zeitliche Ehre und Einkommen nicht dawider wollen reden, Etliche haben nur in etlichen und nicht in allen Stücken widersprochen, und **hat Gott der HErr den großen Nachdruck nicht bei Allen gegeben, wie bei Herrn Dr. Luther, dieweil die rechte Zeit der gänzlichen Reformation noch nicht kommen war.**

16. Belangend aber den Special-Beruf, ist Dr. Luther ordentlicher Weise berufen worden, erstlich zum heiligen Predigtamt Anno 1507, seines Alters im vierundzwanzigsten Jahr, da er Befehl bekommen, dasjenige zu verrichten in seinem Amte, was Gott von einem jeden treuen Lehrer erfordert, nämlich, daß er solle lehren die Gemeine halten, was Christus befohlen hat,[2] daß er die Heerde Christi weiden[3] und den Widersprechern soll das Maul stopfen.[4] Hat nun Dr. Luther solchem Beruf wollen nachkommen, hat er müssen Gottes Wort lehren, die Irrthümer und Greuel des Pabstes offenbaren und denselben widersprechen und Andere davor warnen, wie denn die Päbste und Bischöfe solches auch wären schuldig gewesen, wo sie ihrem Beruf hätten wollen genug thun. Und wenn Dr. Luther Gottes Wort

---

[1] Jenaer deutsche Ausg. Bd. 1. fol. 557. [2] Matth. 28, 20. [3] 1 Pet. 5, 2. [4] Tit. 1, 9.

nicht rein hätte geprediget, den Irrthümern des Pabstes nicht widersprochen, so würde er seinem Beruf nicht haben genug gethan.

17. Auf solchen Beruf zum heiligen Predigtamt berufet sich nun Dr. Luther stark, wie aus seinen Schriften zu sehen ist. „Wenn ich kein Doctor wäre, so bin ich dennoch ein berufener Prediger und habe die Meinen wohl mögen mit der Schrift lehren. Ob nun Andere mehr solche meine Schrift auch begehren und mich darum gebeten haben, bin ichs schuldig gewesen zu thun, denn ich mich selbst damit nirgend eingedrungen, noch von Jemand begehret und gebeten, dieselbige zu lesen, gleichwie andere mehr fromme Pfarrer und Prediger Bücher schreiben, und Niemand wehren noch treiben zu lesen, und damit doch in aller Welt lehren, und laufen und schleichen doch nicht, wie die bösen unberufenen Buben, in fremde Aemter ohne Wissen und Willen der Pfarrer, sondern haben ein gewiß Amt und Befehl, der sie treibet und zwinget.". [1] Item: „Mir ist befohlen und auferleget als einem Prediger und Doctor, der dazu gefordert, der soll aufsehen, daß Niemand verführet werde, auf daß ich dafür könne Rechenschaft geben am Jüngsten Gerichte. Also befiehlt St. Paulus Apstg. 20. den Predigern, daß sie sollen wachen und Acht haben auf die ganze Heerde vor den Wölfen, so unter sie kommen würden. So gebühret mir auch zu strafen, die öffentlich sündigen, daß sie sich bessern, gleichwie ein Richter öffentlich die Bösen verdammen und strafen muß von Amts wegen." [2] Und an anderm Orte: „Ich müßte wahrlich zuletzt verzagen und verzweifeln in der großen schweren Sache, so auf mir lieget, so ich sie als ein Schleicher ohne Beruf und Befehl hätte angefangen; aber nun muß Gott und alle Welt mir zeugen, daß ichs in meinem Doctoratamt und Predigtamt öffentlich habe angefangen, und bis dahero geführet mit Gottes Gnade und Hülfe." [3]

18. Fürs Andere ist Dr. Luther auch berufen zur Reformation des Pabstthums, als er im Jahr 1508 zum Professor

---

[1] Jenaer deutsche Ausg. Bd. 5. fol. 157.   [2] Ebendas. fol. 361.
[3] Ebendas. fol. 492.

der heiligen Schrift zu Wittenberg ordentlich bestellet worden. Es erfordert aber das Amt eines Professors der Theologie, daß er die heilige Schrift aus dem Grunde lehre und recht erkläre, die falschen Auslegungen beständiglich widerlege, die Jugend unterrichte, wie sie die Glaubensartikel aus Gottes Wort bekräftigen und wider falsche Lehre dieselbe vertheidigen sollen, auch wie man den Widersprechern das Maul stopfen, ihre Irrthümer angreifen, offenbaren und widerlegen solle. Welches alles, daß es einem Professor der heiligen Schrift obliege, können die Päbstler selber nicht leugnen, inmaßen sie auf ihren hohen Schulen auch dergleichen thun und Juden, Wiedertäufern, Arianern widersprechen, eben darum, dieweil sie vermeinen, daß solches ihnen Amts halber obliege.

19. Auf dieses sein Amt hat sich Dr. Luther stark berufen, wenn er also schreibt an den Pabst: „Daher, heiligster Vater, ist aufgangen ein solch groß Feuer, daß davon die ganze Welt, wie sie schreien und klagen, entbrannt ist, vielleicht darum, daß sie mir, der ich doch ja auch durch E. H. Apostolische Autorität ein Magister der Theologie bin, allein nicht gönnen die Gewalt, Recht und Freiheit zu haben, in einer freien öffentlichen Universität oder hohen Schule nach Weise und Gewohnheit aller Universitäten und der ganzen Christenheit zu disputiren, nicht allein vom Ablaß, sondern von viel höheren und größeren Artikeln, nämlich von göttlicher Gewalt, Vergebung und Barmherzigkeit; doch wie michs nicht stößt, daß sie mir solche Gerechtigkeit nicht gönnen, welche ich von E. H. Gewalt empfangen habe, so ich doch ihnen muß gönnen, wiewohl ungern, viel größere Dinge, nämlich daß sie des Aristoteles Träume mitten in die Theologie mengen und eitel Lügen von göttlicher Majestät in ihren Disputationen vorbringen außer und wider die Gewalt von Eurer Heiligkeit gegeben."[1]

20. Fürs Dritte ist Dr. Luther zu seinem Lehramt und Reformation auch berufen worden, als er Anno 1512 ordent-

---

[1] Jenaer Ausg. Bd. 1. fol. 57.

licher Weise zum Doctor der Theologie ist promoviret worden: in selbigem Doctorat hat er einen Eid geschworen, daß er keine fremde, ärgerliche, verdammte Lehre führen, sondern dieselbige anmelden wolle. Nun ist die Lehre des Pabstthums eine fremde, ärgerliche, von Gott und seinem Wort, zum Theil auch von der alten Kirche an Ketzern verdammte Lehre, darum ist Dr. Luther schuldig gewesen, daß er vermöge seines Doctorats und in demselbigen geleisteten Eides solche Lehre nicht führen, sondern dieselbe anmelden und vor der ganzen Christenheit strafen müsse.

21. Auf solch sein Doctorat berufet sich Dr. Luther gar oft in seinen Schriften: „Hier sprichst du vielleicht zu mir: Warum lehrest du das mit deinen Büchern in aller Welt, so du doch allein zu Wittenberg Prediger bist? Antwort: Ich habe es nie gern gethan, thu es auch noch nie gern; ich bin aber in solch Amt erstlich gezwungen und getrieben, da ich Doctor der heiligen Schrift werden mußte ohne meinen Dank, da fing ich an als ein Doctor dazumal vom päbstlichen und kaiserlichen Befehl in einer gemeinen freien hohen Schule, wie einem solchen Doctor nach seinem geschworenen Amte gebühret, vor aller Welt die Schrift auszulegen und Jedermann zu lehren, habe auch also, nachdem ich in solch Wesen kommen bin, müssen darin bleiben, kann auch noch nicht mit gutem Gewissen zurück und ablassen, ob mich gleich Kaiser und Pabst darüber verbannen. Denn was ich habe angefangen, als ein Doctor aus ihrem Befehl gemacht und berufen, muß ich wahrlich bis an mein Ende bekennen und kann nun fort nicht schweigen und aufhören, wie ich wohl gern wollte, und auch wohl so müde und unlustig bin über der großen unleidlichen Undankbarkeit der Leute." [1] Und an anderm Orte: „Ich, Doctor Martinus, bin dazu berufen und gezwungen, daß ich mußte Doctor werden ohne meinen Dank, aus lauterem Gehorsam, da habe ich das Doctoratamt müssen annehmen und meiner allerliebsten heiligen Schrift schwören und geloben, sie treulich und lauter zu predigen und zu lehren. Ueber solchem

---

[1] Jenaer deutsche Ausg. Bd. 5. fol. 157.

Lehren ist mir das Pabstthum in Weg gefallen und hat mirs wollen wehren, darüber ists ihm auch gangen, wie vor Augen, und soll ihm noch immer zu ärger gehen, und soll sich meiner nicht erwehren. Ich will in Gottes Namen und Beruf auf den Löwen und Ottern gehen und die jungen Löwen und Drachen mit Füßen treten." [1] Item: „Mir ist befohlen und aufgeleget, als einem Prediger und Doctor dazu gefordert, der da soll aufsehen, daß Niemand verführet werde, auf daß ich dafür könne Rechenschaft geben am Jüngsten Gericht." [2]

22. Aus diesem allen machen wir eine solche Schlußrede: Derjenige, welcher ordentlicher Weise berufen ist, daß er in der Kirche Gottes das Lehramt verwalte, in der hohen Schule als ein Professor die Jugend Gottes Wort lehre und alle irrige Lehre widerlege, dazu ein promovirter Doctor ist und mit einem Eide sich verpflichtet Gott und der Christenheit, der falschen Lehre zu widersprechen, derselbige ist auch schuldig, des Pabstes Irrthum zu strafen und dessen falsche Lehre zu widerlegen. Dr. Luther aber ist ordentlicher Weise berufen zum Lehramt in der Kirche, zum Professor in der hohen Schule und zum Doctor in der Christenheit, wie jetzo erwiesen worden: darum ist er auch schuldig gewesen, des Pabstthums Irrthum zu strafen und dessen falsche Lehre zu widerlegen.

23. Nun möchte hier Jemand sagen: Das ist noch nicht genug, daß Dr. Luther zum Predigtamt, Profession und Doctorat berufen worden, denn es sind viele Andere gewesen in gleichem Beruf mit Luther, die auch Prediger, Professoren und Doctoren gewesen, und dennoch hat sich Keiner unter ihnen gewaget, das Pabstthum also anzugreifen und zu reformiren, wie kommt es denn, daß Dr. Luther sich dieses Werkes vor Andern so hart und eifrig angenommen? Hierauf ist die Antwort: daß Gott, der HErr Dr. Luthern einen **freudigen Geist** gegeben mehr als Anderen, daß er der heiligen Arbeit Luthers **größeren Nachdruck** gegeben als bei Anderen, daß er ihn **sonderlich dazu**

---

[1] Jenaer deutsche Ausg. Bd. 5. fol. 302. [2] Ebendas. fol. 361.

getrieben und erwecket habe. Und das ist nichts Neues oder Ungewöhnliches, dieweil der Geist Gottes insgemein die Christen zum Guten also treibet, insonderheit auch im Lehrstande, wie wir viel Exempel haben, daß Gott der HErr die Lehrer seines Wortes also erwecket und getrieben habe.

24. Insgemein treibet und reizet der Heilige Geist die Kinder Gottes zum Guten,[1] er führet sie auf ebener Bahn,[2] er lehret sie rufen und beten,[3] welches nicht geleugnet werden kann. Insonderheit aber sehen wir es an den Lehrern und Predigern, welche der Geist Gottes sonderlich reizet und zum Guten treibet. Der Geist Gottes zog an Zachariam, daß er predigte wider der Juden Abgötterei.[4] Die Hand des HErrn kam über den Propheten Elisa, daß er weissagete.[5] Der Geist Gottes reizte und leitete die Apostel, welchem Volke sie predigen sollten.[6] Der Geist des HErrn trieb den Apostel Philippus, daß er dem Kämmerer aus Morgenland predigen mußte.[7] Eben auf solche Weise hat Gottes Geist Dr. Luthern auch getrieben und gereizet, das große Werk der Reformation des Pabstthums anzufangen und glücklich hinauszuführen.

25. Auf solches Antreiben des Heiligen Geistes und mächtige Beförderung seines Amts berufet sich nun Dr. Luther, wenn er spricht: „Wiewohl ich nun drei Jahre verbannet und in die Acht gethan, hätte schweigen sollen, wo ich Menschengebot mehr denn Gott gescheuet hätte, wie denn auch viel in Deutschland, beide Groß und Klein, meine Reden und Schreiben aus derselben Sache noch immer verfolgen und viel Bluts darüber vergießen. Aber weil mir Gott den Mund aufgethan hat und mich heißen reden, dazu so kräftiglich bei mir stehet und meine Sache ohne meinen Rath und That so viel stärker machet und weiter ausbreitet, so viel sie mehr toben, und sich gleich stellet, als lache und spotte er ihres Tobens, wie der andere Psalm saget: an welchem allein merken mag, der nicht versteckt ist, daß diese

[1] Röm. 8, 14. [2] Pf. 143, 10. [3] Gal. 4, 6.; Röm. 8, 26. [4] 2 Chron. 24, 20. [5] 2 Kön. 3, 15. [6] Apstg. 36, 6. [7] Apstg. 8, 29.

Sache muß Gottes sein, sintemaln sich die Art göttliches Wortes und Werkes hier ereignet, welches allezeit dann am meisten zunimmt, wenn mans aufs höchste verfolget und dämpfen will. Darum will ich reden, wie Jesaias sagt, und nicht schweigen, weil ich lebe, bis daß Christi Gerechtigkeit aufbreche wie ein Glanz und seine heilwärtige Gnade wie eine Lampe angezündet werde." [1] Und an anderem Orte: „Du weißt, o Gott, daß ich mich selbst zu solchem Amt und Werke wider den Pabst und meine Feinde nicht eingedrungen, noch dasselbige gesucht habe, sondern du hast mich hineinbracht über und wider meine Gedanken und Wissen durch ihr unruhiges Toben und blutdürstiges Wüthen." [2] Item: „Es ist nicht möglich, daß ein Mensch soll allein solch ein Wesen anfahen und führen, es soll auch ohne meinen Rath wohl hinausgehen und die Pforten der Hölle nicht hindern." [3]

26. Allhier aber sind die Päbstler nicht zufrieden, sondern geben vor, daß alle Ketzer von sich gerühmet, daß sie einen göttlichen Beruf haben und von Gott zu ihren Werken angetrieben seien. [4] Denen geben wir Antwort, daß ein Anderes sei, sich Etwas blos rühmen, ein Anderes sei, die Wahrheit sagen. Wenn sich ein Mensch rühmet, daß er von Gott gesandt sei und getrieben werde zu solchem Werke, soll man nicht einem jeden Geist glauben, sondern die Geister prüfen, ob sie aus Gott seien, [5] so wird sichs bald befinden in solcher Prüfung, was von solchem Ruhm zu halten sei. Dr. Luther hat sich nicht allein gerühmet des göttlichen Berufs, sondern die Probe und Prüfung gibt es auch, daß es Gottes Werk gewesen, welches wir beweisen mit nachfolgenden Gründen:

27. Erstens aus der Lehre, welche mit Gottes Wort übereinstimmt. Wer Gottes Wort führet, Gottes Ehre suchet, dem Teufel sein Reich niederreißet, der wird gewiß von Gott getrieben; Dr. Luther aber führet das Wort Gottes in seiner

---

[1] Jenaer deutsche Ausg. Bd. 2. fol. 455. [2] Ebendas. Bd. 4. fol. 540.
[3] Ebendas. Bd. 2. fol. 61. [4] Helfric. Ulric. Hunnius, arg. 6. pag. 206. Lessius, Consider. 9. rat. 3. [5] 1 Joh. 4, 1.

Lehre, wie solches wohl tausend Mal erwiesen ist; er hat Gottes Ehre gesuchet und des Teufels Reich zerstöret, darum ist er gewiß von Gott angetrieben. Zweitens aus dem glücklichen und wunderbaren Ausgang. Dr. Luther hat nicht mit großem Kriegsvolk, nicht mit Befehl und Macht großer Herren, nicht mit spanischer Inquisition, nicht mit Hoffnung zeitlicher Ehre und Reichthums, sondern mit der Predigt des göttlichen Worts es dahin gebracht, daß viel hunderttausend Menschen in vielen Königreichen und Ländern das Pabstthum fahren lassen, und diese hundert Jahre und darüber beständig dabei haben verharret. Wäre das ein menschlich Werk, unmöglich wäre es so glücklich abgangen und so lange bestanden durch solch geringe Mittel; dieweil es aber einen solchen Ausgang genommen, muß es Gottes Werk sein.[1] Drittens aus der Offenbarung des Antichrists. Daß die Offenbarung des Antichrists und der geistlichen Babel und ihres Falles ein göttliches Werk sei, daran zweifelt kein Mensch, inmaßen auch solches Gott verkündiget in seinem Worte, daß es in der letzten Zeit geschehen werde.[2] Durch Dr. Luther aber ist der Antichrist und Fall der geistlichen Babel offenbaret, davon anderswo gründlich und weitläuftig gehandelt wird, darum hat Dr. Luther hierinnen ein göttlich Werk verrichtet. Viertens aus den vortrefflichen und gewaltigen Gaben, mit welchen Gott diesen seinen Knecht ausgerüstet. Große Wissenschaft in Sprachen hatte dieser Mann, die Bibel verdolmetschete er mit großem Fleiß und Geschicklichkeit, seine Predigten und Schriften waren voll lebendigen Geistes, sein Gebet ist sehr inbrünstig und beständig gewesen, sein Herz war unerschrocken, vor dem ganzen römischen Reich Antwort zu geben von der Lehre. Unter der schweren unaufhörlichen Arbeit und großen Anfechtungen und Verfolgungen ist er nicht ein wenig kleinmüthig oder verzagt worden, sondern stund wie ein Held und führete Alles herrlich hinaus, welches alles ohne Gottes Wirkung nicht hat geschehen können. Fünftens aus der wunderbaren Erhaltung Luthers wider

---

[1] Apstg. 5, 38. [2] Cap. 14, 6.; Cap. 18, 1.

seine Feinde: Luther hatte großen Widerstand von den mächtigsten Herren der Welt, der Pabst that ihn in den Bann, der Kaiser that ihn in die Acht, der König in England schrieb wider ihn, Herzog Georg von Sachsen verfolgte ihn, man stellete ihm oft nach dem Leben. Es wurden oft blutige Rathschläge wider ihn gehalten, wie gern hätten ihn die Päbstler aus dem Wege geräumt; Gott aber erhielt ihn ganz wunderbarer Weise. Sechstens aus dem Zeugniß der Päbstler, darinnen sie zum Theil mit Worten bekannt, daß des Luthers Lehre gut und die Reformation nöthig und christlich sei;[1] zum Theil auch selber ihre Irrthümer abgestellet und viel gröbere Händel unterlassen, die sie vor Zeiten getrieben, sich jetzo aber derselben schämen, wie denn in den Legenden des Franciscus und anderer Heiligen viel thörichte Dinge begriffen sind, die sie heutiges Tages nicht wollen vertheidigen. Man predigt nicht mehr den Fischen und Vögeln, die Mücken und Fliegen thut man nicht mehr in Bann, man mästet nicht mehr St. Antonii Schweine, die Poltergeister kommen nun nicht so oft. Solches und dergleichen viel Dinge haben die Päbstler fein abgestellet, dadurch sie denn nothwendig zeugen, daß Dr. Luthers Reformation nothwendig und göttlich gewesen sei.

28. Hier sind die Päbstler nun nicht zufrieden, sondern bringen etliche Einwürfe vor, daß Dr. Luther ohne Mittel von Gott nicht berufen sei (davon wir bald reden werden). Auf welche Einwürfe wir zwar nicht schuldig wären zu antworten, dieweil wir nicht sagen, daß Dr. Luther ohne Mittel von Gott berufen sei, wie ein Prophet oder Apostel; Dr. Luther bekennet es auch selber, daß er von solchem Beruf nicht wisse, wenn er spricht: „Ich habe noch nie geprediget, noch predigen wollen, wo ich nicht durch Menschen bin gebeten und berufen, der ich mich nicht berühmen kann, daß mich Gott ohne Mittel vom Himmel gesandt hätte."[2] Jedoch dieweil die Päbstler durch solche Argumente nicht allein

---

[1] Siehe Jenaer deutsche Ausg. Bd. 5. fol. 98. 202; Bd. 2. fol. 408.
[2] Jenaer deutsche Ausg. Bd. 2. fol. 411.

Dr. Luthers unmittelbare Vocation, sondern auch seine göttliche Erweckung und Antreibung damit wollen zunichte machen, antworten wir darauf, wie folget:

29. Erstens sagen sie: Gott hat Niemand ohne Mittel berufen von der Apostel Zeit her, darum hat er auch Luthern ohne Mittel nicht berufen.¹ Antwort: Erstens, es trifft dieses Argument Dr. Luthers Beruf nicht, dieweil weder er noch wir gestehen, daß er ohne Mittel berufen sei. Zweitens, wofern Gott gar Niemand ohne Mittel berufen nach der Apostel Zeit, wie kömmts denn, daß er vor Zeiten den Heiligen im Pabstthum so oft erschienen und sie erwecket, neue Mönchsorden anzustellen, sich darein zu begeben, und andere dergleichen Werke anzustellen? Bei den Mönchen soll das wohl gelten, aber nicht bei Luthern. Drittens, das könnte man verwerfen den zween Zeugen, welche Gott dermaleins erwecken wird, dem Antichrist zu widersprechen.² Gott hat Niemand von der Apostel Zeit ohne Mittel berufen, darum auch euch nicht; gleichwohl aber werden sie ohne Mittel von Gott erwecket und berufen werden, welches die Päbstler noch hoffen. Was sie hier vermeinen zu antworten, müssen sie ihnen von Dr. Luthers Beruf auch zur Antwort nehmen. Viertens, es lässet sich gar nicht schließen: Gott hat von der Apostel Zeit her dieses und jenes nicht gethan, darum kann er es jetzt auch nicht thun. Gottes Allmacht und Weisheit ist an keine Zeit gebunden, und wird am Ende der Welt viel geschehen, das weder zu noch vor der Apostel Zeit ist geschehen, mag also dieser Einwurf nichts ausrichten.

30. Zweitens: Ein besonderer Beruf muß mit Wunderzeichen bestätiget werden; Dr. Luther aber hat keine Wunder thun können, darum ist er nicht sonderlich von Gott berufen.³ Antwort: Erstens, nicht Alle thun Wunder, die ohne Mittel berufen sind;

---

¹ Helfric. Ulricus Hunnius, argum. invictis, 6. arg. pag. 206. Badenses Motivae, rat. 5. pag. 292. ² Offb. 11, 3. ³ Helfric. Ulricus Hunnius, argum. 6. pag. 206. Bellarminus lib. 4. de notis Ecclesiae. cap. 24. Lessius consid. 9. rat. 3.

Jeremias, Nahum, Joel und andere Propheten sind ohne Mittel berufen, und lesen wir doch nirgends, daß sie Wunder gethan; Johannes der Täufer war ohne Mittel von Gott berufen, und dennoch that er kein Zeichen.¹ Könnte also der Mangel der Wunderwerke Dr. Luthers unmittelbaren Beruf nicht aufheben. Zweitens, am Ende der Welt sind wir nicht gewiesen auf die Wunder, eines Lehrers Beruf daraus zu prüfen, sondern wir werden vielmehr gewarnt, daß wir uns davor hüten sollen als vor Zeichen des Antichrists und anderer falscher Propheten, die durch große Zeichen und Wunder sich werden erweisen.²

31. Drittens: Luther hat geirret in etlichen Artikeln, nachdem er das Pabstthum hat reformiren wollen, welches ein gewiß Zeichen ist, daß er ohne Mittel von Gott nicht berufen sei.³ Antwort: Erstens, nicht Alle, die ohne Mittel berufen werden, sind frei von Irrthum. Aaron war ohne Mittel berufen, beging aber einen großen Irrthum mit dem goldenen Kalbe.⁴ Die Apostel waren ohne Mittel berufen, sie irreten aber und meineten, des HErrn Christi Reich würde ein weltlich Reich sein,⁵ seine Auferstehung wäre unmöglich.⁶ Der Apostel Petrus irrete und wurde deswegen von Paulo gestrafet.⁷ Darum, wo Dr. Luther auch geirret hätte in etlichen Dingen, könnte solcher Irrthum seinen unmittelbaren Beruf nicht aufheben. Zweitens, Dr. Luther hat nicht neue Irrthümer auf die Bahn gebracht, sondern im Anfang der Reformation ist er etlichen Irrthümern zugethan gewesen, mit welchen er im finstern Pabstthum eingenommen war, bis er endlich zu völliger Erkenntniß der Wahrheit kommen ist. Denn gleichwie die Sonne nicht in einem Augenblick das Erdreich erleuchtet, sondern sie gehet langsam auf und leuchtet immer mehr und mehr: also ists auch gangen mit Herrn Luthers Erleuchtung, welche in der Zeit zugenommen, und vollkommener worden ist.

---

¹ Joh. 10, 41. ² Matth. 24, 24.; 2 Theff. 2, 8. 9.; Offb. 13, 13. 14. ³ Lessius, consult. consid. 9. rat. 6. ⁴ 2 Mof. 32, 5. ff. ⁵ Apstg. 1, 6.; Luc. 22, 24. ⁶ Luc. 24, 11.; Joh. 20, 25. ⁷ Gal. 2, 11. 12. ff.

32. Viertens: Wenn Luther von Gott gesandt ist, folget, daß Calvin von Gott nicht gesandt sei; oder so dieser gesandt ist, ist Luther nicht von Gott gesandt, dieweil sie einander zuwider sind.¹ Antwort: Erstens, dieweil wir Calvins Lehre nicht vertheidigen, geht uns dieser Einwurf nicht an. Zweitens, man muß unterscheiden den Beruf und den Gebrauch solches Berufs und Amts. Es können wohl zween Lehrer von Gott ordentlich berufen sein, die ihren Beruf gar ungleich brauchen. Calvinus, wofern er durch die Mittel war zum Predigtamt kommen, wie Luther, ist sein Beruf rechtmäßig, er mag ihn aber nicht recht gebraucht haben, sondern hat falsche Lehre mit eingeschoben; der Mißbrauch aber eines Amtes hebet den Beruf an sich selber nicht auf. Drittens, es kann ein Lehrer von Gott wohl berufen sein und doch irren in etlichen Dingen, welcher Irrthum aber nicht von Gott kommet. Die Pharisäer hatten einen rechten Beruf, saßen auf Mosis Stuhl und lehreten aus Mose und den Propheten, wie es ihr Beruf erforderte.² Dabei mischten sie ein ihre Irrthümer und Sauerteig, vor welchen der HErr Christus seine Jünger warnte.³ Und also kann es Calvin auch widerfahren sein. Viertens, wir unterscheiden auch unter dem Predigtamt und der Reformation des Pabstthums. Calvin mag rechter Weise zum Predigtamte berufen sein, aber nicht zur Reformation des Pabstthums, in welchem Stück Gott der HErr Luthern erwecket, den Anfang zu machen, darauf Er auch Nachdruck gegeben und das ganze Werk hindurch ausgeführet, dem hernach andere Lehrer zugefallen sind.

33. Fünftens: Dr. Luther hat seinen Streit aus lauter Ehrgeiz und Geldgeiz angefangen; denn als die Dominicaner-Mönche den Ablaß in Deutschland predigten und verkauften, hat es die Augustiner verdrossen, daß ihnen solches nicht hat widerfahren können; ist also Luthers Reformationswerk nicht aus

---

¹ Lessius, considerat. 9. rat. 3. ² Matth. 23, 2. ³ Matth. 16, 12.

Gottes Antrieb, sondern aus Ehrgeiz herkommen. [1] Antwort: Erstens, wie viele Päbste kommen aus Ehrgeiz zum päbstlichen Stuhl, als: Vigilius, Sergius, Martin II. und andere! [2] Dennoch halten die Päbstler dafür, daß sie gar rechtmäßig von Gott berufen sind; wie sollte es denn bei Luthern nicht gelten (ob es schon wahr wäre, da es doch nicht ist), wenn es bei ihnen gilt. Zweitens, woher wollens doch die Päbstler erweisen, daß Dr. Luther aus Ehrgeiz und Mißgunst solches habe angefangen? In seinen Schriften findet man nichts davon; in andern Schriften und Historien hat man hiervon gar keine Nachricht; es hat weder der Pabst, noch der Kaiser, noch die Reichsstände ihm solches vorgeworfen oder ihn deswegen gestraft, welches sie nicht würden unterlassen haben, wofern man etwas Gewisses in diesem Stück auf ihn hätte bringen können. Daß einer und der andere Päbstler das von ihm schreibet, hilft nichts zur Wahrheit, denn sie (die Päbstler) sind Dr. Luthers Ankläger und können zugleich nicht zeugen, wie sie denn wohl eher schändliche Lügen von seinem Tode und anderen Dingen ausgebracht. Drittens, die Erfahrung bezeugts, daß Dr. Luther weder Ehre, noch Gunst, noch Reichthum, noch andere Herrlichkeit habe gesuchet oder begehret. Große Unruhe, Feindschaft und Verfolgung hatte er davon, wie er selber hiervon schreibet: „Es ist offenbar, wie ich kein Geld darum nehme, solches zu lehren, wie sie nehmen. Johannes Eck ist über mir reich worden und Andere mehr; so habe ich ja keine Gunst davon, so habe ich alle Schande und Gefahr davon." [3] An den Churfürsten zu Sachsen, Herzog Friederich, schreibet er: „Wir sind gesinnet, Ew. Churfürstl. Gnaden das Kloster mit Allem, das dazu gehöret, als dem jüngsten Erben, zu lassen und übergeben; denn wo der Prior abzeucht, ist meines Thuns nicht mehr da, muß und will ich sehen, wo mich Gott ernähret." [4] Viertens, die Päbstler schlagen

---

[1] Bellarmin, lib. 4. de notis Eccl. cap. 13. Lessius, consider. 9. rat. 5. [2] Platina in vitis Pontific. p. 53. 76. 103. 142. [3] Jenaer deutsche Ausg. Bd. 1. pag. 549. [4] Jenaer deutsche Ausg. Bd. 2. pag. 499.

doch auf ihren eigenen Historiker, Thuanum, da werden sie befinden, daß er viel anders schreibe, aus was Ursachen Dr. Luther den Streit mit Tetzeln angefangen, nämlich aus gerechtem Eifer wider den schändlichen Ablaßkram und Geldgeiz des Pabstes und seiner Abgeordneten in Deutschland.[1] Fünftens, Dr. Luther schreibet davon im Buche wider Hans Wurst, durch welche Gelegenheit er zu diesem Streit kommen sei,[2] dahin die Päbstler sollen gewiesen sein. Vermag also dieser Einwurf nichts wider Dr. Luthers Beruf.

34. Sechstens: Man solle nichts glauben, was nicht in der Schrift gefunden wird. Nun aber wird nicht gefunden in der Schrift, daß Dr. Luther und sein Anhang von Gott zur Reformation gesandt sei.[3] Antwort: Erstens, wo stehet doch in der Schrift, daß der Pabst Petri Statthalter und das allgemeine Haupt der Kirche sei? Wo stehet in der Schrift, daß ein besonderer Mönchsorden, nämlich der Jesuiten, solle aufgerichtet werden dem päbstlichen Stuhl zum Besten? Solche und dergleichen viel Dinge stehen nicht in der Schrift, und dennoch halten die Päbstler darüber. Zweitens, wenn wir sagen, man solle nicht glauben, was nicht in der Schrift gefunden wird, verstehen wir die Glaubensartikel, welche uns den Weg zur Seligkeit weisen, die allein aus der Schrift müssen probiret werden; sonst aber wird viel für wahr gehalten, ob es gleich aus der Schrift nicht bewiesen wird. Drittens, in der Schrift findet man etwas auf zweierlei Weise: nach dem Buchstaben oder nach dem Verstande. Findet mans gleich nicht in der Schrift nach dem Buchstaben: „Luther ist von Gott berufen", so findet man es doch darinnen nach dem Verstande, daß derjenige, welcher von der Kirche ordentlicher Weise berufen ist, wie Luther, von Gott sei,[4] ja man findet von Dr. Luthers Beruf die Zeugnisse und Weissagungen in der Schrift, daß in der letzten Zeit Gott senden werde seinen Engel mit dem ewigen Evangelio, welcher den Fall der geistlichen Babel

---

[1] Thuanus lib. 1. Historiarum. an. 1515. [2] Jenaer deutsche Ausg. Bd. 7. pag. 422. [3] Lessius, consider. 9. rat. 3. [4] Apstg. 20, 28.

ankündigen und Freude bei den Einwohnern der Erde anrichten werde,[1] wie solche Zeugnisse von Luther anderswo[2] gründlich und ausführlich erkläret werden.

35. Das sind fast die vornehmsten Einwürfe, welche die Päbstler vorbringen wider Dr. Luthers Beruf und Erweckung. Was sonst wird vorgebracht, kann aus dem, was bisher gehandelt worden, genugsam widerleget werden; und bleiben wir nochmals beständig dabei, daß Luther zu seiner Reformation berufen worden insgemein durch sein Christenthum, in welchem ein Jeder schuldig ist, Gottes Ehre zu befördern nach Vermögen, insonderheit durch sein Predigtamt, Professur und Doctorat, in welchem seinem Amte Gott der HErr außerordentlich und auf besondere Weise mächtig gewirket und sehr kräftigen Nachdruck gegeben, daß solche Veränderung in der Christenheit darauf erfolget ist, wie denn die Unserigen solches anderswo[3] weitläuftig und gründlich ausgeführet haben.

Das dritte Capitel.
Ob der Beruf und die Ordination Lutheri, im Pabstthum geschehen, hernach gültig gewesen, als Dr. Luther wider das Pabstthum gestritten?

---

36. Demnach die Päbstler nicht können leugnen, daß Dr. Luther Anno 1507 im vierundzwanzigsten Jahr seines Alters zum heiligen Predigtamt ordentlicher Weise berufen, auch dazu mit den damals gebräuchlichen Kirchenceremonien ordiniret und eingeweihet, erfinden sie diesen Griff, daß sie vorgeben, solcher Beruf, Ordination und Einweihung sei hernach nicht mehr gül-

---

[1] Offb. 11, 3.; 14, 6.; 18, 1.   [2] Gerh. Bd. 5. pag. 1285. ff.
[3] Hunnius, von Dr. Luthers Beruf.

tig gewesen, als Dr. Luther das Pabstthum bestritten, und unter=
stehen sich, solches zu beweisen mit nachfolgenden Gründen:

37. Erstens hält Dr. Luther, und wir mit ihm, den
Pabst für den Antichrist, die römische Kirche für die falsche Kirche,
die römischen Bischöfe für des Antichrists Diener. Wo nun dem
also, so hat Luther auf solchen Beruf sich nicht können gründen,
dieweil es von des Antichrists Dienern in einer falschen Kirche
geschehen ist.[1] Antwort: Erstens, die Päbstler halten den
Pabst nicht für den Widerchrist, sondern für das Haupt der christ=
lichen Kirche, die römische Kirche halten sie für die wahre Kirche
und ihren Beruf für einen rechten Beruf. Wenn sie demnach
aus ihrem Fundament disputiren, müssen sie gestehen, daß
Dr. Luther recht berufen und ordiniret sei, kraft welches Berufes
er verpflichtet gewesen, allen Irrthümern zu widersprechen.
Zweitens, obschon das Pabstthum des Antichrists Reich ist
und die Bischöfe des Antichrists Diener sind, dennoch schadet es
Luthern nicht, daß sein Beruf und Ordination, im Pabstthum
geschehen, nicht solle gültig sein, sintemal Gott der HErr auch
durch gottlose Menschen dennoch einen Prediger rechtmäßig beru=
fen lässet. Der Priester Zacharias[2] und andere Priester[3]
waren recht berufen, obgleich Caiphas, die Hohenpriester und
Pharisäer gottlose und verführerische Leute waren. Ist dieser
Beruf, durch falsche Lehrer geschehen, dennoch gültig gewesen,
warum sollte Dr. Luthers Beruf nicht auch gültig sein, ob er
gleich durch falsche Lehrer im Pabstthum geschehen ist?
**Drittens, man muß unterscheiden das Reich
des Antichrists, welches das Pabstthum ist,
und dann das Reich Christi, in welchem der Anti=
christ als im Tempel Gottes sitzet.**[4] Das Pabst=
thum ist vom Satan, aber nicht das Reich Christi,
die christliche Kirche, in welcher der Pabst sitzet

---

[1] Helfric. Ulric. Hunnius, arg. 6. pag. 211. Tannerus, Dioptra
lib. 2. quaest. 4. cap 27. [2] Luc. 1, 5. [3] Matth. 8, 4.; Luc. 17, 14.
[4] 2 Thess. 2, 4.

und herrschet. Deswegen, viertens, muß man unterscheiden das Amt der päbstischen Bischöfe, in welchem sie verrichten, was des Pabstes eigen ist, als: wenn sie Messe halten, das Abendmahl unter einer Gestalt austheilen, für die Todten beten, das Fegefeuer lehren und dergleichen verrichten, und dann unter ihrem Amte, in welchem sie verrichten, was Gott von ihnen erfordert, als wenn sie Kinder taufen, Eheleute einsegnen, Priester ordiniren und dergleichen. Diese zweierlei muß man bei ihnen allezeit unterscheiden, gleichwie man vor Zeiten bei den Juden unterscheiden mußte die Verrichtungen der Pharisäer, indem Etliches von Gott herrührete, als: Kinder beschneiden, Priester ordiniren, aus Mose und den Propheten lehren, Etliches aber rührete von Menschen her, das waren die Satzungen der Alten, ihr eigener Sauerteig, welchen sie mit einmischten. Daß Luther zum Predigtamt ordiniret ist, das haben die päbstischen Lehrer nicht gethan, als wenn es des Pabsts Erfindung und Werk wäre, sondern dieweil es Gottes Werk war, obgleich die päbstischen Lehrer in andern Dingen des Pabsts antichristische Werke verrichten. Fünftens, die Päbstler selber verstehen diesen Unterschied. Sie halten unser Predigtamt für ketzerisch, als welches vom Satan herkomme, und gleichwohl, wo Jemand von unserer Kirche zu ihrer Lehre tritt, taufen sie ihn nicht von Neuem, sondern halten es für richtig, dieweil sie auf Gottes Befehl im Namen des Vaters, Sohnes und Heiligen Geistes verrichtet wird. Können sie an uns unterscheiden die Werke Gottes von andern Werken, nach ihrer Meinung, so können sie auch an ihnen selbst solches wohl unterscheiden, daß sie nämlich in dem Beruf eines Predigers Gottes Werk thun und dennoch sonst andere Werke verrichten können, die von Gott herrühren. Sechstens, die päbstischen Rechte lehren, daß wenn ein Pre=

diger gleich von einem Ketzer ordiniret sei, dennoch solle man ihn nicht anders ordiniren, inmaßen Herr Luther solches anzeucht und treibet.¹

38. Zweitens: Dr. Luther ist berufen und ordiniret auf die Lehre der römischen Kirche, dieselbige zu predigen und auszubreiten. Sobald er demnach wider die römische Kirche gelehret und dieselbe reformiret, ist er geschritten aus seinem Beruf und hat wider denselbigen gethan, kann sich also mit demselbigen nicht behelfen.² Antwort: Erstens, wofern ein Prediger nur die Lehre treiben muß, und keine andere, als welche die Kirche führet, dazu er ordiniret wird, so folget daraus, daß vor Zeiten kein Lehrer der jüdischen Kirche hätte widersprechen können den pharisäischen und sadducäischen Irrthümern, denn sie wurden alle auf die Lehre, welche damals die jüdische Kirche führte, ordiniret. Zweitens, es habens die Papisten gern bekannt und sehr beklaget, daß viel Irrthum in der römischen Kirche eingerissen,³ wie sie sie denn gewünschet nach einer Reformation. Wofern nun die Lehrer, im Pabstthum ordiniret, durchaus dieselbige und keine andere Lehre haben predigen müssen, als die damals die römische Kirche führete, würde folgen, daß man im Pabstthum die Prediger auf die Irrthümer zu lehren ordiniret hätte, über welche Irrthümer so große Klagen geführt worden sind. **Drittens, man muß unterscheiden Gott, welcher Dr. Luthern berufen, und den Pabst mit seinen Bischöfen, durch welche Luther berufen worden.** Nach göttlicher Meinung ist Luther berufen, die Wahrheit des göttlichen Wortes zu lehren, in den Worten Christi zu bleiben,⁴ und zu halten ob dem Wort, das gewiß ist.⁵ Nach des Pabstes Meinung ist er berufen, die damals gebräuchlichen Menschen-

---

¹ Schmalf. Art., Art. 10. ² Becanus in Manuali lib. 1. cap. 12. Badenses Motivae rat. 5. pag. 332. ³ Siehe Franciscus Petrarcha, Albericus de Rosate, Onus Ecclesiae, Planctus Ecclesiae, Bernhard. ad Eugenium, &c. ⁴ 1 Tim. 6, 3. ⁵ Tit. 1, 9.; Jerem. 23, 28.

satzungen zu lehren, welche man im Pabstthum Gottes Wort gleich hielt. Gleichwie die Priester bei den Juden nach göttlicher Meinung wurden berufen, Mosen und die Propheten zu lehren,[1] nach der Hohenpriester und Pharisäer Meinung aber, die Aufsätze der Väter mit einzumengen.[2] Wenn nun ein Priester bei den Juden der falschen Lehre hätte widersprochen, so hätte er nicht wider, sondern nach seinem Beruf gethan; also wenn Dr. Luther hat den Irrthümern des Pabstes widersprochen, hat er auch nicht wider, sondern nach seinem Beruf gethan. Denn Gottes Beruf gehet vor, man muß den Menschen nicht mehr als Gott gehorchen;[3] Gottes Wort irret nicht, Menschensatzungen aber können leicht irren. Man nehme ein Exempel: Wenn Jemand zum Regenten in einer Stadt berufen wird, da allerlei Mißbräuche und Ungerechtigkeit im Schwange gehen, das Regiment zu verwalten, ist die Frage, ob er es also verwalten solle, wie ers findet, oder aber ob ers solle bessern. Soll er die Ungerechtigkeit lassen im Schwange gehen, wie ers findet? Das ist wider Gott, welcher einen Regenten berufen, dem Gerechten zu helfen und den Schuldigen zu strafen, der Ungerechtigkeit zu wehren.[4] Wo nun ein Regent dieses thut, so thut er ja nicht wider, sondern nach seinem Beruf, welcher solches alles erfordert. Dergleichen auch von Dr. Luthers Beruf zu urtheilen ist. Viertens, wir halten den Päbstlern diesen Schluß vor: Dr. Luther ist im Pabstthum berufen und ordiniret, entweder Gottes Wort zu lehren und den falschen Lehrern zu widersprechen,[5] oder aber er ist dazu nicht berufen. Ist er nicht dazu berufen, so haben sie wider ihr Amt gethan, welches solches erfordert; haben sie ihn aber berufen zur Ausbreitung der reinen Lehre und Widersprechung der falschen Lehre,

[1] Matth. 23, 2. 3. [2] Matth. 15, 3.; Matth. 16, 6. 12. [3] Apstg. 4, 19. [4] Röm. 13, 4. [5] Tit. 1, 9.

so haben sie ihn auch berufen zur Reformation des Pabstthums, als welches solche irrige Lehre zur selbigen Zeit führete. Fünftens, die Päbstler lehren ja, daß in der Ordination eines Priesters ein Charakter ihm werde eingedrücket, welcher nicht könne wieder ausgetilget werden, sondern bleibe immerdar. Nun wird Luthern ja auch ein solcher Charakter sein eingedrücket worden, deßwegen er ihn immerdar behalten hat. Ist also Dr. Luthers Beruf aus der Päbstler eigenem Grunde gültig und kräftig verblieben.

39. Drittens: Dr. Luther hat nichts gehalten von dem Beruf, welcher im Pabstthum geschiehet; er nennet es nur ein Fastnachtspiel, wie könnte es denn ein göttlicher Beruf sein? Hält also Luther seinen Beruf, im Pabstthum bekommen, selbst für nichtig.[1] Antwort: Erstens, wenngleich Dr. Luther nichts gehalten hätte von seinem Beruf, hätte er ihn damit noch nicht können aufheben. Es fraget sich nicht, was Dr. Luther davon gehalten, sondern ob er an sich selbst gültig und kräftig gewesen. Zweitens, wenn wir Luther aufschlagen, finden wir, daß er seinen Beruf nicht verachtet, sondern hochgehalten habe: „Ich müßte wahrlich zuletzt verzagen und verzweifeln in der großen und schweren Sache, so auf mir lieget, wo ich sie als ein Schleicher hätte ohne Beruf und Befehl angefangen; aber nun muß Gott und alle Welt mir zeugen, daß ichs in meinem Doctorat und Predigtamt öffentlich hab angefangen und bis dahero geführet mit Gottes Gnade und Hülfe."[2] Also lehret er auch anderswo, daß man auch im Pabstthum recht berufen werde: „Wer durch die Bischofslarven zum Predigtamt kommet, der soll dasselbige annehmen, rein und würdiglich verwalten, das Opferamt lassen anstehen, aber Gottes Wort lehren und die Gemeine regieren."[3] Drittens, belangend aber, daß Dr. Luther die päbstische Ordination geringe hält und ein

---

[1] Motivae Badens. rat. 5. p. 331. Studentengespräche pars 2. lit. E. fol. 4. [2] Jenaer deutsche Ausg. Bd. 5. fol. 492. [3] Jenaer latein. Ausg. Bd. 5. fol. 547.

Faſtnachtſpiel nennet, verſtehet er an einem Orte [1] die Weihe zum Meßopfer, welche nur Menſchengedichte iſt, gleichwie die Meß und das Opfer von Menſchen erdichtet ſind, nicht aber den Beruf zum Predigtamt, welches viel ein ander Werk iſt. Darnach verwirft er nicht die Ceremonien [2] ſchlechterdings, ſo bei der Prieſterweihe werden gehalten, welche auch nicht zu verwerfen ſind, ſofern ſie etwas Gutes bedeuten, jedoch für ein Affenſpiel wahrlich zu halten ſind, wenn man ſie für ein nothwendiges Stück hält. Solche Ceremonien ſind, daß zwei Biſchöfe das Evangeliumbuch dem, der geweihet wird, über das Haupt halten, daß man ihm eine Platte machet, Salbe, Ring, Stab, Handſchuhe gibet und dergleichen vornimmt, da doch die heiligen Apoſtel mit Beten und Handauflegen ſolche Weihen verrichteten. Alſo halten wir mit Luther von dem Beruf ſelbſt gar viel, aber die unnützen Ceremonien ſind gar nicht nöthig dabei.

40. **Viertens**: Derjenige Biſchof, welcher Dr. Luthern berufen und ordiniret hat, iſt entweder ein Wolf geweſen oder ein rechter Hirte. Iſts ein rechter Hirte geweſen, ſo iſt Luther ein Wolf worden, indem er von dieſem rechten Hirten iſt abgefallen. Iſt es aber ein Wolf geweſen, der ſelbſt nicht recht berufen, ſo hat er Luthern auch nicht recht können berufen und ordiniren. [3] Antwort: **Erſtens**, wir halten den Päbſtlern dergleichen Argumente vor: Zacharias [4] und andere Prieſter, die von der Juden irrigen Lehre nichts hielten, ſondern an Chriſtum glaubten, ſind zu ihrem Amt ordiniret entweder von einem Wolfe oder von einem rechten Hirten. Sind ſie ordiniret und berufen von rechten Hirten, ſo folget, daß ſie ſind Wölfe geworden, indem ſie abgefallen ſind von der Lehre deſſen, der ſie ordiniret hat. Sind ſie aber von einem Wolfe berufen, ſo haben ſie keine rechten Prieſter ſein können, ſondern Wölfe ſein müſſen. Was hier die Päbſtler zur Antwort geben, mögen ſie ihnen wieder zur Antwort nehmen.

---

[1] Jenaer latein. Ausg. Bd. 5. fol. 547. [2] Pontific. Rom. p. 3. 16. Durandus lib. 3. Ration. c. 11. [3] Reihing in Excubiis, fundament. 3. p. 59. [4] Luc. 1, 5.; Apſtg. 6, 7.

Zweitens, man muß unterscheiden das Amt und den Gebrauch des Amts. Es kann Jemand haben ein heiliges Amt und also ein rechter Hirte sein; er kann aber solch Amt daneben übel gebrauchen und also durch den Mißbrauch zum Wolfe werden. Die Pharisäer waren rechte Hirten, was ihr Amt anlanget, denn sie saßen auf Mosis Stuhl;[1] sie waren aber Wölfe, Diebe und Mörder,[2] dieweil sie solch ihr Amt gar übel verwalteten. Also ists auch beschaffen gewesen mit den päbstischen Bischöfen, welche Luthern ordinirten. Ihr Amt, zu lehren, hat sie zu Hirten gemachet, solch Amt haben sie Luthern aufgetragen und ihn also auch zum Hirten gemachet. Der Mißbrauch aber ihres Amts hat sie zu Wölfen gemacht; solches Mißbrauchs aber hat sich Luther nicht theilhaftig machen wollen, welches geschehen wäre, wo er sein Amt auch gemißbrauchet hätte. Er hat aber sein Amt recht geführet, der irrigen Lehre widersprochen, Menschensatzungen beiseit geworfen und das Evangelium geprediget, hat also sein Amt, wie einem treuen Hirten gebühret, wohl verrichtet.

Das vierte Capitel.
Von Lutheri Doctorat, und ob dasselbige auch gültig gewesen, nachdem er vom Pabstthum getreten ist.

41. Demnach die Päbstler nicht können leugnen, daß Martin Luther Anno 1512 zu Wittenberg ordentlicher Weise zum Doctor der heiligen Schrift ist promoviret worden, in welchem Doctorat Luthern Macht gegeben ist, die heilige Schrift gründlich zu erklären, darauf sich Luther auch stets berufen, wie droben[3] gemeldet ist: als erdenken sie etwas Neues und sagen, daß Luthern sein Doctorat nichts helfe, nachdem er vom Pabstthum abgetreten, und wollen solches erweisen mit nachfolgenden Gründen:

[1] Matth. 23, 2. 3. [2] Joh. 10, 1. ff. [3] Num. 21.

42. Erstens: Luther hat in seinem Doctorat einen Eid geschworen, daß er nicht lehren wolle, was von der römischen Kirche verdammet ist. Verbindet ihn nun gleich sein Doctorat zu lehren, so ist doch keine andere Lehre verstanden worden, als die Lehre, welche damals im Pabstthum ist gelehret worden, und keine andere; viel weniger ist ihm Macht gegeben worden, das Pabstthum zu reformiren.[1] Antwort: In dem Eide, welchen Luther geschworen in seinem Doctorat, hat er zugesaget, der Universität, sonderlich aber der theologischen Facultät Nutz und Bestes nach Vermögen zu befördern und Alles zu verrichten, was einem Theologen zu thun gebühret; keine nichtige, fremde, von der Kirche verdammte ärgerliche Lehre zu führen, sondern anzumelden, auch der römischen Kirche Gehorsam zu leisten; welches die vornehmsten Punkte des Eides sind, den die Theologen zu Wittenberg in ihrem Doctorat müssen schwören. Nun sind zwei Stücke des Eides: eins ist, die nichtige, falsche, ärgerliche Lehre anzumelden; das andere ist, der römischen Kirche Gehorsam zu leisten. Das erste hat Luther müssen halten, dannenhero ist er schuldig gewesen, die Irrthümer des Pabstthums zu widerlegen; denn wer einen Eid schwöret, der falschen, ärgerlichen Lehre zu widersprechen, der muß kraft solches Eides dem Ablaßkram und andern päbstlichen Greueln auch widersprechen, als welche falsche und ärgerliche Lehren sind. Nun hat Luther einen solchen Eid geschworen, darum ist er kraft dieses Eides schuldig gewesen, dem Ablaß und allem Irrthum des Pabstthums zu widersprechen, und zu reformiren. Das andere aber, daß er der römischen Kirche verheißen Gehorsam zu leisten, hat er nicht halten dürfen.

43. Die Ursach ist diese. Wer einen Eid schwöret, in welchem widerwärtige Dinge sind, deren eines Gott gefällig ist, das andere Gott mißfällig ist, der ist schuldig, dasjenige Stück

---

[1] Tannerus, Dioptr. lib. 2. quaest. 4. cap. 27. Gretser. in Luthero Academ. cap. 26. pag. 309.

zu halten, welches Gott gefällig und seinem
Worte gemäß ist. Das andere Stück aber,
welches wider Gott laufet, ist er schuldig
hintenanzusetzen. Nun hat Luther einen solchen
Eid geschworen, darinnen er zugesaget, die frem=
ben ärgerlichen Lehren zu verwerfen und der
römischen Kirche, die solche fremde ärgerliche
Lehre führet, zu gehorchen, welches zwei wider=
wärtige Dinge sind, deren das erste Gottes
Wort gemäß, das andere wider Gottes Wort ist:
darum ist er schuldig gewesen, dasjenige Stück
in seinem Eide zu halten, welches Gottes Willen
gemäß ist, das andere aber, den Gehorsam der
römischen Kirche, hintenanzusetzen, dieweil solcher
Gehorsam in ärgerlicher, falscher Lehre Gottes
Wort zuwiderläuft.

44. Man nehme dessen ein Exempel. Wenn zur Zeit der
Arianer ein Prediger hätte einen Eid geschworen, aller falschen,
irrigen Lehre zu widersprechen und seinem Bischof Gehorsam
zu leisten, der Bischof aber führete solche falsche, ärgerliche,
arianische Lehre, der Prediger aber wäre zur wahren Erkenntniß
Gottes hernach kommen und wollte der arianischen Lehre ferner
nicht beipflichten; könnte man ihn wohl dazu nöthigen, von der
arianischen Lehre nicht abzustehen, darum dieweil er einen Eid
gethan, seinem Bischof gehorsam zu sein? Mit nichten, denn
solcher Gehorsam wäre wider Gott und sein heiliges Wort,
darum ist er schuldig gewesen, denselbigen hintenanzusetzen und
das andere Stück des Eides zu halten, welches dem göttlichen
Willen gemäß ist. Dergleichen Dr. Luther auch hat thun müssen.

45. Derjenige Eid, welcher wider gute Sitten, Gesetz und
Recht läuft, ist nicht zu halten, und wird Niemand daran verbun=
den, bezeugen die päbstischen Rechte selber.[1] Der Eid aber,

---

[1] Decretal. tit. 2. cap. 12. si diligenti, glossa, casus, glossa, juramentum.

welchen Luther in seinem Doctorat geschworen, ist ein solcher Eid, der wider das göttliche Recht, wider Gottes Gesetze und der christlichen Kirche Wohlfahrt geht; denn so man die Leute ums Geld betrüget mit Verheißung, daß man ihnen Vergebung der Sünden verkaufe, da doch die Gaben des heiligen Geistes ums Geld nicht können verkauft werden,[1] das ist ja wider Gottes Wort und die Wohlfahrt der Christenheit. Darum hat derjenige Eid, welchen Luther in seinem Doctorat gethan, ihn nicht verbunden, sondern er ist schuldig gewesen, zur Rettung der göttlichen Wahrheit und Beförderung der Kirchenwohlfahrt von demselbigen abzutreten.

46. Zweitens: Luther ist zwar Doctor geworden, er ist aber seines Doctorats wieder entsetzet worden, indem ihn der Kaiser in die Acht erkläret, und der Pabst daneben in Bann gethan, wie denn Luther selbst bekennet, indem er spricht: er habe sich darüber so sehr entsetzet, als der Esel erschrickt, dem der Sack entfällt.[2] Antwort: Erstens, der päbstische Bann und die kaiserliche Acht ist Anno '20 und '21 über Dr. Luthern ergangen. Nun hat er Anno 1517 angefangen das Pabstthum zu reformiren, hat auch Anno '18, '19, '20 immer fortgefahren wider das Pabstthum zu lehren, kann also dieser Einwurf dem Anfang der Reformation und denselbigen folgenden vier Jahren nichts benehmen, dieweil Luthern daselbst sein Doctorat noch nicht genommen war. Zweitens, man muß unterscheiden zwei Dinge im Doctorat, das eine sind die äußerlichen Privilegien und Freiheiten, welche von der hohen Obrigkeit einer Person werden gegeben; das andere ist die Verbindung, damit eine solche Person Gott und seinem heiligen Worte und seiner Kirche verknüpfet wird. Obgleich die äußerlichen Privilegien und Freiheiten Dr. Luthern genommen worden, so hat ihm doch die Pflicht, mit welcher er Gott und seinem heiligen Worte verbunden worden, dadurch nicht können genommen werden. Denn daß Luther zum Dienst Gottes im Evangelio

---

[1] Apstg. 8, 20. [2] Motivae Badenses, rat. 5. fol. 332. Gretserus in Luthero Acad. cap. 26. pag. 298. Studentengespräch, par. 2. cap. 1.

sich mit einem Eide verbunden hat, das ist ein Gewissensband, welches kein Mensch, kein König noch Kaiser vermag aufzulösen. Drittens, die eigentliche Meinung, in welcher man Luthern vom Doctorat entsetzet hat, ist dahin gegangen, daß man ihn degradire und die gegebenen Freiheiten und Privilegien ihm wieder nehme; daß man ihn aber losmachen wolle vom Dienst Gottes oder von seinem Christenthum, das ist dadurch nicht gemeint worden, es wäre auch ein gottloses, unverantwortliches Wesen, so man solches hätte thun wollen. Dieweil es aber die Meinung nicht gewesen, wie man in der kaiserlichen Achts=erklärung solches siehet, können die päbstischen Lehrer auch solches zu ihrem Behelf nicht anziehen.

47. Was anlanget, daß Dr. Luther selbst bekannt habe, er sei seines Doctorats entsetzet, lauten seine Worte also: „Wie ich denn nun durch päbstische und kaiserliche Ungnade meiner Titul beraubet bin und mir der Bestien Charakter mit so viel Bullen ist abgewaschen, daß ich nimmer Doctor der heiligen Schrift noch etwas päbstischer Creaturen heißen muß, **deß ich wohl so fast erschrocken bin, als wenn dem Esel der Sack entfället**, denn solche Larve meine höchste Schande vor Gott gewesen ist." [1] In diesen Worten sagt Dr. Luther, daß er der Titel beraubet sei, daß er nicht mehr soll Doctor heißen und ihm das Doctorat genommen sei, sofern es ein Charakter der Bestien sei und vom Pabst herrühre, daß er nunmehr unter des Pabstes Creaturen nicht zu rechnen. Aus diesen Worten aber kann nicht erzwungen werden, daß Luthern genommen sei die Pflicht, nach Gottes Wort zu lehren und der christlichen Kirche Wohlfahrt zu befördern. Und obgleich Dr. Luther solches von sich sagte oder schriebe, so wäre er doch darum seiner Pflichten nicht los, in welchen er Gott und seiner Kirche verbunden gewesen; er schreibts aber nicht von sich, und hat er solcher Pflicht auch nicht los werden können.

48. Drittens hat Luther das Doctorat selber verachtet

---

[1] Jenaer deutsche Ausg. Bd. 2. fol. 106.

und es nicht für einen göttlichen Beruf, sondern für eine Krone der höllischen Heuschrecken gehalten, darum gilt sein Doctorat nichts und hat er darin nicht können von Gott zur Reformation berufen sein.¹ Antwort: Erstens, gesetzt wenn es also wäre, daß Luther nichts vom Doctorat gehalten hätte, sollte denn sein Doctorat in der That und Wahrheit zu verwerfen sein? Es ist nicht die Frage, was Dr. Luther vom Doctorat gehalten habe, sondern es fraget sich, was in der Wahrheit selber davon zu halten sei. Zweitens, was den Ort belanget, in welchem Dr. Luther solches schreibet,² strafet er daselbst der päbstischen Schullehrer Hoffart, welche sie trieben mit dem Titel Magister, Doctor, Professor, meisterten die Theologie, verwirrten die Christenheit mit ihren thörichten Gezänken, darum vergleicht sie Dr. Luther nach Art der Schrift mit den Heuschrecken.³ Denn gleichwie sich dieselbigen erheben mit Fliegen und thun großen Schaden: also auch die Schullehrer erhuben sich mit ihren Titeln über die Christenheit und schadeten derselbigen sehr mit ihrem unnöthigen verworrenen Gezänke. Drittens, man unterscheidet billig das Doctorat und den Mißbrauch desselben. Den Mißbrauch der Ehrentitel strafte Dr. Luther, aber das Werk an sich selber wird dadurch nicht aufgehoben oder verworfen, gleichwie Christus strafte den Mißbrauch der Titel bei den Pharisäern, die sich Rabbi und Meister nennen ließen, jedoch solche Titel an sich selber nicht aufhob.⁴

49. Viertens: Luther verwirft das Doctorat, welches von Menschen herkommet, und spricht, daß Doctoren der heiligen Schrift allein vom Heiligen Geiste gemacht werden. Nun ist er nicht vom Heiligen Geist zum Doctor gemacht, denn Niemand hats gesehen, Niemand ist dabei gewesen, sondern von Carlstadt hat er das Doctorat empfangen. Verwirft er also selber sein Doctorat und kann sich darauf nicht berufen.⁵ Antwort:

---

¹ Grets., Luther. Acad. 2. pag. 11. 12.   ² Jenaer lat. Ausg. Bd. 2. fol. 363.   ³ Offb. 9, 7.   ⁴ Matth. 23, 10.   ⁵ Gretserus in Luthero Academico, cap. 26. pag. 289.

Erstens, es ist nicht die Frage, was Dr. Luther hält von seinem Doctorat, sondern was in der Wahrheit davon zu halten ist. Ob er solches gleich hätte verworfen, folget doch nicht eben daraus, daß er nicht mehr wäre verbunden gewesen, die Wahrheit zu lehren und auszubreiten. Zweitens, in dem angezogenen Orte spricht Luther also: „So wir haben den Namen und Titel, daß wir Lehrer der heiligen Schrift heißen, sollten wir wahrlich gezwungen sein, dem Namen nach, die heilige Schrift und keine andere zu lehren, wiewohl auch der hochmüthige, aufgeblasene Titel zu viel ist, daß ein Mensch sich soll rühmen und krönen lassen einen Lehrer der heiligen Schrift. Doch wäre es zu dulden, wo das Werk den Namen bestätigte. Nun aber, so Scientiae allein herrschen, findet man mehr heidnische und menschliche Dünkel, denn heilige gewisse Lehre der Schrift in den Theologen. Wie wollen wir ihm immer thun? Ich weiß hie keinen andern Rath, denn ein demüthig Gebet zu Gott, daß uns derselbige Doctores Theologiae gebe. Doctores der Künste, Arznei, der Rechten, der Sententien mögen der Pabst, der Kaiser und Universitäten machen; aber sei nur gewiß, einen Doctor der heiligen Schrift kann Niemand machen, denn allein der Heilige Geist vom Himmel, wie Christus saget Joh. 6. Sie müssen alle von Gott gelehret sein. Nun fraget der Heilige Geist nicht nach rothen oder braunen Bareten."[1] Allhier siehet man klärlich, daß Luther nicht redet an diesem Ort von der äußerlichen Ceremonie und Hoheit des Doctorats, sondern von der Sache selber, daß Einer die heilige Schrift verstehen und lehren kann. Davon sagt er, daß es vom Heiligen Geist komme; und ist gewiß, daß wo ein Mensch gleich zum Doctor der Schrift gemacht würde, wäre aber nicht vom Heiligen Geist durchs Wort gelehret, daß er in der That kein rechter Lehrer und Doctor wäre, ob er gleich den Namen führte. Drittens, Luther siehet auch an diesem Ort auf die Gewohnheit der Schullehrer. Wenn einer Etwas in Scientiis, Sententiis und Patribus hat gelesen, ließ er sich

---

[1] Jenaer deutsche Ausg. Bd. 1. fol. 211. 212.

zum Doctor machen und prangte damit, unterstund sich, die Schrift zu meistern, ob er gleich wenig daraus gelernt. Solche Hoffart straft Luther und spricht, daß das rothe und braune Baret keinen Doctor mache, sondern der Heilige Geist mache sie durch die Schrift, welche die päbstischen Schullehrer nicht studirten, und wollten doch der Schrift Meister und Doctor sein. Werden also diese Worte Luthern verkehret, und hat er das Doctorat, die äußerlichen Dignitäten, darin nicht schlechterdings verworfen.

50. **Fünftens**: Wofern das Doctorat Einem gibt die Macht und Beruf zu lehren, würde folgen, daß die Calvinisten auch Beruf hätten zu ihrer Lehre, als welche auf ihr Doctorat sich auch können berufen. Ja, die Katholischen selber machen Doctoren auf hohen Schulen; müssen also die Lutheraner bekennen, daß sie auch recht berufen worden.[1] Antwort: **Erstens**, man muß unterscheiden: die Macht öffentlich zu lehren, und dann die Lehre selber. Einem jeglichen Doctor wird gegeben die Macht öffentlich zu lehren, aber nicht solche Lehre, die ihm gefällt, oder aber die denjenigen gefällt, die ihn zum Doctor weihen, sondern die rechte heilsame Lehre in Gottes Wort gegründet und verfasset. Wird nun den calvinischen und päbstischen Doctoren gleich Macht gegeben öffentlich zu lehren, so haben sie doch darin keinen Beruf, irgend falsche Dinge zu lehren, dieweil der Eid im Doctorat gehet auf die Wahrheit der göttlichen Lehre. **Zweitens**, man muß auch unterscheiden unter der Gewalt zu lehren und unter dem Mißbrauch solcher Gewalt. Haben calvinische und päbstische Lehrer gleich die Macht öffentlich Gottes Wort zu lehren, mißbrauchen sie doch solcher Gewalt und schieben Menschensatzungen und irrige Lehre mit ein. Und gestehen wir gern, daß ihnen Macht gegeben ist öffentlich zu lehren; daneben aber strafen wir an ihnen, daß sie solcher Gewalt mißbrauchen. Luther aber hat nicht allein die Macht bekommen, in seinem Doctorat öffentlich zu lehren, sondern hat auch solcher Macht gebraucht und die Lehre der göttlichen Wahrheit recht getrieben.

---

[1] Grets., Luth. Acad. cap. 26. pag. 308.

51. Sechstens: Dr. Luther hat nur ein Zeugniß bekommen in seinem Doctorat, daß er geschickt sei zum Lehren, nicht aber einen Beruf, daß er lehren solle, denn sonst möchte ein Doctor auf alle Kanzeln steigen, und lehren, was ihm gefiele. [1] Antwort: Erstens, das sind nicht widerwärtige Dinge, ein Zeugniß der Geschicklichkeit und ein Befehl zu lehren, die können beide Einem gegeben werden, und thut gar nicht vonnöthen, daß man sie von einander trenne. Zweitens, wofern einem Doctor nicht Befehl wird gegeben zu lehren, würde der Widerspruch folgen, daß Einer ein Lehrer wäre, dürfte aber nicht lehren, dieweil er dessen keine Macht hätte; gleichwie Einer ein Regent sein sollte, hätte aber keine Macht zu regieren, welches ungereimt und widerwärtig ist. Drittens, wofern ein Doctor in seinem Doctorat keinen Befehl bekommen zu lehren, warum muß er denn einen Eid schwören, recht zu lehren? Man ließe ihn lieber ohne Eid, so müßte mans eigentlich, daß man ihm keinen Befehl zu lehren gebe. Viertens, es folget nicht: ein Doctor bekommet Macht zu lehren, darum mag er auf alle Kanzeln steigen, denn solch Lehren gehet zum Theil auf öffentliche Schriften, damit er der Christenheit nützen und sie erbauen kann. Und gleichwie man im Pabstthum den Doctoren Macht gibt öffentlich zu lehren, und folget doch nicht, daß sie in allen Kirchen und Klöstern solches thun müssen: also ist Luthern auch die Macht gegeben, und folget doch nicht, daß ihm freistünde auf alle Kanzeln zu treten. Fünftens, andere Päbstler müssen es gestehen, daß im Doctorat Einem die Macht gegeben werde zu lehren, [2] fällt also dieser Einwurf auch dahin.

52. Siebentens: Im Doctorat ist Luthern nur in Schulen, nicht aber in Kirchen zu lehren aufgetragen worden. [2] Antwort: Erstens, die Macht zu lehren geht insgemein auf Kirchen und Schulen, wohin man berufen wird, und sind diese

---

[1] Tanner., Dioptr. lib. 2. quaest. 4. cap. 27. pag. 596. [2] Grets., Luth. Acad. cap. 23. pag. 210. [2] Ungersdorff in der christlichen Glückwünschung, part. 2. arg. 1. pag. 144.

beiden Stücke gar oft beisammen. **Zweitens,** ist Luthern sein Doctorat allein in Schulen zu lehren gegeben, so müssen die päbstischen Doctoren auch nur in Schulen bleiben; sie lehren aber auch in Kirchen, welches sie nicht leugnen können, oder aber sie thun wider ihr Doctorat. **Drittens, Schulen sind auch Kirchen auf besondere Weise, in beiden unterrichtet man die Menschen zur Seligkeit;** was in Einem wahr ist, kann im Andern nicht falsch sein, und bleibet die Wahrheit noch Wahrheit, sie werde in Kirchen oder in Schulen gelehrt.

Das fünfte Capitel.
Von Dr. Luthers Abfall und Meineid, indem er vom Pabstthum abgetreten.

53. Demnach Luther durch göttliche Erleuchtung die Greuel des Pabstthums erkannt und von demselbigen zum Evangelio getreten, geben die Päbstler vor, er sei ein Apostat und abtrünniger Mensch, welcher abgefallen von seiner Kirche und Orden,[1] dazu sei er meineidig und habe gebrochen das Gelübde, welches er Gott gethan, da er angenommen seinen Orden und zugesaget, die Lehre des Pabstthums fortzupflanzen,[2] welche Abtrünnigkeit und Meineid Luthern gar schimpflich werden vorgeworfen. Wir antworten aber darauf also:

54. Was anlanget den Abfall vom Pabstthum, kann Luther nicht genennet werden ein Abtrünniger, dieweil er von seinem vorigen Stande, Orden und Religion abgetreten. Denn **erstens** wäre der Apostel Paulus auch ein Abtrünniger, dieweil er von der pharisäischen Lehre zum Christenthum getreten.[3] Ja, alle

---
[1] Tanner., par. 1. Anat. 1. Aug. Conf. Demonstr. 1. [2] Jacobus Hack contra Tossanum, quaest. 3. cap. 7. pag. 59. Sixtus Sartor. in Motivis, pag. 13. 63. seq. [3] Apstg. 9, 20.; 22, 3. 4. ff.

Juden und Heiden, die sich zum Christenthum haben begeben,[1] könnten für abtrünnig gehalten werden, dieweil sie ihren vorigen Stand, Orden und Religion verlassen, welches doch ungereimt wäre zu sagen, die Päbstler solches auch nicht gestehen werden; ja von Abraham,[2] St. Peter,[3] Matthäus[4] und vielen anderen Heiligen könnte man auch dergleichen sagen. **Zweitens, abtrünnig heißt eigentlich derjenige, nicht welcher vom falschen zum wahren Glauben, sondern vom wahren zum falschen Glauben und Religion abtritt.** Dieweil aber Luther solches nicht gethan, kann man ihm auch nicht vorwerfen, daß er abtrünnig und abfällig sei. Drittens, Dr. Luther ist in seinem Mönchsorden und Gelübde der Keuschheit geblieben bei acht Jahren, nachdem er angefangen das Pabstthum zu bestreiten. Anno 1517 ging der Streit an vom Ablaß, Anno 1525 aber ist er abgetreten vom Mönchsorden und Gelübde der Keuschheit; was nun Luther innerhalb dieser acht Jahre gelehrt, das können die Päbstler aus diesem Punkt nicht verwerfen, dieweil er solches alles im Mönchsorden, da er außer der Ehe gelebet, noch gelehret hat. Viertens, das Gelübde der Keuschheit ist auch an sich selber also beschaffen gewesen, daß es Luther nicht hat halten dürfen.

55. Denn solch Gelübde der Keuschheit ist erstens von Gott dem HErrn nirgend verordnet und geboten. Zweitens, man hat keine bewährten Exempel heiliger Leute, die dergleichen Gelübde gethan hätten. Drittens, es beruhet die Keuschheit auf einer besondern Gabe Gottes,[5] welche aber gar wenig Menschen gegeben ist, und ist unmöglich, daß ein Mensch außer solcher Gabe Keuschheit recht und beständig halten könne. Viertens, solch Gelübde laufet wider Gottes Ordnung, welcher will, daß Mann und Weib sollen beisammen wohnen, fruchtbar sein und sich mehren; ja, um der Hurerei willen, nämlich dieselbe zu meiden, gebeut, daß Mann und Weib im Ehestande beisammen

---

[1] Apstg. 21, 20.   [2] 1 Mos. 12, 4. 5. 7. ff.   [3] Matth. 4, 20. 22.
[4] Matth. 9, 9.   [5] Weish. 8, 21.; 1 Cor. 7, 7.

leben sollen.¹ **Fünftens**, es ist solch Gelübde eine Menschensatzung,² damit man Gott vergeblich dienet und Niemand sich getrösten kann, daß sie Gott dem HErrn gefalle. **Sechstens**, die heilige Schrift nennet es eine Teufelslehre, in welcher die Leute vom Ehestande werden abgehalten.³ Das sind Ursachen genugsam, warum Luther solch Gelübde nicht gehalten, sondern seinen Mönchsorden und eheloses Leben verlassen hat.

56. Ob nun zwar Luther mit einem Eide hätte zugesaget, daß er außer der Ehe leben wollte, auch nichts wider die römische päbstische Kirche lehren wollte, ist er doch darum nicht meineidig, dieweil er solches nicht hat gehalten. Denn **erstens** ist man nicht schuldig, einen Eid zu halten, welcher aus Schwachheit, Unwissenheit, Unbedachtsamkeit oder Furcht wider Gottes Ordnung, Gottes Wort und der Kirche Erbauung gethan ist. Solcher Eid Luthers aber ist wider Gottes Ordnung, welche Mann und Weib zusammen verbindet, wo die besondere Gabe der Keuschheit nicht ist; wider Gottes Wort und der Kirche Erbauung, welche erfordert die Wahrheit der Lehre und Widersprechung der Irrthümer, darum ist er nicht schuldig gewesen denselben zu halten. **Zweitens**, in Dr. Luthers Eide ist Gottes Ordnung und Wahrheit allezeit zuvor zu Grunde gelegt und gesetzt worden. Denn Luther hat nichts anders vermeinet, als daß solch Gelübde der Keuschheit Gottes Befehl und Wille sei; er hat nicht anders gewußt, als daß die römische Kirche die wahre Kirche wäre und die rechte Lehre führete. Auf dieses alles hat er seinen Eid gegründet. Als er aber gesehen, daß er gelobet, was doch Gott nicht befohlen, daß die päbstische Lehre streite wider Gottes Wort, ist er billig abgestanden von solchem Eide. **Drittens**, in den geistlichen Rechten wird dergleichen gelehret, daß man denjenigen für meineidig nicht halten solle, der um rechtmäßiger Ursachen willen von seinem Eide abtritt,⁴ welches Dr. Luther gethan.

---

¹ 1 Mos. 1, 28.; 1 Cor. 7, 2.; 1 Tim. 5, 14.   ² Jes. 29, 13.; Matth. 15, 9.   ³ 1 Tim. 4, 1—3.   ⁴ 2 Decretal. tit. 28. c. 20. ad haec gloss. appellant.

Und gestehens auch sonst die päbstischen Lehrer, daß man denjenigen nicht solle für eidbrüchig halten, welcher von der falschen Religion abfällt, zu welcher er sich eidlich versprochen hat.¹

57. Durch ein Exempel kann die Sache erklärt werden. Wenn ein lutherischer Prediger sich mit einem Eide verbindet, die Augsburgische Confession zu lehren und dabei zu verbleiben, fiele aber hernach zum Pabstthum, so ist die Frage, ob ihn die Päbstler für einen abtrünnigen und meineidigen Mann halten würden. Das würden sie nicht thun, sondern vorwenden, daß er auf Gottes Wort und die wahre Kirche geschworen; nun er aber sehe, daß bei den Lutheranern solches nicht zu finden, zwinge ihn sein Gewissen, abzulassen und zum Pabstthum zu treten. Also ists beschaffen mit Luther, dieweil er nicht allein gemeinet, sondern im Grunde befunden und erwiesen, daß im Pabstthum die reine Lehre des Evangelii nicht sei, hat er Gewissens halber sich billig vom Pabstthum abgegeben und kann deswegen für meineidig nicht gehalten werden. Siehe, was droben² vom Eide Luthers ist gehandelt worden.

58. Es sollten aber die Päbstler in ihren eigenen Busen greifen, so wird sichs finden, daß sie rechte abtrünnige Leute sind. Sie weichen ab von der heiligen Schrift, die sie nicht für eine richtige Regel des Glaubens halten; sie weichen ab von Christi Einsetzung im heiligen Abendmahl, daß sie es verstümmeln; sie weichen ab von der alten apostolischen römischen Kirche, welches erscheinet, wenn man ihre Lehre und die Epistel Pauli zusammenhält. Mag also der Pabst zu Rom der größte Apostat und Abtrünnige sein, wie denn die Unsrigen gründlich den Abfall des Pabstthums von Gott und seiner Kirche erwiesen und ausgeführet.³

---

¹ Becanus Manuali lib. 5. cap. 22. num. 17. ² Num. 43. 44. 45.
³ Nicol. Hunnius de Apostasia Ecclesiae Romanae.

Das sechste Capitel.

Von Dr. Luthers Hochzeit, ob er mit einer entlaufenen Nonne vor der Hochzeit in Unehren zugehalten, und forthin mit ihr in Unzucht wider Gottes Gebot gelebet?

---

59. Das wird insgemein von den Päbstlern Dr. Luthern vorgeworfen, daß er mit Katharina von Born, einer entlaufenen Nonne, sechzehn Tage vor der Hochzeit in Unehren habe zugehalten, habe also sein Evangelium bestätiget mit einer unzeitigen That und habe wie ein ausgesprungener eidloser Mönch gehandelt; es sei keine Zusage, Morgengabe und Aufgebot geschehen, es sei eine Winkelhochzeit gewesen, auf den Abend im Hause und nicht in der Kirche, im Beisein weniger Personen. Wenn dies ein Anderer thäte, sollte man sagen, sie wären als Huren und Buben zusammenkommen. Wie kann aber solcher für einen Mann Gottes und Gottes Werkzeug gehalten werden? [1]

60. Es verhält sich aber mit dieser Sache also: Nachdem Luther auf guter vertrauter Leute Vorschlag durch den Stadtschreiber zu Wittenberg, bei welchem sich die Katharina von Born damals aufgehalten, ihr seine eheliche Liebe und Zuneigung andeuten, auch ihren Willen vernehmen lassen, hat er auf ergangenen Consens beider Theile sich in Herrn Niclas von Ambsdorf Haus begeben, etliche Personen von der Universität, als Philipp Melanchthon, Caspar Cruciger, Dr. Pommer, auch den Stadtschreiber und Andere zu sich gefordert und ihnen angezeiget, daß er sich mit Katharina von Born ehelich einzulassen geneiget, wie sie dann ihren Consens dazu gegeben habe, in Willen (dieweil es jedermann seltsam vorkommen würde,

---

[1] Motivae Badenses, rat. 3. pag. 120. Scherer, Concione 4. dom. 2. Advent. pag. 39. Barclae, Paraen. lib. 1. cap. 2. pag. 18. 19. Gretserus Luthero Academ. cap. 26. pag. 290. Pistorius in Anatomia Lutheri, pag. 165. sqq. Sixtus Sartorius in causis Motivis, pag. 13. 63. 64. 78. Studentengespräche, pars 2. lit. D. pag. 2.

daß ein Mönch eine Klosterjungfrau eheliche) die Sache nicht zu verschieben, damit der Teufel nicht viel dazwischen werfen möchte, sondern sich jetzt mit ihr in derer Personen, als Zeugen, Gegenwart ehelich trauen zu lassen; wie er darum Herrn Doctor Pommer, als Pastor, dies Werk zu verrichten wolle gebeten haben. Weil denn die anwesenden Personen dies Vornehmen sich gefallen lassen, auch die Braut indessen durch ehrliche Frauen dahin geführet worden, sind sie von Dr. Pommer ehelich getrauet worden. Darnach hat man über etliche Tage ein Hochzeitmahl angerichtet, dazu er gute Freunde auch von anderen Orten eingeladen, inmaßen Luther selber solche Geschichte in seinen unterschiedenen Briefen erzählet.[1]

61. Aus solcher Erzählung ist zu sehen, daß Luther **erstens** länger denn acht Tage vor der ehelichen Trauung sich mit der Katharina von Bora verlobt.[2] Denn am Sonnabend vor Pfingsten schreibt er davon an einen guten Freund, am Sonntag Trinitatis aber hat er auf den Abend um 5 Uhr ihm seine Braut trauen lassen. **Zweitens**, daß er nicht beigelegen, ehe sie ehelich ist getrauet worden; denn er nennet sie noch eine Jungfrau am Sonnabend vor Pfingsten,[3] da er den Ehestand angefangen hatte, wie er redet, das ist, sich ehelich verlobet hatte. **Drittens**, daß er aus ehrlicher Ursache so geschwinde damit verfahren sei, nämlich aus Begehren seines lieben Vaters,[4] um böser Mäuler willen, die solches verhindern möchten und ein groß Geschrei davon machen, wie denn schon etliche Leute übel davon redeten, daß ein Mönch und gewesene Klosterjungfrau einander heirathen. **Viertens**, daß er etliche Tage hernach zur Einsetzung ein hochzeitlich Mahl und Freude angestellet zu dem Ende, daß er seinen angefangenen Ehestand öffentlich damit bezeuge,[5] wie er denn seinen Vater und Mutter und viel vornehme Freunde und gute Leute dazu geladen, den Segen über sie als neue Eheleute zu sprechen.

---

[1] Jenaer deutsche Ausg. Bd. 3. fol. 140. ff. [2] Ebendas. Bd. 2. pag. 141.
[3] Ebendas. pag. 140. 141. [4] Ebendas. pag. 250. [5] Ebendas. fol. 150. 151

62. Nun mögen alle Gerichte darüber erkennen, ob Dr. Luther mit solcher That wider das sechste Gebot gesündigt habe. Wäre gleich keine Zusage, Morgengabe und Aufbitt vorhergegangen, möchte doch solches dem Ehestande nicht schaden, dieweil solche Dinge dazu nicht vonnöthen sind, im Paradies auch Gott der HErr dergleichen nicht geordnet.[1] Daß er im Hause getrauet worden im Beisein etlich weniger Leute, das kann die Ehe nicht untüchtig machen, denn in Gottes Wort kein Befehl ist vom Ort, hätte also Luther damit wider Gott nicht gesündiget. So auch Luther nach dem Beilager das Hochzeitmahl gegeben hätte, machte das seine Ehe darum nicht untüchtig, denn Tobias hat mit seiner Sara auch nach dem Beilager das Hochzeitmahl gegeben,[2] und sind doch nicht eben als Huren und Buben zusammenkommen. Ja, wenn Dr. Luther gar kein Hochzeitmahl gegeben hätte, würde darum sein Ehestand nicht untüchtig worden sein. So sinds demnach äußerliche Umstände, die man Luthern vorwirft, welche zum rechten Wesen des heiligen Ehestandes nicht gehören.

63. So sind ja auch unterschiedene Zeugen zur selbigen Zeit vorhanden gewesen, die von Dr. Luthers Ehestand bekennen und bezeugen, daß es ehrlich damit zugegangen sei. Philipp Melanchthon, welcher dabei gewesen, bezeuget, daß Dr. Luther den 23. Juni Katharina von Born genommen und selbigen Abend Verlöbniß gehalten, nennet auch die Zeugen, so dabei gewesen, nämlich Dr. Pommern, Lucas Mahlern und Apellum, Dr. juris, und sei gar in der Enge und Stille zugegangen.[3] Also bezeuget Matthesius, Luther habe Anno 25 eine Klosterjungfrau, Katharina von Born, ersehen, der er im Namen der heiligen Dreifaltigkeit eine aufrechte und christliche Ehe versprochen, und ihm am Sonntage Trinitatis im Namen und aufs Wort JEsu Christi, im Beisein guter Leute, zu Wittenberg vertrauen lassen und bald darauf einen öffentlichen Kirchgang und Hochzeit mit ihr gehalten.[4] Im ersten Eislebischen Bande wird auch dergleichen gemeldet:

---

[1] 1 Mof. 2, 22. 23. [2] Tob. 8, 1. 20. 21. [3] Ad Camer. in Epist. Graeca pag. 33. [4] Matthesius Concione 5. in fine de Luthero.

In diesem Jahre hat sich Dr. Martin Luther in den Ehestand begeben und am Dienstag nach Johannis des Täufers Tag mit Katharina von Born, Einer vom Adel, so eine Klosterjungfrau gewesen, zu Wittenberg Hochzeit gehalten, welchen Ehestand er zuvor in den vergangenen Jahren mit Predigten und etlichen schönen Schriften zum höchsten aus Gottes Wort hat gerühmet und vertheidiget, auch vielen Leuten in geistlichen und weltlichen Ständen dazu gerathen und geholfen.[1] Ja Philippus bezeuget in der vor angezogenen Epistel: es sei nichts Sträfliches oder Tadelhaftes in der ganzen Handlung vorgegangen, und wo man auch anders davon rede, so sei es eine öffentliche Lüge und Lästerung.[2]

64. Ob nun zwar Dr. Luther das Wörtlein Beiliegen gebrauchet für sein Hochzeitsmahl, darauf die Widersacher sehr dringen,[3] wird von Etlichen geantwortet, daß solch Beilager nichts anderes als eine Ceremonie gewesen, aus Rath der Freunde bei der Trauung also angestellet, wie man denn heutiges Tages an gar vielen Orten noch pfleget ein Beilager zu halten und es also zu nennen, obgleich Braut und Bräutigam einander ehelich noch nicht beiwohnen. Denn erstens wird nichts mehr gemeldet vom Sonntag Trinitatis, als daß Luther seine Braut ihm habe trauen lassen.[4] Zweitens schreibet Luther selber an Herrn Nicolaus von Ambsdorf, daß er ihm seine Braut habe vertrauen und geben lassen,[5] und meldet nichts mehr. Drittens melden die Zeugen, Philippus, Matthesius und andere, nichts, daß Luther selbigen Abend sich ehelich zu seiner Braut gehalten. Viertens, Luther nennet die Katharina von Born in seinen Hochzeitsbriefen nach der Trauung immer eine Jungfrau, die tugendsame Jungfrau, seine vertraute Jungfrau.[6] Er nennet die Handlung, zwischen ihm und der Jungfrau gepflogen, nur einen angefangenen Ehestand,[7] der noch nicht vollzogen ist. Aus diesen Umstän-

---

[1] Tomo 1. Islebiensi, pag. 275. [2] In Epistol. pag. 33. [3] Sartorius in Motivis, pag. 86. [4] Tom. 3. Jen. p. 141. [5] Epist. 4. fol. 151. [6] Epist. 2. et 4. fol. 150. 151. [7] Epist. 2. fol. 150.

den ist zu schließen, daß bei Luthers Ehestand Alles ehrlich zuge=
gangen und die Widersacher aus dem Wörtlein Beilager
nichts Böses erzwingen können. Wir setzen aber, daß durchs
Wörtlein Beiliegen verstanden werde, Luther habe sich ehelich
zu seiner Braut gehalten und sei hernach erst zur Kirche gegangen,
können die Widersacher dennoch nichts Böses daraus erzwingen.
Denn in dem Meißner Lande ist zur selbigen Zeit ein Gebrauch
gewesen, wie er denn noch auf etlichen Dörfern selbiges Landes
gehalten wird, daß wenn Braut und Bräutigam nach gehaltener
Trauung beigelegen, sie den folgenden Tag mit ihren Gästen
zur Kirche gegangen und den Segen über sich sprechen lassen.
Also wenn Luther nach gehaltener Trauung im Hause beigelegen
und hernach zur Kirche gegangen ist, ist solcher Kirchgang nichts
anders gewesen, als daß die neuen Eheleute den Segen über sich
haben sprechen lassen. Finden also die Widersacher in diesem
Stücke nichts, das sie mit Recht an Luthern tadeln könnten.

65. Es ist aber zu verwundern, daß man zu der Zeit,
als Luther seinen Ehestand angefangen, ihm solches nicht vor=
geworfen. Ganz Sachsen, Meißen, Thüringen und andere
benachbarte Länder haben nichts davon gewußt. Die Widersacher
haben ja sonst gute Achtung auf sein Thun gegeben, wie ists doch
immer zugegangen, daß sie zur selbigen Zeit nichts davon erfah=
ren haben? Nur die Neulinge, welche viele Jahre nach Dr. Lu=
thers Tode gelebt, wissen von dieser Sache zu reden. Wer siehet
nicht, daß es ein lauter erdichtetes Wesen und eine falsche Auf=
lage ist? Und sollten die Päbstler unter ihren Päbsten, Bischöfen,
Mönchen und Nonnen herumfragen, da werden sie finden,
was diese vortreffliche Leute für Hochzeiten halten, welches der
ganzen Welt kundbar ist, davon im nachfolgenden Capitel soll
gehandelt werden.

66. Hierbei lassen es nun die Päbstler nicht bleiben,
sondern geben vor, daß, obgleich Luther mit seinem Beilager und
Hochzeit richtig wäre umgegangen, daß dennoch ihm nicht gebüh=
ret hätte, eine Gott verlobte Jungfrau zu nehmen, mit welcher er

also bis in sein letztes Alter in öffentlicher Unzucht habe gelebet und etliche Bankerte gezeuget, maßen er dann in seiner Lehre solches auch getrieben, und zugelassen, daß man wohl möge Gott verlobte Jungfrauen ehelichen.[1]

67. Antwort: **Erstens**, nicht allein die Nonnen, sondern alle Christen sind durch die heilige Taufe Gott verlobet, denn sie haben mit ihm einen Bund gemacht,[2] und er hat sich im Glauben, in Gericht und Gerechtigkeit, in Gnad und Barmherzigkeit mit ihnen verlobet.[3] Diesem geistlichen Verlöbniß ist der Ehestand nicht zuwider, denn sonst müßten alle getauften Christen des Ehestandes sich enthalten. **Zweitens**, im Alten Testament waren etliche Personen zum Gottesdienst sonderlich verlobet, als die Leviten zum priesterlichen Amte,[4] die Nazarener zu einem sonderlichen Amte,[5] und ist doch Keinem unter ihnen der Ehestand verboten gewesen, sondern sie konnten neben ihrem Gelübde dennoch Gott dem HErrn im Ehestande dienen.[6] **Drittens**, wofern der Ehestand einem Christen hinderlich wäre an seinem Gottesdienst, würde ihn Christus und die heiligen Apostel schon verboten haben. **Viertens**, so finden wir auch keine Ordnung noch Gebot Gottes, daß man sich Gott dem HErrn zu ewiger Keuschheit geloben sollte dem Leibe nach, obgleich das Gemüthe innerlich brennte mit bösen Lüsten und Begierden, und ist Gott dem HErrn mit solcher Keuschheit nicht gedienet, er verwirft vielmehr solche Verbindung.[7] **Fünftens**, so ist demnach die Frage, wenn Luther und Katharina von Bora sich aus Unverstand wider Gottes Willen und Gefallen unter dem Pabstthum verlobet haben zu ewiger Keuschheit (das ist, daß sie in dem heiligen[8] und von Gott geehrten Stande sich nicht

---

[1] Jacobus Hack, qu. 2. cap. 23. pag. 365. Tannerus, part. 1. Anatom. demonstr. 1. Bozius lib. 11. de signis Ecclesiae, cap. 7. pag. 896. lib. 12. cap. 1. pag. 925. cap. 6. pag. 962. Lessius Consult. consid. 9. rat. 5. Scherer 4. Adv. Concione 2. pag. 64. [2] 1 Pet. 3, 21. [3] Hos. 2, 19. 20. [4] 4 Mos. 3, 12. [5] 4 Mos. 6, 2. ff. [6] 3 Mos. 21, 13. ff. [7] 1 Cor. 7, 24. 25. 27. 28. [8] 1 Mos. 1, 28.; 4, 25.; Joh. 2, 1. 2. 7. ff.; Hebr. 13, 4.

wollen finden laſſen), ob damit öffentliche Unzucht getrieben werde, wenn man ſich von Menſchenwerken zu Gottes heilſamer Ord=
nung begibet. Die Papiſten ſagen: Ja. Womit aber würden ſie es in Ewigkeit beweiſen? Wir ſagen: Nein, dieweil ſie wider Gott durch Menſchenträume und Gelübde, von Gott aber zu ſei=
ner heiligen Ordnung kommen ſind. Hieraus ſiehet ein Jeder, daß Luthern Unrecht geſchehe, indem ſein Eheſtand als eine Hure=
rei, ſeine Kinder, nach Gottes Ordnung gezeuget, für Bankerte öffentlich ausgerufen werden.

Das ſiebente Capitel.
Von mancherlei Unzucht, Blutſchande, vielen Weibern, Ehe=
ſcheidung und andern unzüchtigen Dingen, welche in Luthers Schriften ſollen gefunden werden.

68. Von greulicher Unzucht, welche Dr. Luther ſoll geleh=
ret und zugelaſſen haben, wird in den päbſtiſchen Läſterern[1] ſehr viel gefunden, die deswegen Luthern über die Maßen ſchänd=
lich ausrufen, nennen ihn einen Hurenwebel,[2] eine ſächſiſche Sau,[3] einen ausgeſprungenen Kuttenhengſt,[4] einen groben Stier,[5] einen Fleiſchpengel,[6] das keuſche Märtel.[7] Davon wir die vor=
nehmſten Stücke wollen beſehen.

69. Erſtens[8] wird vorgebracht, daß Luther einem Biſchof habe erlaubt, mehr denn ein Eheweib zugleich und beiſammen zu haben, und wolle nicht, daß ein Biſchof nur an Ein Weib

---

[1] Pistorius in Anatomia, im erſten böſen Geiſt. Cochlaeus in septicipite Luthero, cap. 38. 39. Conrad Andreä, im keuſchen Luther, pag. 235. ff. Motivae Badenses, rat. 3. p. 117. sqq. Sartorius in Motivis. Ungerstorff in gratulatione, pag. 116. sqq. Bozius de signis Ecclesiae, cap. 6. [2] Vetter, im keuſchen Luther, pag. 247. [3] Cochlaeus in sept. Luth., cap. 29. [4] Sartorius in Motivis, pag. 35. [5] Vetter, pag. 246. [6] Vetter, pag. 236. [7] Vetter, pag. 245.

gebunden sei, dadurch er dann, wie auch sonsten, soll bestätiget haben die Vielweiberei, und also für recht gehalten, daß ein Mann viel Eheweiber zugleich haben könne, gleichwie Abraham und Jakob gethan haben.[1]

70. Antwort: Es nehmen die Päbstler dieses aus dem Buche Luthers, welches er geschrieben de digamia Episcoporum,[2] davon dieser Bericht zu wissen. Es hat der Pabst verboten, daß Niemand zu einem geistlichen Amte zugelassen werden soll, der zwei Weiber habe, entweder zugleich oder nach einander. So aber einem Bischof die erste Ehefrau sterbe, müsse er ohne Ehe leben oder werde von seinem Amte verstoßen, und hat sich geschützet mit der apostolischen Lehre: ein Bischof soll sein Eines Weibes Mann.[3] Nun ist bei Dr. Luthern nicht die Frage, ob ein Bischof zugleich und auf einmal möge mehr Weiber haben, welches er außer allem Zweifel für verboten achtet, wie er sich denn in selbiger Disputation genugsam erkläret,[4] deswegen er auch mit dem Pabstthum nicht zu streiten hat; sondern er redet davon, ob einem Bischof zugelassen sei, nach Absterben der ersten Frau eine andere zu nehmen, welches die ganze Disputation im selben Orte ausweiset. Und beweiset Dr. Luther daselbst, daß Paulus nicht rede von einer einzigen Ehe, sondern von einem einigen Weibe.[5] Es könne auch ein Bischof die Liebe Christi und seiner Kirche im Ehestande damit vorbilden, daß er nur Ein Weib auf einmal habe, ob er gleich zwei oder drei nach einander genommen,[6] und beschließt endlich, daß der Pabst ungereimt rede, wenn er diejenigen zweiweibig nennet, welche nach einander mehr Weiber genommen, da kein Volk noch Sprache jemals so geredet habe.[7]

---

[1] Motivae Badenses, rat. 3. pag. 121. 122. 141. Jacobus Hack, quaest. 2. cap. 23. pag. 365., cap. 41. pag. 587. Bozius de signis Eccles., lib. 7. cap. 6. pag. 535.; lib. 12. cap. 1. pag. 925. Scherer in die Andreae, pag. 5. Sartor. in Motivis pag. 159. 163. Cochlaeus in Luthero septic., cap. 28. [2] Jenaer latein. Ausg. Bd. 1. fol. 496. ff. [3] 1 Tim. 3, 2. [4] Thesi 11. 20. 23. [5] Thesi 32. [6] Thesi 61. [7] Thesi 136. 139.

71. Noch einen Ort ziehen sie an, darinnen Dr. Luther soll gesetzet haben, daß Abraham mehr als Ein Weib genommen, dem vollkommne Christen sollen nachfolgen.[1] Davon ist zu wissen, daß Dr. Luther disputire wider die Manichäer am selbigen Orte, welche das Alte Testament verwerfen und die Patriarchen verdammen um deswillen, weil sie in so mancherlei Heirath sich haben auf einmal eingelassen, dazu sie den Spruch Christi Matth. 19, 4. brauchen. Dem widerspricht Dr. Luther und saget, man könne nicht erweisen aus selbigem Spruch, daß die Patriarchen deswegen sollen verdammet sein, sondern man gehe zu weit mit solcher Deutung, spricht, es sei zur selbigen Zeit des Landes Sitte also gewesen, mehr als Ein Weib zu haben, dessen sich die Patriarchen auch gebrauchet ohne Schaden ihrer Seligkeit; und setzet dazu: Wenn es noch in dem Stande wäre und des HErrn Christi Verbot die Christen auf die erste Ordnung nicht ausdrücklich weisete, so wäre es noch so gar nicht für eine Todsünde zu rechnen. Gehet demnach Luther nicht weiter an diesem Ort, als daß er lehret, die Patriarchen wären nicht verdammt worden, daß sie viel Weiber gehabt, und wenn wir zur selbigen Zeit gelebet hätten in Abrahams Stand und Lande, wären wir auch darum nicht verdammet worden.

72. Daß Luther von Jakobs Exempel schreibet, daß wenn sich ein solcher Fall begäbe, er nicht anders zu rathen wüßte, was man thun sollte, als Jakob; und wer eine solche Person sei wie Jakob, der möge thun, was ihm vorkomme:[2] damit will er nicht bestätigen oder freigeben, daß ein Mann soll viel Weiber haben; denn es wird wohl nimmermehr Jemand gefunden werden, der Jakob gleich sei, der seinen Glauben habe, der das Wort habe, welches Jakob hatte. Wofern auch ein solcher Fall sich begäbe, der Jakobs Fall durchaus gleich wäre, daß Einer ohne Wissen und Willen dazu käme und wollte sich durch Betrug von seiner rechten Braut nicht scheiden lassen, alsdann möchte Jakobs Exem=

---

[1] Jenaer deutsche Ausg. Bd. 4. pag. 95. über das 1. Buch Mosis.
[2] Ebendas. Bd. 4. pag. 162.

pel statthaben. Und gibet es der klare Text, wie es Dr. Luther gemeinet an diesem Ort, darum wir uns länger dabei nicht aufhalten wollen.

73. Zweitens wird vorgebracht, daß Dr. Luther Blutschande gebilliget und zugelassen habe.[1] Dieses zu beweisen, ziehen sie an das Buch vom ehelichen Leben, darinnen Luther soll zugelassen haben, daß ein Weib, deren Mann nicht mächtig, mit ihres Mannes Bruder oder nächstem Freunde eine heimliche Ehe haben könne, damit das Gut nicht an fremde Erben komme.[2]

74. Die Worte Luthers aber am angezogenen Orte lauten also: „Von solchen habe ich einmal geschrieben einen Rath für die Beichtväter, wo ein Mann oder Weib käme und wollte lernen, wie er ihm thun sollte, weil sein ehelich Gemahl ihm nicht leisten könnte die eheliche Pflicht, und doch nicht entbehren könnte, weil sichs finde, daß Gottes Geschöpf zu mehren in ihm seine Macht hätte. Hier haben sie mir Schuld gegeben, ich sollte gelehret haben, wenn ein Mann seinem Weibe nicht genug den Kützel büßen könnte, solle sie zum andern laufen. Aber laß lügen die verkehrten Lügner; es wird Christo und seinen Aposteln ihr Wort verkehret, sollten sie denn nicht auch mir meine Worte verkehren? Ich habe also gesaget: Wenn ein zur Ehe tüchtig Weib einen zur Ehe untüchtigen Mann überkäme, und könnte doch keinen andern öffentlich nehmen, und wollte auch nicht gern wider Ehre thun, sintemalen der Pabst viel Zeugen und Wesens ohne Ursach fordert, sollte sie zu ihrem Mann also sagen: Siehe, lieber Mann, du kannst mein nicht schuldig werden und hast mich um meinen jungen Leib betrogen, dazu in Gefahr der Ehren und Seelen und Seligkeit gebracht, und ist vor Gott keine Ehe zwischen uns beiden: vergönne mir, daß ich mit deinem Bruder und

---

[1] Pistorius in Anatom., pag. 48. 49. Motivae Badens., rat. 3. pag. 122. 123. Jacob Hack., qu. 2. cap. 41. pag. 587. Bozius de signis Eccles. lib. 11. cap. 7. pag. 896.; lib. 12. cap. 1. pag. 925. Studentengespräch, parte 2. lit. C. fol. 4. [2] Jenaer deutsche Ausg. Bd. 2. fol. 147. 148.

nächsten Freunde eine heimliche Ehe habe, und du den Namen
habest, auf daß dein Gut nicht an fremde Erben komme, und laß
dich wieder williglich betrügen durch mich, wie du mich ohne mei=
nen Willen betrogen hast. Ich habe weiter gesaget, daß der
Mann schuldig ist, solches zu verwilligen und ihr die eheliche
Pflicht und Kinder zu verschaffen; will er das nicht thun, so soll
sie heimlich von ihm laufen in ein ander Land und daselbst freien.
Solchen Rath habe ich zu der Zeit gegeben, da ich noch scheu war;
aber nun wollte ich wohl daß drein rathen und einem solchen
Mann, der ein Weib also aufs Narrenseil führet, wohl in die
Wolle greifen; desselbigen gleichen auch einem Weibe, wiewohl
das seltsamer ist als mit dem Manne. Es gilt nicht, seinen
Nächsten in so großen und hohen Sachen, die Leib, Gut, Ehre
und Seligkeit betreffen, so leichtfertig mit der Nasen umführen;
man müßte es ihn redlich zahlen heißen."

75. Allhier siehet der Leser erstens, daß Luther bekennet,
er habe einmal solchen Rath gegeben, da des Pabstes Tyrannei
noch währete, aber wieder verworfen. Hat er es dann an diesem
Orte verworfen, so können ihn die Päbstler nicht anklagen, daß er
dergleichen an diesem zulasse. Zweitens, wenn Luther gleich
diesen Rath an diesem Orte hätte gegeben, so hätte er doch keine
Blutschande noch Ehebruch zugelassen; denn wo ein Mann nicht
ehelich leben könnte mit seinem Weibe, so könnte das Weib die Ehe,
als welche niemals gewesen, auch nicht brechen, viel weniger eine
Blutschande begehen. Drittens, was wollen die Leute viel
klagen über Dr. Luther? Lassen sie doch selber die Hurerei zu
und lehren, daß es besser sei, wenn ein Priester viel Huren habe,
als daß er im Ehestande lebe;[1] ja sie vertheidigen die öffentlichen
Hurenhäuser, und dispensiret der Pabst, daß ein Mann zwei
Schwestern nach einander nimmt, item, daß ein Mann seiner
Schwester Tochter zur Ehe nimmt, wie die Erfahrung es bezeuget
und die Päbstler nicht leugnen können;[2] zu geschweigen, daß die

---

[1] Costerus in Enchirid., cap. 19. propos. 9.   [2] Bellarmin, lib. 2.
de statu pecc., cap. 18. pag. 192. .

Päbste selber in Blutschande sich wälzen, wie Alexander VI. mit seiner eigenen Tochter Lucretia gethan hat.

76. Drittens, sie bringen weiter vor, daß Luther habe den mosaischen Scheidebrief wollen aufbringen, daß man ein Weib nach dem andern soll fahren lassen, welches doch in der Christenheit zu großer Schande und Unzucht würde Anlaß geben.[1] Antwort:

77. Man besehe doch die Worte Luthers, welche also lauten: „So sage ich nun und schließe, wo nicht Christen, sondern heidnische Leute sind, wollte ich noch, daß man dem Gesetz nach thäte vom Scheiden, daß Einer ein Weib möchte von sich thun und eine Andere nehmen. Christus hat es je aufgehoben, Matth. 19, 9. Aber die Christum nicht hören, wäre noch wohl so gut, daß Mosis Gesetz ginge, ehe man das leiden muß, daß zwei Eheleute keine gute Stunde bei einander hätten. Aber dabei muß man ihnen sagen, daß sie nimmer Christen wären, sondern im heidnischen Regiment. Bist du aber ein Christ, so mußt du dich nicht scheiden."[2] Hier siehet man ja, daß Luther erstens bekenne, Christus habe die Ehescheidung verboten, darum soll sie unter Christen nicht geduldet werden. Zweitens, weil es aber ein böser Handel ist, wo Eheleute sich übel vertragen und keine gute Stunde bei einander haben, wäre zu wünschen, daß solche Personen von einander wären. Drittens, darum thäten sie am besten, wenn sie Christum nicht hören und keine Christen sein wollten, daß sie sich schieden. Viertens, das doch bei Christen nicht sein kann, dieweil es Christus ausdrücklich verboten hat.

78. Man nehme deß ein Exempel: Wenn Jemand sagen würde, es wäre gut, daß die Priester in der Ehe lebten und man am Freitag Fleisch möchte essen, wo es der Pabst nicht verboten hätte; dieweil er es aber verboten hat, müsse man das Fleisch am Freitage und den Ehestand meiden: ein Solcher hätte ja nicht

---

[1] Motivae Badens., rat. 3. pag. 121. [2] Jenaer deutsche Ausg. Bd. 4. fol. 95.

wider den Pabst geredet. Also könnte ein Christ sagen, es wäre gut, daß man das Götzenopfer möchte essen, wo es die Apostel zuließen; dieweil sie es aber verboten haben,[1] muß sich Niemand daran vergreifen; ein Solcher hätte ja nicht wider die Apostel geredet. Eben also ists auch mit Dr. Luthers Rede: es wäre gut die Ehescheidung zu halten, wo es Christus nicht verboten hätte; nun er es aber verboten habe, müsse man solches nicht aufbringen. In welchen Worten nichts wider Christum und sein Gebot geredet wird.

79. Viertens, den Ehebruch soll Dr. Luther gelehret und zugelassen haben, da er gesprochen: wenn die Frau nicht will, so komme die Magd. Mit diesem Einwurf schleppen sich fast alle Päbstler[2] und wissens den Einfältigen sehr grob und unzüchtig vorzubringen, daß wer es nicht weiß, anders nicht gedenken kann, als Doctor Luther müsse voller Leichtfertigkeit, Unzucht und voller unkeuscher Lüste gewesen sein.

80. Wenn man aber aufschlägt die Worte Luthers, wird man klärlich befinden, wie gar falsch und unehrbar die Päbstler seine Meinung verkehren; denn also redet er: „Wenn sich Eines dem Andern selbst beraubet und entzeucht, daß es die eheliche Pflicht nicht zahlen, noch bei ihm sein will, als man wohl findet so ein halsstarrig Weib, das seinen Kopf aufsetzet, und sollte der Mann zehnmal in Unkeuschheit fallen, so fraget sie nicht darnach. Hier ist Zeit, daß der Mann sage: Willst du nicht, so will eine Andere. Will die Frau nicht, so komme die Magd. So doch der Mann zuvor zwei- oder dreimal sage, und warne sie, und laß es vor andere Leute kommen, daß man öffentlich ihre Halsstarrigkeit wisse und vor der Gemeine strafe. Will sie

---

[1] Apstg. 15, 28. 29. [2] Ederus in inquisit. fol. 57. Bozius de signis Eccles. lib. 7. cap. 6. pag. 535.; lib. 11. cap. 7. pag. 896.; lib. 12. cap. 1. pag. 925. Jacobus Hack contra Tossanum qu. 2. cap. 23. pag. 365. Motivae Badenses, rat. 3. pag. 123. Studentengespräch, pos. 1. lit. C. cap. 4. Conrad Vetter, im keuschen Luther, p. 245. Pistorius in Anatom. Luth. pag. 60.

dann nicht, so laß sie von dir und laß dir eine Esther geben und die Vasthi fahren, wie der König Ahasverus thäte."[1]

81. In diesen Worten redet Luther klärlich, daß wo ein Weib ihrem Ehemann die eheliche Pflicht nicht wolle leisten, und verbleibe halsstarrig dabei, daß zu besorgen, der Mann möchte in Unkeuschheit fallen. Soll der Mann erstens sie etlichemal warnen, zweitens guten Freunden solches offenbaren, wenn sie ihn nicht hören will. Drittens, wofern sie guter Leute Vermahnung nicht achtet, soll man es der Gemeine sagen, dahin uns der HErr Christus selber weiset. Viertens, wenn die Gemeine ihre Halsstarrigkeit gestrafet und den Mann ledig erkannt in ordentlichen Consistorien und Gerichten, fünftens, soll er thun wie Ahasverus: die Halsstarrige lassen fahren und nach einer Anderen sehen. Sechstens, dieselbige soll er ihm lassen geben, das ist, ehelich vertrauen. Hierüber mag ein jeder Christ urtheilen, ob Luther besser hätte rathen können. Thun demnach die Päbstler Luthern groß Unrecht, daß sie ausgeben, er habe zugelassen, neben dem Weibe eine Magd zu halten. Item, wenn sich die Frau weigere, daß man sich alsbald zur Magd geselle, in welcher Meinung Luther fälschlich verleumdet und belogen wird.

82. Fünftens wirfet man vor, daß Luther ein Venus-Sprüchlein geschrieben bei das 31. Capitel der Sprüchwörter Salomonis:[2] Nichts Lieberes ist auf Erden denn Frauenlieb, wem es kann werden. Hiermit machen sich die Päbstler sehr lustig, sagen, Luther sei voller unzüchtiger Gedanken gewesen und könne kein Mann Gottes sein.

83. Antwort: Es wird an den Päbstlern erfüllet, was dort St. Paulus spricht: Den Reinen ist Alles rein,

---

[1] Jenaer deutsche Ausg. Bd. 2. fol. 152. [2] Motiv. Badens. rat. 3. pag. 117. Jacob Hack, quaest. 1. cap. 31. pag. 461. Studentengespräch, part. 2. lit. E. fol. 1. Pistorius in Anatomia, im ersten Geist. Conrad Vetter, im keuschen Luther, pag. 244. Scopius de Author. Lutheri, pag. 34.

den Unreinen aber und Ungläubigen ist Nichts rein, sondern unrein ist Beides, ihr Sinn und ihr Gewissen.[1] Wenn diese Leute hören von Frauen oder Frauenliebe, wissen sie es nicht anders als von unreiner, unzüchtiger Liebe aufzunehmen. Ist das ein Venus=Sprüchlein, wenn Dr. Luther also redet, so muß der Heilige Geist sehr viel Venus=Sprüchlein haben in der Schrift aufzeichnen lassen. Saget nicht die Schrift: Freue dich des Weibes deiner Jugend; sie ist lieblich wie eine Hinde und holdselig wie ein Reh; laß dich ihre Liebe allezeit sättigen und ergötze dich allewege in ihrer Liebe.[2] Wer eine Ehefrau findet, der findet was Gutes und kann guter Dinge sein im HErrn.[3] Brauche des Lebens mit deinem Weibe, das du lieb hast, so lange du das Leben hast, das dir Gott unter der Sonne gegeben hat, denn es ist dein Theil in deinem Leben und in deiner Arbeit, die du thust unter der Sonne.[4] Wohl dem, der ein tugendsam Weib hat, deß lebet er noch eins so lang. Ein häuslich Weib ist ihrem Manne eine Freude, und machet ihm ein fein ruhig Leben. Ein tugendsam Weib ist eine edle Gabe und wird dem gegeben, der Gott fürchtet; er sei arm oder reich, so ist sie ihm ein Trost und machet ihn allezeit fröhlich. Ein freundlich Weib erfreuet ihren Mann, und wenn sie vernünftig mit ihm umgehet, so erfrischet sie ihm sein Herz. Ein Weib, das schweigen kann, ist eine Gabe Gottes. Ein wohlgezogen Weib ist nicht zu bezahlen. Es ist nichts Lieberes auf Erden, denn ein züchtig Weib, und ist nichts Köstlicheres, denn ein keusches Weib. Wie die Sonne, wenn sie aufgegangen ist am hohen Himmel, der Welt eine Zierde ist: also ist ein tugendsam Weib eine Zierde in ihrem Hause. Ein schön Weib, das fromm bleibet, ist wie die helle Lampe auf dem heiligen Leuchter. Ein Weib, das ein beständig Gemüth hat, ist wie die güldene Säule auf den silbernen Stühlen.[5] Als König David nicht finden konnte, wie er die große herzliche

---

[1] Tit. 1, 15.   [2] Spr. 5, 18. 19.   [3] Spr. 18, 22.   [4] Pred. 9, 9.
[5] Sir. 26, 1—4. 16—24.

Liebe, so er zu Jonathan getragen, beschreiben sollte, sprach er: Mein Bruder Jonathan, ich habe große Freude und Wonne an dir gehabt; deine Liebe ist mir sonderlicher gewesen, denn Frauenliebe.[1] Hält also David die Frauenliebe für die größeste Freude auf der Welt. Gott der HErr hat Eltern und Kinder zusammen verbunden mit sehr großer Liebe; gleichwohl setzet Gott die Frauenliebe weit darüber und spricht: Ein Mann wird Vater und Mutter verlassen und seinem Weibe anhangen, und setzet die hohe Ursache dazu: sie werden sein Ein Fleisch;[2] daraus die größeste Liebe entstehen muß nach St. Pauli Lehre: Die Männer sollen ihre Weiber lieben als ihre eigenen Leiber; wer sein Weib liebet, der liebet sich selber.[3] Wenn dieses alles Luther geschrieben hätte, so würde der Lästerung kein Ende sein. Es sind aber diese Worte Gottes eigene Worte; und obzwar David, Salomo, Sirach, Paulus also von Frauenliebe geschrieben haben, sind es doch heilige Männer Gottes gewesen. Darum gilt es Luthern auch, und bleibet er wohl ein Mann Gottes, ob er gleich die Frauenliebe hoch gehalten.

84. Zu merken aber ists, daß Dr. Luther hinzusetzet: wem es kann werden. Denn der ehelichen Liebe kann nicht ein Jeder genießen, dieweil die Teufelslehrer die Ehe verbieten[4] und der Antichrist Frauenliebe nicht achten wird,[5] darum kann er mit seiner Klerisei von ehelicher Liebe nicht recht urtheilen, sondern urtheilt davon als von Hurenlieb, dieweil ihm diese allein bekannt ist. Unreine Herzen halten Alles für unrein.

85. Sechstens: Luther gibet vor, daß kein Mensch außer der Ehe könne keusch leben; nun hat er aber selber außer der Ehe gelebt bis ins vierundzwanzigste Jahr seines Alters, daraus denn folget, daß er in solcher Zeit außer der Ehe müsse selber in Unzucht gelebet haben, oder aber es ist nicht wahr, daß ein Mensch außer der Ehe ohne Keuschheit nicht leben könne.[6]

[1] 2 Sam. 1, 26. [2] 1 Mos. 2, 24.; Matth. 19, 5. [3] Ephes. 5, 28. 29. 33. [4] 1 Tim. 4, 1. 2. [5] Dan. 11, 37. [6] Tannerus in Apologet. cap. 8. pag. 79. Pistorius in anatom. Lutheri, im ersten bösen Geist. Conrad Vetter, im keuschen Luther.

86. Antwort: **Erstens**, außer der Ehe keusch leben, heißt nicht allein des äußerlichen Werks der Unzucht sich enthalten, sondern ohne Brunst und zuneigende Lust außer der Ehe leben. Denn eben darum hat St. Paulus geschlossen: So sie sich nicht enthalten, so laß sie freien; es ist besser freien, denn Brunst leiden.[1] Damit wird eigentlich gewiesen, erstens, daß Eines sei, Brunst leiden und sich nicht enthalten können; zweitens, daß Brunst eine Unkeuschheit sei, dieweil sie durch die Ehe als eine Unkeuschheit solle gedämpfet werden; drittens, die Ehe sei besser als Brunst. Wäre aber bei der Brunst auch Keuschheit, so könnten die päbstischen Mönche fragen, warum Paulus den Ehestand derselben vorgezogen hätte. So demnach aus dieser Rede Luthers etwas wider ihn folget, wäre es dieses, daß er auch, wie andere Leute (wie auch der Pabst, Cardinäle und Bischöfe), in Brunst gestecket habe, welches ein Mensch nicht leichtlich leugnen wird, ob es gleich die Heuchler thun mit Unwahrheit. **Zweitens**, man findet ja solche Leute, die des Ehestandes nicht entrathen können, sondern sich also befinden, daß zu befürchten, sie würden in die Länge sich nicht enthalten mögen, da sie lange außer der Ehe leben sollten, darum sie desto zeitlicher dazu einzulassen. Diese müssen bekennen, sie haben außer der Ehe nicht können keusch leben, nämlich ihrer Meinung und Befürchtung nach, denn auf die That muß kein Christ warten, und da sie auch stetig ohne Ehegatten würden geblieben sein, ob sie gleich keine unkeuschen Werke thätlich verrichtet. Nun stellen wir es dahin, wenn dieses Luthers Meinung auch wäre gewesen (welches doch nicht bewiesen ist, Luther es auch selber leugnet[2]), so könnte man sagen, Luther habe nicht können ohne die Ehe keusch leben, da er doch nicht wirklich Unzucht begangen. **Drittens**, was Luthern zur Ehe bewogen, das zeiget er selber an, nämlich erstens, daß er die allgemeine Stiftung des allmächtigen Gottes ehrete;[2] daß er, zweitens, der Päbste Eheverbot mit St. Paulo in der That verwürfe und seine Lehre mit der That bestätigte;[2] drittens, daß er

---

[1] 1 Cor. 7, 9. [2] Jenaer deutsche Ausg. Bd. 3. fol. 151.

die schwachen Gewissen mit seinem Exempel stärkete und sie auf den rechten Gebrauch der christlichen Freiheit führete, aus dem sich wahrlich nichts Unchristliches schließen lässet;¹ viertens, daß er seinem lieben Vater darinnen gehorchete, welcher ihn dazu hatte vermahnet.² Viertens, wenn man den Pabst sammt seinen Geistlichen sollte zur Schule führen in diesem Punkte, da würden sich seltsame Sachen finden, daß sie wohl verstummen und von Dr. Luther stillschweigen müßten.

87. Siebentens: Luther will, man solle die Leute zum Ehestande nöthigen, denn Gott gestatte ihnen nicht einsam zu sein, und sei ihnen so nöthig, ja noch nöthiger, als Essen und Trinken, Schlafen; darum wäre zu wünschen, daß alle Mönche und Nonnen aus den Klöstern liefen.³

88. Antwort: Luther redet hievon allezeit mit gewissem Unterschied, denn Etliche haben die Gabe, ohne den Ehestand keusch zu leben, von denen er ausdrücklich saget, daß sie wohl thun, so sie ohne Weib bleiben.⁴ Andere können sich nicht enthalten; denen soll der Ehestand nicht allein frei und ungewehret sein, sondern sie sollen auch dazu genöthiget und gezwungen werden; von denen ist wahr, was Luther saget: „Wie hohe Noth und hartes Gebot ist, daß Gott spricht: du sollst nicht tödten; ebenso hoch und hart, ja noch höher und härter Gebot ist es: du sollst ehelich sein."⁵ Es hat aber Luther hiezu wichtige Ursachen, warum er also gelehret, denn erstens ist Gottes Geschöpf, der den Leib des Menschen zu den Werken des Ehestandes also zugerichtet, daß er entweder desselbigen sich gebrauchen oder der Hurerei nachgehen, oder die Natur andere Ausgänge suchen muß, und die sich enthalten, zu Weichlingen werden,⁶ welches hell und

---

¹ Jenaer deutsche Ausg. Bd. 3. fol. 140. 141. ² Ebendas. fol. 150. 151. ³ Bozius lib. 12. de sign. Eccles. cap. 13. pag. 997. Motiv. Badens. rat. 3. pag. 118. 119. Pistor. in Anatom. Lutheri, im ersten bösen Geist. Conrad Vetter, im keuschen Luther, pag. 235. f. Cochlaeus in septicip. Luth., cap. 38. ⁴ Jenaer deutsche Ausg. Bd. 2. fol. 90. ⁵ Ebendas. Bd. 4. fol. 463. ⁶ 1 Cor. 6, 9.

klar ist, davon auch die Erfahrung zeuget.¹ Zweitens, Gottes Ordnung, die also lautet: Gott schuf den Menschen ein Männlein und Fräulein, und Gott segnete sie und sprach zu ihnen: Seid fruchtbar und mehret euch und füllet die Erde.² Drittens, die Gefahr der Unzucht, um welcher willen St. Paulus nöthiget, ehelich zu werden: Um der Hurerei willen habe ein Jeglicher sein eigen Weib und eine Jegliche ihren eigenen Mann; so sie sich nicht enthalten, so laß sie freien: es ist besser freien, denn Brunst leiden.³ Viertens, die Gefahr der Heuchelei, daß man damit falschen Gottesdienst stiftet und Teufelslehre einführet,⁴ darum wohl zu wünschen, daß solches Klosterwesen ein Ende hätte und Gottes Ordnung vielmehr geachtet würde. Hierüber mögen nun urtheilen alle christliche, züchtige und keusche Herzen, ob Luther mit dem, was er von der Nothwendigkeit des Ehestandes geschrieben, etwas gethan habe, das Gottes Wort nicht gemäß sei.

89. Achtens: Luther schreibet, daß die beiderlei Gestalt im Abendmahl nicht so nothwendig sei, als den Ehestand den Pfaffen und Mönchen zu gestatten. Was ist das anders, als daß man zum Ehestande die Geistlichen nöthigen will?⁵

90. Antwort: Luther handelt am selbigen Orte⁶ von den schwachen Gewissen, wie man es mit ihnen halten soll in der Communion, unter einer oder beider Gestalt, und lehret also davon: Nach Christi Ordnung könne man nicht anders, denn beide Gestalt empfangen; weil aber die Gewissen zum Theil noch nicht genugsam berichtet seien, so müsse man eine Zeitlang der Liebe etwas nachgeben und die Schwachen übersehen, daß man ihnen, bis sie völlig unterrichtet, nicht gebiete zum Sacrament zu gehen, weil Christus keine Zeit deswegen bestimmet, ihnen auch solches nicht verbiete, damit sie aus solchem Verbot nicht größer Aerger-

---

¹ Jenaer deutsche Ausg. Bd. 2. fol. 126.   ² 1 Mos. 1, 27. 28.
³ 1 Cor. 7, 2. 9.   ⁴ 1 Timoth. 4, 1.   ⁵ Motivae Badenses, rat. 3. pag. 120. Pistor. Anatom., im ersten bösen Geist.   Cochlaeus in septic. Luthero, cap. 38.   ⁶ Jenaer deutsche Ausg. Bd. 2. fol. 82. ff.

niß empfangen, sondern gestatte, wo Eines kann haben die beide
Gestalt zu genießen, daß man nach Christi Ordnung dieselbige
empfange, wo aber nicht, alsdann ihnen zugelassen sei, die eine
zu nehmen, nur daß es bekenne, solches sei nicht evangelisch,
wie Luthers Worte [1] deutlich anzeigen. Darauf kommt er zu
andern Pabstsgesetzen, als: Winkelmeß, heimliche Beichte,
der Priester Keuschheit, von denen urtheilet er: „Wer sich nicht
kann enthalten, der ist nicht schuldig ohne Weib zu bleiben;
denn Noth hat keine Scheu, keine Schande noch Aergerniß",
und setzt die Worte: „Wenn solche Noth wäre beider Gestalt
zu genießen, wollten wir auch kein Aergerniß oder schwach Ge=
wissen ansehen". Und ist dies seine eigentliche Meinung:
die Schwachgläubigen könne man eine Zeitlang übersehen, daß sie
sich des Sacraments enthalten, auch, bis sie besser unterrichtet
werden, nur eine Gestalt haben, wo sie beide nicht haben können;
wo aber ein Mensch sich nicht enthalten kann, da darf es keines
Uebersehens, weil man der Hurerei am nächsten ist und zum
wenigsten das Herz damit überfallen ist,[2] um welcher Gefahr und
steter Sünde willen ein Mensch von der Ehe nicht aufzuhalten.
So saget demnach Luther nicht, der Pfaffen Ehe sei nöthiger als
die beide Gestalt im Sacrament, sondern die Ehe denen, so dazu
durch unvermeidliche Noth gezwungen werden. Er saget auch
nicht, daß absolut und insgemein dahin die Ehe nöthiger wäre,
sondern die Ehe bei denen, die sich nicht enthalten können, als die
beide Gestalt bei denen, die noch nicht recht unterrichtet seien.
Er saget auch nicht, die Ehe sei überhaupt nöthiger als die Com=
munion, sondern die unvermeidliche Ehe sei nöthiger als die Com=
munion, davon man ohne Verletzung des Christenthums eine Zeit=
lang bleiben kann; welches ja die rechte und lautere Wahrheit ist.
Und ich frage Pabst, Cardinäle, Bischöfe mit allen Geistlichen
im Pabstthum, ob nicht die Ehe nöthiger sei Einem, der sich
nicht enthalten kann, als die Communion unter einer oder
beider Gestalt, wenn man sich eine Zeitlang enthalten kann.

---

[1] Jenaer deutsche Ausg. Bd. 2. fol. 87.   [2] pag. 90.

Welches denn jener Pabst wohl gewußt, darum hat er die Ehe den Priestern lieber freigeben als verbieten wollen.¹

91. Neuntens: Luther hat die Jungfrauschaft gelästert, als wäre eine Jungfrau Gott nicht gefälliger als die im Ehestande lebe; verdamme daneben Hieronymum, der sich verlauten lassen, die Jungfrauschaft erfülle den Himmel, der Ehestand aber die Erde; erhebet also den Ehestand über alle andere Stände.²

92. Antwort: Das Wörtlein Jungfrauschaft wird entweder geistlich verstanden von Reinigkeit des Gottesdienstes, damit man allein dem wahren Gott ergeben ist, und also sind alle Christen Jungfrauen,³ sie leben gleich in oder außer der Ehe. Hingegen sind Hurer und Ehebrecher,⁴ die im Gottesdienst nicht rein und richtig sind, ob sie schon dem Leibe nach die reinsten Jungfrauen wären. Von dieser Jungfrauschaft, welche Luther sehr hoch geehret und dazu getrieben, ist hier keine Frage. Oder aber Jungfrauschaft wird nach dem Leibe verstanden von denen, die weder ehelich worden noch mit andern Personen leibliche Unzucht getrieben haben.⁵ Diese Jungfrauschaft wird betrachtet auf unterschiedene Weise. Denn erstens heißen Jungfrauen, die nicht mit unzüchtigen Gedanken beschweret sind, auch des Ehestandes nicht begierig sind, viel weniger nach unkeuschen Werken trachten, und das ist eigentlich eine Jungfrauschaft des Gemüths, die Luther für eine besondere Gabe Gottes hält, dabei aber meldet, sie sei gar Wenigen gegeben, welches auch die Wahrheit ist. Zweitens heißen Jungfrauen, die nach dem Leibe andere Personen nicht fleischlich erkennen, ob schon Leib und Seel brennet,⁶ und nach solchen Werken wüthet und tobet, welches Luther verworfen, als ein natürliches, Gottes Geschöpf

---

¹ Platina in vita Pii II., circa finem. ² Motivae Badens. rat. 3. pag. 117. Vetter, im keuschen Luther. Cochlaeus in septic. Luthero, cap. 28. Pistorius, im ersten bösen Geist. Scoppius de Author. Lutheri, pag. 23. seqq. ³ Matth. 25, 1.; 2 Corinth. 11, 2.; Offb. 14, 4. ⁴ Richt. 2, 17.; Jes. 1, 21.; Jerem. 3, 1. ⁵ Jes. 7, 14.; Luc. 1, 27.; 1 Cor. 7, 25. ff. ⁶ 1 Cor. 7, 36.

zuwiderlaufendes, auch den Menschen unmögliches Werk, so Gott
mißfalle, und dem der Ehestand weit vorgehe, wie denn Paulus
anzeiget, es sei besser freien, denn Brunst leiden.[1] Drittens
heißen Jungfrauen, nach Art und Erfahrung in der römischen
Kirche, die außer der Ehe leben, ob sie schon in aller Schand und
Unzucht sich wälzen. Solche Jungfrauen verdammet Luther billig,
Gott hasset sie, und das natürliche Licht verwirfet sie, daran denn
Dr. Luther nicht unrecht gelehret hat.

93. Mag man nun die leibliche Jungfrauschaft betrach=
ten, wie man will, so ist sie dem Ehestande nicht vorzuziehen.
Denn erstens, Gott hat die Menschen geschaffen nicht zur
Jungfrauschaft, sondern im Ehestande sich zu vermehren.[2]
Zweitens, Gott hat auch den Jungfrauenstand nirgends vor=
gezogen dem ehelichen Stande, darum soll es Luther auch
nicht thun. Drittens, in der Schrift ist keine Verheißung,
darauf sich Jungfrauen zu verlassen hätten, daß sie Gott mehr
gefallen als Eheleute, sondern unter allerlei Volk wer Gott
fürchtet und recht thut, der ist ihm angenehm.[3] Hier ist nicht
Jude noch Grieche, nicht Mann noch Weib (also auch nicht Ehe=
liche noch Jungfrau), sondern ihr seid alle Einer in Christo.[4]
Viertens, wenn man saget, die Jungfrauschaft helfe zum Him=
mel, der Ehestand sei ein fleischlicher Stand, darin man Gott
nicht gefallen könne,[5] antwortet Dr. Luther billig, daß es eine
Teufelslehre sei und daß man im Ehestande auch Gott gefallen
könne und denselbigen heilig halten solle.[6] Hat also Dr. Luther
auch in diesem Stücke nichts Unrechtes geschrieben.

94. Zehntens: Luther habe geschrieben, daß unser Leib
großentheils eitel Weiberfleisch sei, als darinnen wir empfangen
und gewachsen und davon geboren, gesäuget und ernähret seien,
daß es gar unmöglich, sich davon zu enthalten. Item, er habe

---

[1] 1 Cor. 7, 9.   [2] 1 Mos. 1, 28.; 9, 7.   [3] Apstg. 10, 35.   [4] Gal. 3, 28.
[5] Disting. 82. cap. 2. Proposuisti.   [6] Hebr. 13, 4.

geschrieben, der Versuchung von bösen Lüsten sei wohl zu rathen, wenn nur Jungfrauen und Weiber vorhanden.¹

95. **Antwort:** Erstens, Dr. Luther hat ja nichts wider die Wahrheit geredet, daß wir in Weibern empfangen, gewachsen von ihnen geboren, gesäuget und ernähret werden; und daß wir großentheils eitel Weiberfleisch seien, hat Dr. Luther nicht am ersten gesagt, sondern Adam, welcher, sobald er Evam ansichtig wurde, sprach: Das ist doch Bein von meinen Beinen und Fleisch von meinem Fleisch; man wird sie Männin heißen, darum, daß sie vom Manne genommen ist. Darum wird ein Mann seinen Vater und Mutter verlassen und an seinem Weibe hangen, und sie werden sein Ein Fleisch.² Aus diesen Worten hat Luther seine Vermahnung genommen und will den Reisebusch, an welchen er solchen Brief geschrieben,³ mit solchen Worten von allen bösen Gedanken und Werken abführen und zum heiligen Ehestande leiten. Und hat Dr. Luther gar recht gesagt, daß es unmöglich sei, vom weiblichen Geschlechte sich ganz zu enthalten, nämlich denen, welche die Gabe der Keuschheit nicht haben, wie denn die Schrift eben dasselbige saget.⁴ Zweitens, daß Luther saget, den bösen Lüsten sei wohl zu rathen, wenn Jungfrauen und Weiber vorhanden, damit weiset er auf den Ehestand, welcher das ordentliche Mittel ist, dadurch Gott den bösen Lüsten will wehren, wie denn St. Paulus gebeut, daß um der Hurerei willen, nämlich dieselbe zu meiden, ein jeglicher Mann sein eigen Weib habe.⁵ So erweisens auch die Exempel Hieronymi, Bernhardi, Benedicti, Francisci und Anderer, welche mit Dornen, mit kalten Schneeballen, mit Steinschlagen, mit Casteien sich von solchen Lüsten nicht haben los machen können, und ist gewiß, daß wenn das Herz mit der Gabe der Keuschheit nicht gezieret ist, daß solche Gabe mit äußerlichen Werken nicht erzwungen werde. Darum spricht

---

¹ Sartor. in Mot. pag. 30. Vetter, im keuschen Luther, pag. 244. Pistorius, im ersten bösen Geist. Scoppius de Autor. Lutheri, p 34. sqq. ² 1 Mos. 2, 24. ³ Jenaer deutsche Ausg. Bd. 3. fol. 99. ⁴ 1 Cor. 7, 9.; Matth. 19, 10. 11. ⁵ 1 Cor. 7, 2.

Dr. Luther: „Mit Fischessen richtet sichs nicht aus. Die Gabe muß vor da sein, hernach folget Beten und Dienen im Tempel im ledigen Stande." [1]

96. **Elftens**: Luther lehret, daß Hurenkindertragen Gott besser gefalle, denn der katholischen Mönche Fasten, Beten, Singen ꝛc. Hierdurch erhebet er Hurerei und gibet Anlaß zur Unzucht, dieweil Gott der HErr an solchen Werken Gefallen trage. [2]

97. **Antwort**: Luther redet diese Worte im Büchlein vom ehelichen Leben, und lauten also: „Darum sage ich, daß alle Mönche und Nonnen, die ohne Glauben sind und sich ihrer Keuschheit und Ordens trösten, nicht werth sind, daß sie ein getauft Kind wiegen oder ihm einen Brei machen sollen, wenn es gleich ein Hurenkind wäre; Ursach: denn ihr Orden und Leben hat kein Gottes Wort für sich, mögen sich auch nicht rühmen, daß es Gott gefalle, was sie thun, wie ein Weib thun kann, ob es gleich ein unehelich Kind träget." [3] Ju diesen Worten spricht Luther nicht, daß die Hurerei, darin ein unehelich Kind erzeuget wird, Gott gefalle, sondern er redet vom Tragen und Pflegen der Kinder, ob sie gleich unehelich wären. Denn wenn ein Weib in Unzucht schwanger würde, sündigte sie sehr; wo sie aber solche Frucht würde abtreiben und ums Leben bringen, sündigte sie noch mehr und würde eine Mörderin. Darum wenn sie das Kind, so durch Sünde in Hurerei empfangen ist, träget, und nicht ermordet, begehet sie keine Sünde, sondern hütet sich vor größern Sünden, und an solchem Tragen und Pflegen, welches keine Sünde ist, hat Gott größer Wohlgefallen als an der Mönche Keuschheit, welche voller Brunst, Begierde und unreiner viehischer Lüste ist. Man nehme zum Exempel Bathsebam, die zeugete im Ehebruch ein Kind mit David; [4] das war Sünde. Daß sie aber solch Kind nicht ermordete, sondern trug es bis zur Zeit der Geburt und pflegete desselben, das war Gott gefällig,

---

[1] Jenaer deutsche Ausg. Bd. 2. fol. 274. [2] Sartorius in Motiv. pag. 120. Pistorius, im ersten bösen Geist. Cochlaeus in septic. Luthero, cap. 38. [3] Jenaer deutsche Ausg. Bd. 0. pag. 154. [4] 2 Sam. 11, 5. 27.

beſſer, als wenn eine Nonne Hurerei treibet, die Kinder ermordet, in Fiſchteiche wirft oder ſonſt vertuſcht. Hier mag nun die ganze Welt urtheilen, ob Luther unrecht geredet oder die Hurerei ſelber für ein Gott wohlgefälliges Werk ausgeſchrieben habe.

98. Es iſt aber zu verwundern, wie dieſe Leute dürfen Luthern vorwerfen, daß er geſchrieben, ein unehelich Kind tragen gefalle Gott; ſchreiben ſie doch ſelber, daß die Jungfrau Maria die Hurerei vertheidige, ſie unterdrücke, ja die heiligen Engel dazu brauche, daß ſie nur nicht offenbar werde; ja die heiligen Engel bringen die Hurenkinder den Einſiedlern, daß ſie dieſelben erziehen. Die Legende erzählt eine Hiſtorie, daß eine Aebtiſſin ſei ſchwanger worden, darüber die andern Nonnen zornig worden und es dem Biſchof entboten. Als aber dieſe ſchwangere Aebtiſſin Mariam um Hülfe angerufen und darüber entſchlafen, iſt ihr die Jungfrau mit zweien Engeln erſchienen, hat das Kind von ihr nehmen und einem Einſiedler bringen laſſen, daß er es aufziehen ſollte. Als aber die Aebtiſſin vom Schlaf erwacht und gefunden, daß ſie des Kindes entlediget ſei, habe ſie ſich auf Befehl von zweien Prieſtern und dem Biſchof laſſen beſichtigen, welche, wie ſie an ihr nichts gefunden, ſie entſchuldiget und die andern Nonnen geſtrafet. Wiewohl die Aebtiſſin dem Biſchof gebeichtet und es ihm offenbaret, wie es zugegangen, darauf der Biſchof das Kind vom Einſiedler holen und es erziehen laſſen, welches hernach auch ein Biſchof geworden.[1] Es iſt ihnen wohl bekannt die Hiſtorie, da die Küſterin Beatrix in große Brunſt gerathen und zu einem Manne gegangen, mit welchem ſie fünfzehn Jahre in Unzucht gelebet, da doch die Jungfrau Maria unterdeſſen die ganze fünfzehn Jahre Küſterin geweſen an ihrer Stelle und ihr Amt unterdeſſen verrichtet, daß Niemand gewußt hat, daß die Küſterin ſei außen geweſen. Nur daß die Küſterin auf Vermahnung der Jungfrau Maria endlich wieder ins Kloſter kommen und ihre Sünde gebeichtet habe.[2] Das ſind herrliche Dinge, damit die Päbſtler ihre Zucht und Hei-

---

[1] Legenda omnium Sanctorum, part. 1. fol. 216.   [2] Ibid. fol. 14.

ligkeit an den Tag gegeben. Ja sie billigen die Hurerei selber,[1] welches doch Luther niemals gethan; ein Priester sündige weniger, wenn er Hurerei treibe, als wenn er in den Ehestand trete, da doch der Ehestand Gottes Ordnung ist, welches von Mönchs- und Nonnenorden nicht kann gesaget werden, über welche Luther nicht die Hurerei erhebet, sondern nur das Tragen und Pflegen der Kinder, so in Unzucht gezeuget. Mögen hierinnen alle christlichen Herzen richten, ob Luther etwas in diesem Stücke geschrieben, das Gottes Wort nicht gemäß sei.

99. Zwölftens: Luther solle schreiben, er wolle lieber einem Geistlichen zwei oder drei Huren erlauben, denn ein Eheweib, wenn ein Concilium die Ehe bewilligte.[2]

100. Antwort: In dem angezogenen Orte schreibet Dr. Luther gar recht und wohl, indem er unterscheidet zwischen dem, was öffentlich in der Schrift stehet, und dem, was zeitliche Sachen betrifft oder noch nicht erkläret ist. In diesem will er der Concilien Schluß erwarten. Was aber die Schrift schon erörtert hat, da will er nicht, daß man erst auf des Concils Schluß warten soll und um desselbigen willen thun oder glauben, das man der heiligen Schrift zu Gefallen hat weder thun noch glauben wollen, aus Ursachen, denn es eine Gotteslästerung wäre, wenn man etwas nicht eher annehmen wollte, bis es das Concil hätte gut geheißen, ob es schon das göttliche Wort beschlossen hätte. Dessen gibet er ein Exempel: Daß die Geistlichen mögen ehelich werden, ist in Gottes Wort klärlich erörtert; wenn nun gleich solches durch ein Concil zugelassen würde, so soll doch Niemand eben darum sich in den Ehestand begeben, weil es die Concilien zugelassen, da er doch zuvor Gottes Wort zu Unehren und wider desselbigen Befehl und Zulassung den Ehestand gescheuet und sich dessen enthalten hat. Und wäre eher zu dulden, wenn der Zweien Eines sein müsse, daß ein Geistlicher außer der Ehe lebete

---

[1] Costerus in Enchiridio, cap. 19.   [2] Motivae Badens. 3. pag. 131. Conrad Vetter, im keuschen Luther, pag. 244. Pistorius in Anatom. im ersten bösen Geist. Studentengespräch, part. 1. lit. C. fol. 4.

und darüber Gottes Hülfe anriefe, auch zwei oder drei Huren hätte, als daß er aus Macht des Concils Schluß ein Eheweib nähme, in Ansehen, daß, obgleich Hurerei eine große Sünde ist, so sei doch Gotteslästerung noch größer, welche begangen wird, wenn ein Geistlicher meinen wollte, auf des Concils Bewilligung stehe ihm frei, mit gutem Gewissen ehelich zu sein, daneben aber halten, wenn es vom Concil nicht wäre gebilliget worden, so hätte er es ohne große Sünde nicht thun mögen, unangesehen, daß es Gott zuvor in seinem Worte hat gut geheißen, welches eine grausame Verachtung Gottes und seines Wortes wäre, die nicht greulicher sein könnte, viel ärger denn Hurerei. Und dieses ist Dr. Luthers klare, helle Meinung und nichts Anderes, wie es der ganze Text daselbst gibt: „Weiter sage ichs, obs geschähe, daß eines, zwei, hundert, tausend und noch mehr Concilia beschlössen, daß Geistliche möchten ehelich werden, oder was mehr Gottes Wort zu thun und zu lassen beschlossen, so wollte ich eher durch die Finger sehen und Gottes Gnade vertrauen dem, der sein Lebenlang eine, zwei oder drei Huren hätte, denn dem, der ein ehelich Weib nähme nach solcher Concilien Beschluß, und sonst außer solchem Beschluß keines dürfte nehmen, und wollte auch allein an Gottes Statt gebieten und rathen, daß Niemand aus Macht solches Schlusses ein Eheweib nehme, bei Verlust seiner Seelen Seligkeit, sondern nur allererst keusch leben oder, wo ihm das unmöglich wäre, in seiner Schwachheit nicht verzagen und Gottes Hand anrufen, und das ist die Ursach: Hurerei oder Unkeuschheit ist wohl eine große Sünde, aber gegen Gotteslästerung ist sie geringe; denn auch Christus selber Matth. 11. spricht, daß Sodoma und Gomorra, die da nicht schlechte Unkeuschheit getrieben hatten, sollens erträglicher haben, denn Capernaum, Bethsaida und alle hohen Heiligen und Pharisäer zu der Zeit. Und Matth. 22. spricht er auch, daß Huren und Buben eher werden ins Himmelreich kommen, denn die Pharisäer und Schriftgelehrten, welches doch fromme, keusche, ehrbare Leute waren. Warum das? Darum, daß sie Gottes Wort, dem Evangelio, widerstunden, aber Huren und Buben, ob sie sündigten, dennoch nicht wider das Evangelium strebeten." ¹

101. Das sind fast die vornehmsten Einwürfe, welche sie vorbringen, Luthers Unkeuschheit zu beweisen. Es sollten aber diese Leute sich selber ansehen, da würden sie finden einen Wald voll Hurerei, Ehebruch und anderer stummer Sünden. Sie lassen ja die öffentlichen Hurenhäuser zu,² und nimmt der Pabst jährlich seinen Zins von Huren;³ Kardinäle und Geistliche zu Rom schleppen sich öffentlich mit Huren,⁴ sie loben noch die sodomitische stumme Sünde als ein zulässiges Werk.⁵ Sie lassen zu, daß ein Priester eine Hure halte, ehe er sollte ehelich werden.⁶ Sie lassen zu solche Ehe, welche in Gottes Wort verboten.⁷ Sie verunehren den Ehestand, daß ein Mensch fleischlich und zu göttlichen Dingen ungeschickt dadurch werde,⁸ also, daß er wieder durchs Sacrament müsse geheiliget werden.⁹ Pabst Johannes XXIV. ist vom Concil zu Costnitz beschuldigt, daß er ein Sodomit, Hurer und Ehebrecher gewesen.¹⁰ Daß ein Weib auf dem päbstlichen Stuhl gesessen und Hurerei getrieben, kann mit mehr als sechzig glaubwürdigen Zeugen erwiesen werden, unter welchen die meisten päbstisch sind.¹¹ Wie viel Päbste sind aus Hurerei gezeuget, haben sich selber in Hurerei, Ehebruch und Blutschande gewälzet, wie solches die Unsrigen nach der Länge aufgezeichnet.¹² Wie hat die Christenheit geklaget, daß die Geistlichen in so schrecklicher Unzucht leben, und herzlich gesenfzet um eine Veränderung,¹³ wie denn die Historien voll sind von Unzucht der Päbste und ihrer Geistlichen. Deswegen das Pabstthum von der Schrift eine Hure und Rom eine Mutter aller Hurerei, geistlicher und leiblicher, genennet wird.¹⁴

---

¹ Jenaer deutsche Ausg. Bd. 2. fol. 194. 195. ² Bellarmin lib. 2. de statu peccati, cap. 18. ³ Sleidanus lib. 12. ⁴ Hasenmüller in Hist. Jesu, cap. 10. ⁵ Johannes de la Casa, de laudibus Sodomiae. ⁶ Costerus in Enchiridio, cap. 19. ⁷ Bellarmin. lib. 1. de Matrimon. cap. 27. ⁸ Idem lib. 1. de Cleric. cap. 18. 19. ⁹ Costerus in Enchiridio, cap. 15. ¹⁰ Sleidan. lib. 21. Acta Concilii Constant. Sess. 11. ¹¹ Wolffius Centur. 9. pag. 225. seqq. ¹² Thummius im Bericht, pag. 319. seq. ¹³ Centum Gravamina Nationis German. ¹⁴ Offb. 17, 5.

Das achte Capitel.
Von großer Lästerung Luthers wider Gott, die Jungfrau Maria, die verstorbenen Heiligen und ihre Gebeine.

102. Es wollen die Päbstler Dr. Luthern durchaus zu einem Gotteslästerer machen, welcher wider Gott, wider die Jungfrau Maria, wider die verstorbenen Heiligen und ihre Gebeine sehr gotteslästerlich solle geredet und geschrieben haben,[1] wie aus nachfolgenden Einwürfen zu sehen ist:

103. Erstens: Luther machet Gott zu einer Ursach der Sünden, wenn er schreibet, daß Gott das Böse nicht allein zulasse, sondern auch eigentlich thue und wirke in den Gottlosen; Gott breche die Ehe in den Ehebrechern, Gott stehle in den Dieben ꝛc.[2]

104. Antwort: Erstens, wenn man aufschläget diesen Ort, findet sich, daß Dr. Luther also gelehret: Es stehe bei keinem Menschen, wie er auch seine bösen Wege richte, denn Gott auch über die bösen Werke sein Regiment habe. Darum Niemand leugnen dürfe, daß er auch in bösen Thaten gezwungen ein Anderes thue, als er gedacht hat, wie die Feinde der Wahrheit etwas gedenken zu thun, zu schreiben ꝛc., ihnen zu Ehren und Nutz, aber es muß ihnen gerathen zu Schanden und Schaden. Und sei also nichts in unserer Hand, Böses oder Gutes zu gedenken, sintemal Alles unter Gott ist, wider den wir nichts vermögen, allein so viel er uns zulasse oder selber thue.[3] Hiermit aber wird Gott nicht gemacht zu einer Ursach der Sünden, sondern es wird ihm ein solch Regiment darüber zugeschrieben, daß er böse Leute im Zaum halte, daß sie nicht können ihren Muthwillen vollbringen,

---

[1] Bozius de signis Ecclesiae, lib. 12. cap. 13. Scherer in Postilla, conc. 2. Dom. Judica. Conrad Vetter, im andächtigen Luther. Sixtus Sartorius in Motiv., pag. 186. Motivae Badens., rat. 3. pag. 155. seqq. &c.
[2] Scherer, 2. conc. Dominic. post Natal. pag. 83.; Dominic. 5. post Epiphan., conc. 1. pag. 189. im prädicantischen Credo, Art. 1. Motivae Badenses rat. 3. pag. 140. [3] Jenaer latein. Ausg. Bd. 2. fol. 311. 312.

oder doch ihr Vornehmen anders gerathen müsse, denn sie es gemeinet haben, davon die Schrift oft pfleget zu reden.[1] Zweitens, daß Dr. Luther sagen solle, Gott breche die Ehe in den Ehebrechern, er stehle in den Dieben, wird an diesem Ort nicht gefunden, und da es an einem andern Orte sollte gefunden werden, würden wir es nicht gut heißen, wenn er nämlich von der Bosheit selber reden würde. Denn in einer jeglichen Sünde ist zweierlei: Erstlich die natürliche Kraft und Bewegung der Gliedmaßen, welche von Gott ist, denn in ihm leben, weben und sind wir,[2] und also hätte man nicht können den Raub zu Jericho stehlen,[3] noch Simei hätte können David fluchen,[4] wo ihnen Gott die natürliche Bewegung der Gliedmaßen nicht gegeben und erhalten hätte. Darnach ist die anhangende Bosheit oder Mißbrauch der natürlichen Gaben und Bewegung, welches eigentlich Sünde heißet, und das kommt nicht von Gott. Zum Exempel: Daß ein Mensch siehet und höret, das kommt von der Seele her; daß er aber übel siehet und höret, das kommt vom Auge und Ohr, als den leiblichen Gliedern, her. Ist also die Seele nicht Ursach des bösen Sehens und Hörens, ob sie gleich durch das böse Auge siehet und durch das böse Ohr höret. Wenn ein künstlicher Musicus auf einer übelgestimmten Orgel schläget, kommet der übele Klang nicht vom Künstler, sondern von der Orgel, welche übel gestimmet ist, wiewohl die Bewegung von solchem Künstler herrühret: also kommet alle natürliche Bewegung der menschlichen Gliedmaßen von Gott dem HErrn, der sie giebet und erhält, auch in Ehebruch, Todtschlag und andern Sünden, das Böse aber und die Unreinigkeit in solcher Bewegung, davon sie eigentlich Sünde heißet, rühret nicht von Gott, sondern vom Teufel und von Menschen her. Drittens, Luther hat an anderm Ort die Ursach der Sünden von unserm HErrn Gott abgewandt. In der Augsburgischen Confession,[5] welche Luther übersehen, ehe sie übergeben worden, hat er gebilliget die Worte: Von Ursach der Sünden wird bei uns gelehret,

---

[1] 1 Mos. 50, 20.; 2 Sam. 15, 31.; Hiob 5, 12. 13. [2] Apstg. 17, 28. [3] Jos. 7, 1. [4] 2 Sam. 16, 7. 8. [5] Artik. 19.

wiewohl Gott der Allmächtige die ganze Natur geschaffen hat und erhält, so wirke doch der verkehrte Wille die Sünde in allen Bösen und Verächtern Gottes, wie denn des Teufels Wille ist und aller Gottlosen, welcher alsbald, so Gott die Hand abgethan, sich von Gott zum Argen gewandt hat. Und an anderm Orte: „Es stehet einem Jeglichen die Gefahr auf seiner eigenen Person, und ist seine eigene Schuld, so er verdammt wird." [1] Item: „Mir ist auch nicht Zweifel, er werde mich bei euch dargeben, als habe ich gesaget, Gott wolle die Sünde haben. Darauf will ich hiemit geantwortet haben, daß er mir Unrecht thut, und wie er sonst voll Lügen stecket, hier auch nicht wahr saget; ich sage: Gott hat verboten die Sünde und will dieselbige nicht. Dieser Wille ist uns offenbaret, und noth zu wissen." [2]

105. Zweitens: Dr. Luther ist lästerlich wider Gott, dieweil er kurz vor seinem Tode zu Dr. Jona und M. Cölio gesprochen: Betet für unsern HErrn Gott und sein Evangelium, daß es ihm wohl gehe, denn das Concilium zu Trident und der leidige Pabst zürnen hart mit ihm. Welche Worte keines erleuchteten Mannes sein können, als der da gebeten, man solle für Gott bitten. [3]

106. Antwort: Erstens, Dr. Luther hat nicht gemeinet, daß Gott der HErr bedürfe Fürbitte für ihn zu thun, weil Niemand höher ist als Gott und also bei Niemand solche Fürbitte geschehen kann, welches die Vernunft einem Jeden gibet. Und siehet man es aus seinen Predigten und Schriften, daß er im Gebet ein rechter Meister gewesen, trotz allen Mönchen und päbstischen Heiligen. Zweitens, wenn er aber kurz vor seinem Abschiede obgesetzte Worte geredet, [4] so weiß man, daß sterbende Leute sich leicht verreden können, wie es auch wohl gesunden widerfähret, welches aber ihrer Krankheit zuzumessen und keineswegs böse Gedanken oder ein gottloses Wesen daraus zu

---

[1] Jenaer deutsche Ausg. Bd. 7. fol. 197. [2] Ebendas. Bd. 3. fol. 102. [3] Studentengespräch, part. 1. lit. D. ConradVetter, im andächtigen Luther, pag. 1. [4] Jenaer deutsche Ausg. Bd. 8. fol. 385.

schließen ist. Drittens, das Wörtlein für, betet für Gott, hat zweierlei Verstand. Bisweilen heißt für Gott beten soviel, als Gott anrufen: Ich will für dir beten, spricht David;[1] wir liegen für dir in unserm Gebet, spricht Daniel.[2] Das Wörtlein für heißet auch bisweilen: für Einen Fürbitte thun, wenn Paulus spricht: Betet für uns;[3] ich will, daß Fürbitte geschehe für alle Menschen.[4] Wenn nun Dr. Luther gesagt hätte, man solle für Gott bitten, das ist, Gott anrufen, und hätte das Wörtlein für außen gelassen beim Evangelio („und sein Evangelium") aus Schwachheit, könnte hieraus nichts Gottloses oder Lästerliches geschlossen werden, wie wir denn nach dem achten Gebot dieses zum Besten auslegen sollen. Viertens, was wollen die Päbstler dazu sagen, daß sie in der Messe für den Leib und Blut des HErrn Christi beten, daß es der himmlische Vater gnädiglich aufnehmen wollte?[5] Ist denn das nicht ungereimt, daß man für den Sohn Gottes bittet, der himmlische Vater wolle gnädiglich seinen Leib und Blut annehmen? Fünftens, wie? wenn Herr Dr. Luther mit solcher Vermahnung es also gemeinet hätte, daß der Pabst und das Concilium zu Tridenti so sehr zürnen, wüthen und toben wider unsern HErrn Gott, denn sie meinten sein Evangelium zu dämpfen, und ihnen wohl einbilden, wo man bei ihnen nicht Fürbitte einlege, so dürfte das Evangelium ausgetilget werden. Solche böse Gedanken der Widersacher zu verachten, spricht er, man solle für Gott und sein Evangelium beten, als wollte er sagen: es hat keine Noth, Gott wird wohl bleiben und sein Evangelium wohl erhalten, wenn der Pabst mit seinem Concilio noch so sehr dawider wüthet und tobet; wird wohl nicht vonnöthen sein, daß man dem Pabst zu Fuß falle und bitte, er wolle doch Gnade erweisen, dieweil Gott dennoch sein Wort erhalten wird, es sei dem Pabst lieb oder leid. Man verstehe nun das Gebet Luthers wie man wolle, nach der gegebenen Auslegung kann dennoch nichts Gotteslästerliches daraus geschlossen werden.

---

[1] Pf. 5, 3.   [2] Dan. 9, 18.   [3] 2 Theff. 3, 1.   [4] 1 Tim. 2, 1. 2.
[5] Pontificale, fol. 111.

107. Drittens: Luther hat das Gebet zu der heiligen Dreifaltigkeit aus der deutschen Litanei gethan: Heilige Dreifaltigkeit, einiger Gott, erbarme dich unser! Daraus zu sehen, was er für Andacht gehabt und was er von Gott der heiligen Dreifaltigkeit habe gehalten.[1]

108. Antwort: In der deutschen Litanei finden sich die angezogenen Worte zwar nicht, es ist aber die Frage, ob sie Luther habe herausgethan, und wo er es gethan, ob es darum geschehen sei, daß er von der Lehre die heilige Dreifaltigkeit betreffend nichts habe gehalten, oder ob er nicht recht zu sein vermeinet, daß man die heilige Dreifaltigkeit anrufen solle. Daß aber Dr. Luther dem Namen oder der Lehre von der heiligen Dreifaltigkeit solches nicht habe zuwider thun können, ist daher offenbar, daß er solchen Namen in stetigem Gebrauch ihm habe gefallen lassen, und die Lehre gewaltig vertheidiget und aus Gottes Wort erwiesen. So hat Luther die Anrufung der drei Personen in einem göttlichen Wesen in selbiger Litanei lassen stehen, denn wir beten: HErr Gott Vater im Himmel, HErr Gott Sohn, der Welt Heiland, HErr Gott Heiliger Geist, erbarm dich über uns! Daraus ist genug zu sehen, daß Luther eigentlich habe dafür gehalten, die Christen sollen alle drei Personen, den Vater, Sohn und Heiligen Geist, und doch als Einen Gott anrufen; und weil die Meinung in diesen drei angezogenen Versen richtig, thut gar nicht vonnöthen, daß der andere Vers (heilige Dreifaltigkeit einiger Gott) noch dazugesetzet werden müsse.

109. Viertens: Eine Gotteslästerung hat Dr. Luther begangen, daß er im Namen des Heiligen Geistes ein Schreiben um Versammlung eines allgemeinen Concils wider Pabst Clemens VII. ausgehen lassen Anno 1531.[2]

---

[1] Gretserus in defens. 2. Controv. Bellarm. praefat. pag. 11. Bozius de signis Ecclesiae, lib. 12. cap. 13. pag. 1024. Scherer, Dominic. Trinitatis, conc. 1. pag. 419. Conrad Vetter, im andächtigen Luther, pag. 116. 117. [2] Sixtus Sartor. in Motiv. pag. 186.

110. Antwort: Erstens, alle Verrichtung eines Predigers geschieht im Namen Gottes und seines Heiligen Geistes, denn die Lehrer sind Botschafter an Christi Statt[1] und Haushalter über Gottes Geheimnisse;[2] sie sinds nicht, die da reden, sondern der Heilige Geist;[3] wer sie höret, der höret Christum;[4] sie taufen im Namen Gottes;[5] sie vergeben Sünde auf Befehl und im Namen Gottes;[6] wer sie verachtet, der verachtet nicht Menschen, sondern Gott selber.[7] Wenn denn Dr. Luther im Namen des Heiligen Geistes den Pabst ermahnet, hat er nichts Gotteslästerliches, sondern vielmehr dasjenige gethan, was einem Lehrer wohl ansteht. Zweitens, vor Dr. Luthers Zeiten ist lange dergleichen geschehen, da man in der Bibliothek St. Andreä zu Braunschweig eine Epistel gefunden, geschrieben im Namen des HErrn Christi an das Concilium zu Costnitz, daß es eine Reformation der Kirche zwar verheiße, den Pabst aber und seinen Grenel nicht reformire, damit es nicht ungleich werde jenem schwangeren Berge, der doch nur eine Maus gebar.[8] Drittens, die Päbstler sollen in ihren Busen greifen, wie sie den Heiligen Geist lästern, indem der Jesuit Gretser zu Regensburg den Heiligen Geist zum Richter in Glaubenssachen nicht annehmen wollen, sondern ihn herausgefordert, wofern er Richter sei, so soll er kommen und ihn richten,[9] dadurch der Heilige Geist gar schlecht geehret worden ist.

111. Fünftens: Luther lästert den HErrn Christum, indem er ihn will zur Sünde und Fluch machen, da er also betet: Mein lieber HErr Christe, du bist meine Sünde und mein Fluch.[10]

112. Antwort: Wofern Dr. Luther darum gesündiget hat, so hat St. Paulus auch gesündiget und Gott gelästert, indem er schreibet: der Vater habe Christum, der von keiner Sünde wußte, für uns zur Sünde gemacht, auf daß wir in ihm

---

[1] 2 Cor. 5, 20. [2] 1 Cor. 4, 1. [3] Matth. 10, 20. [4] Luc. 10, 16. [5] Matth. 28, 19. [6] Joh. 20, 23. [7] 1 Thess. 4, 8. [8] Wolffius Centur. 15. fol. 764. [9] Colloq. Ratisb. Sess. 9. [10] Conrad Vetter, im andächtigen Luther, pag. 115.

würden die Gerechtigkeit, die vor Gott gilt.¹ Christus ward ein Fluch für uns, denn es stehet geschrieben: Verflucht sei jedermann, der am Holze hanget.² Was ist das anders geredet, als daß Christus unser Sünde und Fluch sei? Nicht aber in dem Verstande, daß Christus seinem Wesen nach in Sünde und Fluch sei verwandelt worden, oder daß er selber gesündiget habe und uns verfluchet; sondern daß der Vater alle unsere Sünde auf ihn geworfen³ und ihn um derselbigen willen geschlagen und gestrafet hat. Und gleichwie wir die Gerechtigkeit worden sind, nämlich durch Zurechnung seiner Gerechtigkeit: also ist er die Sünde und Fluch für uns worden, nämlich durch Zurechnung unserer Sünde und des Fluchs, welchen wir verdienet hatten.

113. Sechstens: Luther urtheilet freventlich von der Mutter Gottes und allen Heiligen mit Vorgeben, daß sie nicht heiliger seien denn andere Christen.⁴

114. Antwort: Erstens, die Heiligkeit, davon wir den Namen haben, daß wir heilig heißen, kommt her von Christo, der uns vom Vater gemacht ist zur Heiligung,⁵ dessen Blut uns von allen Sünden reinigt.⁶ Gleichwie nun die Jungfrau Maria und andere Heilige durch Christi Wort,⁷ durch sein Blut,⁸ Sacrament⁹ und Opfer,¹⁰ durch den Glauben an Christum, dessen sie sich als ihres Heilandes¹¹ getröstet und gefreuet, sind geheiligt worden: also geschiehet auch allen Christen, weil sie an diesem Gott und Heiland gleichen Theil haben, als die durch den Glauben der ganzen vollkommenen Gerechtigkeit Christi theilhaftig werden. Zweitens, ob zwar die Heiligen höhere Gaben von Gott empfangen, auch die Jungfrau Maria vor allen ist gewürdiget worden, daß sie den HErrn Messiam zur Welt geboren hat, so schätzet doch Christus selber der Gläubigen Heilig-

---

¹ 2 Cor. 5, 21. ² Gal. 3, 13. ³ Jes. 53, 4—6. ⁴ Bozius lib. 12. de signis Ecclesiae, cap 13. pag. 1620. Motiv. Badens. rat. 3. p. 136. Conrad Vetter, im andächtigen Luther, pag. 117. ⁵ 1 Cor. 1, 30. ⁶ 1 Joh. 1, 7. ⁷ Joh. 17, 17. ⁸ 1 Joh. 1, 7. ⁹ Ephes. 5, 26. ¹⁰ Heb. 10, 10. ¹¹ Luc. 1, 46. 47.

keit höher, denn solche Gnade, indem er spricht: Selig sind, die Gottes Wort hören und bewahren.¹ Da er nicht zugeben will, daß seine Mutter darum selig sei, dieweil sie ihn zur Welt geboren hat. Wenn nun Dr. Luther hiermit etwas Lästerliches geredet hätte, so müßte man dergleichen von Christo auch sagen. Drittens, es hat Dr. Luther die Ehre und Hoheit der Jungfrau Maria wider die Juden dermaßen vertheidigt,² als irgend von den Päbstischen nicht möge geschehen sein. Wie Dr. Luther sonst auch von ihr also geschrieben, daß ihr keine Verkleinerung zugemessen werden kann.

115. Siebentens: Luther ist lästerlich wider die heiligen Engel, von denen er schreibet, er wolle von ihnen ungerichtet sein, ja er wolle selber die Engel richten.³

116. Antwort: Wenn man die Worte Luthers⁴ selber ansiehet, wird es sich befinden, daß er mit Billigkeit nicht könne getadelt werden. Und hat Dr. Luther gar recht geredet, daß er Engel nicht wolle zu Richtern leiden über seiner Lehre, denn Gott hat sie nicht bestellet dazu; er hat es uns auch nicht befohlen, daß wir in der Lehre nach der Engel Urtheil sollen richten. So auch die Engel sollten richten von unserer Lehre, würden sie entweder nach Gottes Wort urtheilen oder ohne Gottes Wort. Wo sie nach Gottes Wort urtheilen würden, so kann Dr. Luther nicht allein sie, sondern auch alle Menschen zum Richter über sein, Lehre leiden, wie er denn zu Worms auf dem Reichstag gebetene das Urtheil aus der Schrift über ihn zu fällen.⁵ Wo aber die Engel ohne Gottes Wort würden urtheilen, so wäre es unchristlich, daß man die Engel das richten ließe, das doch schon durch Gottes Wort anerkannt worden. Daß aber Dr. Luther geschrieben, er wolle die Engel richten, ist auch nicht unrecht. Denn St. Paulus lehret es uns, daß die Christen die Engel richten.⁶ Ja, er will, daß die Galater und alle Christen sollen die Engel nach der Lehre

---

¹ Luc. 11, 28. ² Jenaer deutsche Ausg. Bd. 8. fol. 89. ff. ³ Bozius de signis Eccles. lib. 5. cap. 10. pag. 377. ⁴ Jenaer deutsche Ausg. Bd. 2. fol. 106. ⁵ Ebendas. Bd. 1. fol. 444. ⁶ 1 Cor. 6, 3.

des Evangelii richten, wenn er schreibet: So auch ein Engel vom Himmel würde ein Evangelium predigen anders, denn das wir euch geprediget haben, der sei verflucht.[1] Weil nun Luther eben das Richten meinet und darum diese apostolische Lehre angezogen, so hat er gethan, was St. Paulus allen Christen befohlen hat. Da er nun hierinnen Lästerung getrieben, so rede man es mit St. Paulo, welcher dergleichen gelehret hat.

117. Achtens: Luther hasset und lästert das Grab Christi und die Instrumente und Werkzeuge des Leidens Christi. Denn vom heiligen Grabe spricht er: Gott frage so viel darnach als nach den Schweizer=Kühen;[2] wollte, daß kein Dorn oder Splitter von Christi Dorn oder Kreuz wäre ans Licht kommen; stünde es bei ihm, so wollte er es dahin thun, wo es die Sonne nicht viel bescheinen sollte.[3]

118. Antwort: Erstens, Dr. Luther hat die gemeldeten Heiligthümer nicht an und für sich selbst verworfen, sondern allein derselbigen Mißbrauch, daß man darauf will Kirchen stiften und der Seelen Seligkeit darin suchen, denn nach Herzählung der Mißbräuche setzet er diese Worte: „Darum wollte ich, daß keine Dornenkrone, ja kein heilig Kreuz hervorkommen wäre, um des leidigen Mißbrauches willen; denn da fallen die Leute hin und schmückens mit Gold und Silber, und lassen die Armen daneben sitzen. Wenn mir ein Stück von dem heiligen Kreuz geschenket würde, und in meiner Hand stünde, ich wollt es bald dahin thun, daß es die Sonne nicht viel bescheinen sollte, allein darum, daß der Mensch so sehr geneiget ist auf die Mißbräuche.[4] Hiervon mögen alle Christen urtheilen, ob etwas Böses darin geredet sei. Es hat ja Gott weder seine Gnade an diese Werkzeuge der Passion verbunden, noch uns dahin gewiesen, und ist aus Gottes Wort nicht zu erweisen, daß Gott dieselbigen achte, daß wir also uns darum nichts anzunehmen haben, so ist auch allhier nicht Zeit auszuführen,

---

[1] Gal. 1, 8. [2] Prädicanten=Credo, Artik. 5. § 15. [3] Scherer, in der Predigt am Sonntage Jubica, pag. 316. Conrad Vetter, im keuschen Luther, fol. 118. [4] Kirchenpostille, am Tage Erhebung des Kreuzes Christi, fol. 46.

was die Päbstler für Abgötterei mit dem heiligen Grabe, dem heiligen Kreuze und dergleichen treiben. Man bedenke, so die Päbstischen ein jedes Crucifix ehren mit der Ehre, die Christo selber gebühret,[1] was sie wohl dem Kreuz Christi für Ehre anlegen, und also Abgötterei treiben, welches Ursach genug, Christi Grab, Kreuz, Dornenkrone und dergleichen dahin zu bringen, daß sie die Sonne nicht bescheine. So haben wir auch Exempel in der Schrift, daß solche Dinge, die heilig gewesen, wegen des großen Mißbrauchs sind abgeschafft worden. König Hiskias zerbrach die eherne Schlange wegen des Mißbrauchs,[2] die doch zuvor ein heilsam Werkzeug Gottes gewesen war.[3] Bethel war ein rechtes Gotteshaus,[4] Amos aber hat es Bethaven genennet,[5] das ist, ein Haus der Eitelkeit, auch ihm gedrohet, daß es des Mißbrauches halber solle zunichte werden, wie ihm auch geschehen ist. Ja, unser HErr Christus hat den Tempel, welcher von so großer Heiligkeit hoch gerühmet wird, der Gottes Wohnung und ein Bethaus aller Völker sein sollte,[6] wegen des Mißbrauches eine Mördergrube genennet,[7] und verkündiget, es solle dahin kommen, daß ihn die Sonne nicht viel solle bescheinen, wenn kein Stein würde auf dem andern bleiben.[8] Haben nun diese Heiligen sich hiermit nicht versündigt, so hat auch Dr. Luther daran nicht unrecht gethan.

119. Neuntens: Luther hat der Heiligen Reliquien, Gebeine und Heiligthum verunehret, wenn er geschrieben: Ein Rock, Leib, Bein, Knochen, Arm oder Haupt eines verstorbenen Heiligen, ein Partikel oder Stück von St. Peter oder Paul sei nicht besser denn ein Stück von einem Diebe am Galgen.[9]

120. Antwort: Es hat Dr. Luther dieses geschrieben,[10] nicht daß er St. Peters und eines Diebes Gebeine für sich selbst

---

[1] Bellarmin. lib. 2. de imaginibus Sanctorum, cap. 23. [2] 2 Kön. 18, 4. [3] 4 Mos. 21, 8—10. [4] 1 Mos. 28, 17. 19. [5] Amos 3, 14.; 4, 4.; 5, 5. [6] Hagg. 2, 8. 10.; 1 Kön. 8, 29. 30.; Jes. 56, 7. [7] Matth. 21, 13. [8] Marc. 13, 2. [9] Scherers Postille, 24. Sonntag nach Trin., zweite Predigt, pag. 703. Sartor. in Motiv. pag. 221. [10] Jenaer deutsche Ausg. Bd. 8. fol. 277.

gleichhalten sollte, denn es gehet derselbige ganze Sermon darauf, daß Gottes Wort das rechte Heiligthum sei, dadurch uns Gott heilig und selig mache, welches nicht zu suchen bei einigen Reliquien oder überbliebenem Gebein der Heiligen. Denn so wenig als ein Stück vom Diebe zur Heiligung und Seligkeit dienet, so wenig nutzen auch dazu St. Petri oder Pauli Gebeine, denn sie beiderseits zu solchen heilsamen Verrichtungen nicht geordnet, nicht gebrauchet und uns dazu nicht anempfohlen sind. Darum Luther die rechte eigentliche Wahrheit davon geschrieben, zu geschweigen, daß falsche Heiligthümer sind erdacht worden, darüber Luther heftig klaget, daß so viel Holz gehalten werde, als sei es von Christi Kreuz, daß man wohl möchte ein Haus davon bauen, und wäre Barbarä Haupt schier an sieben Orten, welche ja auch nicht höher zu achten, daher sie vielleicht wohl kommen sind.[1] Mir ist bekannt eine wahrhaftige Geschichte, die sich im Lande Lüneburg begeben (der Personen und Ortes geschweige ich um Glimpfs willen), da man an einem Orte zwei Todtenköpfe hatte, deren einer St. Laurentii soll gewesen sein, der andere aber mit Fleiß vom Galgen genommen war. Als aber in Länge der Zeit Niemand den Unterschied wußte, welcher Kopf eigentlich Laurentii wäre, man auch solches einem vornehmen päbstischen Herrn anmeldete, der das Heiligthum an sich kaufen wollte: daß man die Köpfe eigentlich nicht wüßte zu unterscheiden, welches St. Laurentii oder des Diebes Kopf wäre, hat selbiger Päbstler alle beide Köpfe zu sich genommen, da er immer hat müssen im Zweifel stehen, welches St. Laurentii Kopf gewesen und ob der Diebskopf nicht dafür angesehen worden ist. In der Legenda Martini wird gelesen, daß Einer für einen Märtyrer ist geehret worden, von dessen Tod und Leben St. Martin nichts wußte, bat deswegen Gott, daß er ihm offenbare, was er für ein Heiliger und was sein Verdienst wäre. Ueber dem Gebet erschien Martino ein Geist, der saget, er sei die Seele dessen, der auf dem Altar

---

[1] Kirchenpostille am Tage Kreuz-Erhebung, pag. 46. Jenaer deutsche Ausg. Br. 7. fol. 271.

für einen Heiligen geehret werden, da er doch nicht ein Heiliger sei, sondern habe sein Leben mit Rauben und Morden zugebracht, darüber er auch umgekommen sei. Wie oft die Leute mit dem Heiligthum betrogen worden, hat man sonst gar viele Exempel, die der christliche Leser besehen mag.[1]

121. Zehntens: Luther, da er von Christi Kindheit redet, nennet ihn das JEsulein, als ob er nicht ein Heiland und Seligmacher, sondern ein Heilandlein und Seligmacherlein wäre.[2] Antwort: Das ist eine schändliche Mißdeutung und Verkehrung. Luther nennet den HErrn Messiam das JEsulein nicht, als ob er es für keinen vollkommenen Heiland hielte, sondern er redet von ihm in Betrachtung seiner Geburt und Kindheit, wie man sonst von Kindern redet. Nennet doch Scherer den HErrn Christum selbst ein Kindlein, das himmlische Kindlein, das Christkindlein, ein unmündiges Kindlein.[3] Hält ers denn auch selber für ein Heilandlein und Seligmacherlein? Wie denn allenthalben in den päbstischen Kirchen der HErr Christus in Gestalt eines Kindleins, das Maria auf ihren Armen träget, gemalet und geschnitzet wird. Schämen sollten sich diese Fabelgürgen, mit solchen Verkehrungen und Mißdeutungen hervorzukommen.

Das neunte Capitel.

Ob Dr. Luther die Concilien und Kirchen-Versammlungen verachtet habe und denselben sich nicht unterwerfen wollen.

122. Das höchste Kirchengericht, wie das von Menschen verwaltet wird, ist ein Concilium, das ist, eine Versammlung gottsfürchtiger, gelehrter Leute, die im Namen und auf Befehl der ganzen Kirche in Gottes Wort nachforschen und die streitigen

---

[1] Wolffius Centur. 16. pag. 186. Calvin im Brodkorb. Nicol. Hunnius de cultu Eccles. Rom. num. 190. [2] Scherer, Predigt am fünften Sonntag nach Epiphanias, pag. 120. [3] pag. 68. in die Natal. pag. 22. 23

Artikel aus derselben erörtern. Von solchen Concilien sagen die Päbstler, daß sie Herr Dr. Luther gar schimpflich verachtet habe, ob sie gleich von den Aposteln und ihrer Zeit her sehr hoch gehalten worden sind.[1]

123. Erstens hat Luther geschrieben, es sei dem Kinderglauben mehr gegeben denn allen Concilien; ja Augustinus habe mehr gelehret denn alle Concilien, dadurch die Hoheit der Concilien sehr verkleinert wird.[2]

124. Antwort: Diese Worte Luthers lauten also: „Das will ich gar leicht beweisen, daß der arme, geringe Pfarrherr zu Hippon, St. Augustinus, mehr gelehret hat weder alle Concilia (der heiligsten Päbste zu Rom will ich von Furcht wegen geschweigen); ich will mehr sagen: es ist in dem Kinderglauben mehr gegeben weder in allen Concilien. So lehret auch das Vaterunser und zehn Gebot mehr, weder alle Concilia lehren; dazu lehren sie nicht, sondern wehren, daß nichts Neues wider die alte Lehre geprediget werde. Hilf Gott, wie sollen mir die Papisten dieses Wort auszwacken, zerschreien, zermartern"[3] 2c. Allhier redet Dr. Luther von der Lehre und deren nothwendigen Punkten, von den Ceremonien aber und unnützem Pfaffengezänke ist hier keine Frage. Nun ist unleugbar, daß in den Concilien nicht alle Artikel gehandelt werden, die der Kinderglauben in sich hält; ja in etlichen Concilien hat man gar nicht nach Gottes Wort geschlossen, hält also mit Wahrheit der Kinderglaub mehr nöthiger Lehre in sich denn alle Concilien. Was Augustinum anlanget, ist auch wahr, daß er in seinen Schriften mehr und gewaltiger die Glaubensartikel bekräftiget, die Ketzereien widerleget, die christlichen Tugenden erkläret und dazu vermahnet, wider die Lästerer streitet, denn alle Concilien gethan haben. Und so

---

[1] Gretserus defens. Bellarmin. Controv. 2. pag. 18. Lessius Consult. consid. 3. rat. 5. Tann. parte 2. Anatom. dem. 10. pag. 273. Bozius de signis Ecclesiae, lib. 12. cap. 13. Motivae Badenses, rat. 3. pag. 131. Jac. Hack contra Tossan. qu. 1. cap. 6. &c. [2] Motivae Badenses, rat. 3. pag. 130. [3] Jenaer deutsche Ausg. Bd. 7, fol. 260.

Jemand vom Kinderglauben und von St. Augustin dies leugnet, der muß nicht wissen, was der Kinderglaube sei, noch was Augustins Schriften seien.

125. Zweitens: Luther schreibet, wo ein Concilium die Communion unter beider Gestalt setzte, wollten wir allerdings die beide Gestalt nicht brauchen, ja zu Verachtung des Conciliums und seines Gebotes allein einer oder gar keiner gebrauchen und Alle verfluchen, die aus Gewalt des Conciliums beider Gestalten brauchen würden.[1]

126. Antwort: Die Worte Luthers lauten also: „Auch soll Niemand hindern, daß sie viel rühmen vom Concilio, darinnen wiederum soll beschlossen werden, beide Gestalten hinfort zu reichen. Wir haben Christi Wort und Befehl, wollen derhalben weder auf Concilia harren, noch sie hören in den Sachen, die öffentlich im Evangelio gegründet und ausgedrücket sind. Ja wir sagen weiter, wo sich der Fall begäbe, daß ein Concilium solches setzte und zuließe, wollten wir denn allerdings nicht beider Gestalt brauchen, ja wir wollten denn erst, zu Verachtung beide des Concilii und seines Gebots, allein einer oder gar keiner und mit nichten beider brauchen, und alle die verfluchen, so aus Gewalt desselbigen Concilii und seines Befehls beiderlei Gestalt brauchen würden. Wunderst du dich und begehrest Ursache? Höre! so du weißt, daß Brod und Wein von Christo derhalben eingesetzet, daß Jedermann Beides nehmen soll, wie Matthäus, Marcus, Lucas und St. Paulus so klar und deutlich zeigen, daß solches auch die Widersacher selber bekennen müssen, und darfst dennoch diesen Zeugen nicht glauben noch vertrauen, daß du es also nehmest, und dürftest es doch nehmen, wenn es Menschen in ihrem Concilio setzten und erlaubeten, heißt das nicht Menschen höher achten denn Christum? Erhebest du nicht den Menschen der Sünde sammt seinem Concilio über Alles, was Gott oder

---

[1] Scherer Con. 14. de Comm. sub una, pag. 430. Motiv. Badens. rat. 3. pag. 131. 132. Jacobus Hack contra Tossanum qu. 1. cap. 6. pag. 55. Lessius Consult. consid. rat. 5.

Gottesdienst heißet? Verläßt du dich nicht mehr auf Menschen Wort denn auf Gottes Wort? Ja du zweifelst allerdings an Gottes Wort und glaubest Allem, was Menschen sagen. Aber wie ein großer Greuel und schreckliche Verleugnung Gottes des Allmächtigen ist das! Welche Abgötterei kann denn gleich sein deinem so heiligen, ja verfluchten Gehorsam gegen Menschen im Concilio versammelt? Sollst du nicht lieber tausendmal sterben, sollst du nicht lieber eine oder gar keine Gestalt nehmen, denn in solchem verfluchten Gehorsam gegen dem Concilio und Abfall vom Glauben nach Satzung des Concilii alle beide nehmen?"[1] Hieraus siehet der christliche Leser, wie Dr. Luther sich selber genug erkläre, nämlich er will, daß man beide Gestalt soll brauchen, darum, weil sie Christus eingesetzet, und nicht darum, weil es das Concil beliebet hätte; denn dadurch würde Christi Einsetzung ververunehret und das Concil über solche Einsetzung erhoben, da es denn viel besser wäre, eine Gestalt (wo es indifferens und ein Mittelding wäre) oder keine Gestalt zu gebrauchen, als durch Verachtung der Ordnung Christi Gott zu lästern und dem Concilio mehr als Christo zu vertrauen.

127. Drittens: Luther hat die Apostel heftig gescholten, daß sie im Concil zu Jerusalem ein solch groß Elend über die Christen bringen wollen, indem sie Rehe, Hasen, Hirsche, Gänse, Würste 2c. zu essen verbieten wollen, welches nicht zu leiden stehet, hat also das Concilium der heiligen Apostel hiermit verunehret.[2]

128. Antwort: Man beweise doch, daß Luther dies geschrieben, oder es bleibet gewiß, daß große Unwahrheit darunter stecket. Vielleicht wird mit diesem Einwurf gesehen auf das, was er an einem Orte schreibet: „Soll man die Kirche schlecht nach den Conciliis richten, muß auch dieses vom Blut und Erstickten gehalten, und die Juden unsere Meister sein. Viel Speisen würden abgehen, deren sich Christen gebrauchen. Will man aber dieses nicht thun, so lasse man das Geschrei anstehen: Concilia!

---

[1] Jenaer deutsche Ausg. Bd. 3. fol. 274. [2] Bozius de signis Eccles., lib. 12. cap. 13. pag. 1007.

Concilia!"¹ In diesen Worten ist ja nichts Unrechtes zu befinden. Hierzu lese man, was er ausführlich von dem Concil der Apostel und dessen Schluß gelehret,² so wird sich seine Meinung also finden: Die Apostel haben geschlossen, Christen sollen sich vom Blut und Ersticken enthalten wegen der bekehrten Juden, die sich daran sehr ärgerten; damit sie aber die Christenheit nicht allezeit haben verbinden, auch nicht die Gewissen fangen wollen, sondern es also geordnet, den schwachen Brüdern damit auf eine Zeit zu willfahren. Eine andere Meinung von dem apostolischen Concil wird Niemand aus Luthers Büchern ausbringen können.

129. Viertens: Luther hat das apostolische Concil, wie auch andere, schimpflich und verächtlich gehalten, mit Vorgeben, man müßte entweder das apostolische Concil halten oder man sei keinem Concil zu gehorchen schuldig. Wenn auch desselbigen Schluß sei in Abgang kommen, so möge man von allen Rechten sagen, sie seien gefallen; und könne eine Hure sagen, sie habe recht, denn bei dem Ehebrechen sei das sechste Gebot gefallen; und möchten die Hauskinder sammt den Teufeln sprechen, Gottes Gebot wäre in Abgang kommen.³

130. Antwort: Diese Klagen sind genommen aus dem Buch Luthers von Concilien,⁴ welches eigentlich davon handelt, daß die Päbstischen so hoch schreien, man müsse den Concilien folgen und nach denselbigen die Kirche richten; solches widerleget er also, daß, so man Eines soll halten, in Concilien beschlossen, müßte man das Andere auch halten. Weil aber die Christenheit nach der Apostel Zeit nicht gehalten hat, was sie im Concil zu Jerusalem vom Blut und Ersticken geschlossen, sei man dermaßen an dieses und also auch an andere Concilien nicht gebunden. Darnach spricht er: "Es lasse sich nicht ableinen, daß mans nicht halten wolle, weil es von ihm selber gefallen ist. Denn auf solche Weise, wofern der Schluß nicht mehr gelten sollte, dieweil er

---

¹ Jenaer deutsche Ausg. Bd. 7. fol. 225. 226. ² Ebendas. fol. 238. f.
³ Tanner., part. 2. Anatom. Aug. Conf. Demonstr. 10. § 273.
⁴ Jenaer deutsche Ausg. Bd. 7. fol. 226.

in facto gefallen ist, müßte folglich das Gottes=Recht und Gebot nicht mehr gelten, dieweil sie auch bei den Menschen und Teufeln sehr gefallen sind." Nachdem aber ungereimt ist, solches zu sagen, so können auch die Päbstischen schlecht nicht sagen, man solle Alles halten, darum, dieweil es die Concilien beschließen. Das findet man an dem angezogenen Orte, und nichts mehr. Es urtheile aber ein jeder Christ, ob es nicht alles recht und wahr sei.

131. **Fünftens**: Luther will nicht, daß man halten solle, was das Concil zu Nicäa geschlossen, sonst müßte **erstens** der Kaiser sein Schwert abgürten und nicht mehr kriegen; **zweitens**, die Kaiser und Könige müßte man in die Wüsten und Klöster weisen, als die in ihrem Stande nicht könnten selig werden; **drittens**, die Kirchendiener, Bischöfe und Lehrer müßten weder durch die Ehe noch durch andere Wege ihnen helfen, so sie fleischliche Brunst fühlten, sondern in derselben also dahin gehen. In Summa, desselben Concils Schlüsse seien Heu, Stroh, Holz.[1]

132. **Antwort**: **Erstens**, es ziehen die Widersacher dieses alles an als große Lästerung, da sie es doch nicht leugnen können, daß es die lautere Wahrheit sei. Denn Dr. Luther schließt laut seinem Vorhaben im ganzen Buche von Conciliis[2] also: Wenn die römische Kirche selber nicht hält, was das Nicänische Concil geschlossen, muß auch Etliches für Unrecht erkennen, und sind zum Theil unnütze, vergebliche Sachen, so kann die Kirche nach den Concilien nicht reformiret und die Christen so streng daran gebunden werden. Nun verhält es sich mit demselbigen also: Denn es setzet, erstens, wer sich der Religion wegen vom Krieg abgegeben, darnach wieder dazu kommen, der soll sieben Jahre Buße thun.[3] Damit ist ja der Krieg verboten und müßte die Obrigkeit laut dessen vom Kriege abstehen, oder wenn Religion so viel heißen soll als Kloster, müßten sie Mönche werden. Zweitens, der römische Bischof soll die benachbarten Kirchen unter seiner Botmäßigkeit haben, gleichwie der zu Alexandria die egyptischen.

---

[1] Tanner. Anatom. August. Confess. part. 2. dem. 10. § 273.
[2] Jenaer deutsche Ausg. Bd. 5. fol. 221. ff.   [3] Can. 11. Tom. 1. conc. p. 254.

Drittens, diejenigen, welche von den Paulinisten und Kataphrygen sich zur christlichen Kirche begeben, solle man wieder taufen.[1] Dieses beides wird ja nicht gehalten im Pabstthum, darum hat Dr. Luther recht geschrieben, der Pabst halte selber nicht, was das Concil zu Nicäa geschlossen, und thue er unrecht, daß er einen dazu nöthigen wolle. Zweitens, das Concilium zu Nicäa hat geschlossen, welcher Geistliche ehelich sei,[2] oder wer ihm auch selber die Natur nehmen werde,[3] der solle im Kirchenamt nicht geduldet werden. Wenn nun Dr. Luther geschrieben, das Concilium mache es also, daß ein Prediger müsse in der Brunst stecken bleiben, welches die Päbstler müssen für unrecht erkennen, so ists ja die Wahrheit und keine Lästerung. Drittens, so hat auch das Concil viel unnütze Dinge gehandelt, so fast nur Pfaffengezänk ist,[4] dessen genug daselbst zu finden,[5] daß Dr. Luther darin die lautere Wahrheit geschrieben, und zeuget davon die Ordnung dessen,[6] was man in Concilien handeln solle, darinnen 64 Punkte, wenig ausgenommen, lauter unnützes Werk begriffen sind. Zum Exempel: In der Geistlichen Häuser sollen keine Weiber wohnen; sollen über Nacht aufstehen, die Horas zu halten; nüchtern Meß halten; Altartücher sollen von Leinwand und gar rein sein; Kirchen sollen wohl gedecket und rein sein. Das ist ja unnützes Wesen, das zu den Concilien nicht gehöret, und gleichwohl soll man nicht sagen, daß in den Concilien viel unnütze Dinge gehandelt werden.

133. Es sollten aber die Päbstler selber auf sich sehen, so würden sie befinden, daß man die Concilien bei ihnen so gar hoch nicht hält. Die Päbste kommen nicht gern daran, ein Concil zu halten, und ist ihnen nichts Verdächtigeres und Gefährlicheres als ein Concil,[7] dieweil man auf Concilien die Päbste wohl pflegt abzusetzen, wie man dessen unterschiedene Exem-

---

[1] Can. 19. [2] Can. 3. [3] Can. 1. [4] Luther, Bd. 7. Jenaer Ausg. fol. 235. [5] Can. 4. 8. 9. 13. 14. 15. 17. 19. [6] Pontificale fol. 169. sqq. [7] Zwingerus in Theatro, lib. 4. vol. 3. pag. 737. Jovius lib. 2. Histor. in Leone X.

pel hat. So reden und schreiben auch die Päbstler also von den Concilien, daß man siehet, daß sie selber solche Concilien in schlechter Hoheit müssen halten. Denn sie bekennen, daß die Bischöfe können irren, wenn sie beisammen sind, in Particular=Sachen, sonderlich ehe es der Pabst bekräftiget;[1] sie sind noch ungewiß, ob das Concil über dem Pabst sei, wie zu Costnitz, oder der Pabst über dem Concil, wie zu Trident.[2] Sie erzählen unterschiedene Concilien, welche geirret haben;[3] sie klagen auch, daß die Bücher der Concilien von den Historienschreibern gar nachlässig sind verwahret worden.[4] Welches die Päbstler wieder hinnehmen mögen und also Luthern unbeschuldiget lassen.

Das zehnte Capitel.
Ob Dr. Luther die Patres und alten Kirchenlehrer verachtet habe.

134. Das gibt man Luthern auch Schuld, daß er die Patres und alten Kirchenlehrer verachtet habe: Er schreibet, man habe nicht darauf zu sehen, was sie gelehret oder geschlossen, denn es sei eitel Gift des Satans; sie seien viel hundert Jahre blind gewesen, darum wolle er auf tausend Augustinos nichts geben. Wie denn die Päbstler solcher Verachtung gar viel anziehen.[5]

135. Antwort: Erstens, Luther hat zu einem gewissen Grunde seiner Lehre die heilige Schrift gesetzet, darauf er

---

[1] Bellarmin, lib. 2. de Conciliis, cap. 7.; lib. 4. de Romano Pontifice, cap. 3. [2] Bellarmin. lib. 2. de Concil. cap. 14. Gregorius de Valentia, lib. 8. Analys. cap. 7. Staplet. Relection. Controv. 6. q. 3. art. 5. [3] Bellarmin. lib. 1. de Concil. cap. 6. [4] Ibid. cap. 2. [5] Motivae Badenses, rat. 3. pag. 129. 130. Bozius lib. 3. de signis Eccles. cap. 3. pag. 172. Scherer, 1. Dom. post. Epiphan. Concil. 4. pag. 111. seq. Jacobus Hack, quaest. 1. cap. 7. pag. 58. Tannerus part. 1. Anatom., August. Conf. dem. 7. § 7. seq.

allein fest stehen könne. Das hat er ihm nicht sollen lassen
zweifelhaftig machen durch der Väter Schriften, weil sie manchmal
geirret haben, uns auch von Gott dem HErrn zum Grunde des
Glaubens nicht sind vorgestellet worden, und da sie etwas Anderes
lehreten als die Schrift, müßte man sie doch fahren lassen,[1]
wie denn der Pabst selber lehret, wenn Etwas in der Väter Schrif=
ten gefunden würde, so nicht übereinstimme mit der Wahrheit,
möge man es wohl verwerfen.[2] Und bekennen die Päbstler
auch sonsten, daß ein Lehrer dem andern soll vorgezogen werden,
wenn seine Auslegung der Schrift scheine gemäßer zu sein.[3]
Wie denn die Väter nichts gelten müssen, wenn ihre Schriften von
der Kirche nicht zuvor sind angenommen und gebilliget worden.[4]
Kann nun das der Pabst thun mit seinem Anhang ohne Lästerung,
warum soll denn Luther die Patres gelästert haben, wenn er der=
gleichen gelehret hat? Zweitens, Luther siehet mit dem,
daß er die Patres verwirft, allein dahin, wenn er Etwas in der
heiligen Schrift gewiß gegründet finde, ein Anderer aber wollte
ihm die Väter dagegen setzen, müßte er dieselbigen verwerfen,
ob schon tausend Augustini dawider wären.[5] Denn erstens hat er
solches von Paulo gelernt, der einen Engel verflucht, wo er ein
ander Evangelium predigen würde.[6] Zweitens, es sagen uns
die Päbstler, wenn sie wissen, der Artikel von der heiligen Drei=
faltigkeit sei in Gottes Wort stark gegründet, ob sie ihn doch woll=
ten fallen lassen, wenn tausend Augustini dawider wären.
Sie werden sagen: Nein; können auch nicht anders. Was hat
denn nun Luther gesündigt, wenn er das bekennet, was sie alle
bekennen müssen? Daß aber Luthers Meinung eigentlich diese
gewesen, ist aus allen Sprüchen bekannt, die sie anziehen,[7]
auch aus den Worten selber, die sie einführen.[8] Ist also gar

---

[1] Luther, Jenaer deutsche Ausg. Bd. 2. fol. 135. [2] Distinct. 9. cap. 3.
noli meis literis, cap. 4. negare non possum, cap. 5. ego solis, cap. 9.
noli frater, cap. 10. neque quarumlibet. [3] Jacobus Hack, quaest. 2.
in Conclus. pag. 696. [4] Ibid. pag. 695. [5] Jenaer deutsche Ausg. Bd. 2.
fol. 142. [6] Gal. 1, 8. [7] Jenaer deutsche Ausg. Bd. 2. fol. 142. Witten=
berger Ausg. Bd. 4. fol. 490. [8] Motivae Badens., rat. 3. pag. 129. 130.

recht geredet, man soll nicht darauf sehen, was die Kirchenlehrer gelehret haben, wenn nämlich die Schrift soll unten liegen und die Patres über dieselbige gesetzet werden. Drittens, Luthern werden seine Worte mißdeutet, als solle er sagen, die bewährten Lehrer seien blind, so er doch mit gewissem Bedinge redet, nämlich dieses oder jenes sei wahr, obschon alle bewährten Lehrer dabei sollten blind sein.¹ Viertens, daß Luther solle gesagt haben, der Väter Lehre sei des Satans Gift, finde ich nicht in seinen Schriften. Wofern er es aber geredet, wird der Leser befinden, daß er nichts Anderes meine, denn, so die Patres wider die heilige Schrift lehreten, müßte ihre Lehre eitel Satansgift sein, welches auch an ihm selber die Wahrheit ist. Fünftens, es haben die Juden eben dieses dem HErrn Christo vorgeworfen, daß er die Väter und alten Lehrer verachtet,² wie denn der HErr Christus viel schärfer von ihnen als Luther geredet hat. Sechstens, die Kirchenlehrer haben selber nicht gewollt, daß wir an ihre Schriften sollen gebunden sein;³ warum sollten wir denn wider ihren Willen uns daran binden?

136. Sie werfen weiter vor: Luther habe einem jeden Kirchenlehrer schimpflich nachgeredet: Hieronymus habe das ganze Evangelium verwüstet, mehr die Hölle denn den Himmel verdienet; wäre nicht wohl ein Heiliger zu nennen, seine Auslegungen über etliche biblische Bücher seien kalte Dinge; er sei ein Ketzer, habe nicht eine Zeile von Christo; Basilius tauge gar nicht, sei ein Mönch, wolle nicht ein Haar um ihn geben; Chrysostomus gelte bei ihm nicht, sei ein Wäscher; Cyprian sei ein schwacher Theolog; und also urtheile er auch von Origenes, Tertullian, Athanasius, Augustinus, Dionysius Areopagita, Gregorius.⁴

---

¹ Jenaer lat. Ausg. Bd. 3. fol. 201. 202.   ² Matth. 15, 2. 3.; Joh. 10, 8.   ³ Distinct. 9. cap. 3. noli meis, cap. 9. noli frater, cap. 10. neque quarumlibet. Tischreden Luthers cap. 30. fol. 115.   ⁴ Tanner. part. 1. Anat. dem. 7. § 12. seq. Scherer Dom. 1. post Epiphan. conc. 4. pag. 111.

137. Antwort: Erstens, das alles ist genommen aus den Tischreden Luthers, welche er zufälliger Weise als ein Privatmann, nicht als ein Kirchenlehrer geredet hat, darum ist er daraus nicht zu urtheilen. Zweitens, wer da wissen will, was Luther von den alten Kirchenlehrern halte, der muß nicht allein hervorziehen, was Luther an ihnen getadelt, sondern auch, was er an ihnen gerühmet; weil aber dieses nicht geschiehet= so ist das ganze Urtheil falsch, und kann hieraus Niemand ver. stehen, was Luther im Grunde von den Kirchenlehrern halte, Drittens, an dem Orte, daraus dies alles genommen ist,[1] werden die alten Kirchenlehrer so hoch gerühmet, so hoch sie zu rühmen sind (wie ein Jeder die Tischreden selber aufschlagen und lesen kann); weil sie aber Menschen, dazu weder Apostel noch Propheten gewesen, ists nicht unrecht, daß ihre Mängel auch angezeigt werden; wie es denn die Wahrheit ist, daß Hiero= nymus vom Ehestande also geschrieben, daß er viel Böses damit angerichtet. Chrysostomus ist ein großer Redner und führet viel ledige Worte c. Darinnen sich Luther nicht versündiget hat. Viertens, es hat Luther solches nicht darum geredet, als wenn er die Patres wollte verkleinern, sondern daß er seinen Tischgesellen, als Studiosis, wollte Anleitung geben, wie sie der Väter Schrif= ten mit Fürsichtigkeit sollten lesen, und nicht Alles ohne fleißiges Erwägen für Heiligthum annehmen. Darnach hat er hiemit wollen anzeigen, wie man im Pabstthum zu viel thue, wenn man die Patres den Aposteln und Evangelisten gleichachtet, da sie doch allenthalben ihre Mängel gehabt. Fünftens, es findet sich auch nicht Alles in dem angezogenen Orte Luthers, was man ihm Schuld gibt. Daß Chrysostomus nichts gelte, daß Cyprian ein schwacher Theolog sei, daß er um Basilius nicht ein Haar geben wollte, findet sich nicht an selbigem Orte. Sechstens, wenn Luther solle gesagt haben, erstens, Hieronymus sei ein Ketzer, so wäre wohl darum zu fragen, ob es nicht wahr sei, dieweil er neben andern Irrthümern das Verbot von der Ehe und Speise[2] hat hel-

---

[1] Tischreden cap. 30. fol. 313. [2] 1 Tim. 4, 3.

fen ftiften und beträftigen. Zweitens, ob Hieronymi Bücher theils kalte Dinge find, ftehet einem Jeden frei zu prüfen, obs nicht alfo fei; man lefe fie, fo wird es fich finden. Drittens, wenn Luther fpricht, er habe nicht eine Zeile von Chrifto, fiehet er nicht darauf, ob er Chrifti mit Namen gedenke, da er alfobald dazufetzet, er führe den Namen Chrifti im Munde;[1] fondern daß er Chriftum damit verwerfe, indem er auf die Werke des Glaubens nicht dringet, fondern Menfchenwerke, als: Faften, Speife, Jungfraufchaft und dergleichen; daneben auch die Ordnung Gottes verwirft und vom Eheftande verächtlich fchreibet.

138. Es follten aber die Päbftler felber den großen Balken aus ihrem Auge ziehen, ehe fie Dr. Luthers Splitter fo gar genau fehen. Denn fie felber thun eben daffelbige, ja viel mehr, was Dr. Luther gethan hat. Sie haben ja viel Dinge in den Schriften der Väter ausgemuftert und ausgeftrichen,[2] was nicht dienet, ihre Träume zu beftätigen. Sie glauben den Vätern nur fo weit, wie fie mit der römifchen Kirche übereinftimmen.[3] Sie bekennen felber, daß die Schriften der Väter keine unfehlbaren Glaubensregeln feien;[4] fie bekennen, daß man fie der heiligen Schrift nicht vergleichen folle.[5] Sie müffen geftehen, daß ein Pater dem andern zuwider fei,[6] wie fie denn in ihren Schriften die Väter einander entgegenfetzen. Sie geben zu, daß die Väter in etlichen Dingen fehr geirret haben,[7] müffen bekennen, daß es fchwer fei, aus den vielen Vätern die Gewißheit des Glaubens zu lernen.[8] Sie fagen, in Auguftins Büchern fei viel, das man mit allem Recht verdammen kann;[9] Origenes' Schriften folle man mit ihrem Autor verwerfen, ausgenommen etliche Büchlein,[10] wie folcher Zeugniffe gar viele aus ihren Büchern können gefammelt werden.

---

[1] Tifchreden cap. 30. fol. 317. [2] Vide Indicem Expurgatorium.
[3] Pistorius in Hodeg. pag. 51. Baron. annal. num. 34. § 213.
[4] Bellarminus lib. 2. de conciliis, cap. 12. [5] Hosius de Author. Script. Sacr. pag. 584. [6] Ibid. pag. 577. Maldonatus in cap. 19. Matth.
[7] Bellarmin. lib. 3. de verbo Dei, cap. 10. [8] Gregor. de Valent. lib. 8. Analys. cap. 8. pag. 119. [9] Distinct. 9. cap. 4. negare.
[10] Distinct. 15. cap. 13. Sancta.

139. Sonst hat Luther die alten Kirchenlehrer gar hoch gehalten und lobt sie an vielen Orten, wenn sie mit der heiligen Schrift übereinstimmen. Augustin lobt er dem Embser, im Buch vom Buchstaben und Geist;[1] er hält ihn höher denn andere Väter im Buch von beiderlei Gestalt im Abendmahl;[2] er hält ihn höher als alle Concilien,[3] ja als alle Päbste,[4] im Buche, daß das Pabstthum zu Rom vom Teufel gestiftet sei. Hieronymus lobt er auch, daß er die Bibel verdolmetschet und den Pabst den andern Bischöfen gleich geachtet.[5] Cyprian lobt er auch, welcher geschrieben, daß die katholische Kirche nicht allein zu Rom, sondern auch anderswo sei.[6] Ambrosius lobet er in dem Buche vom Worte Davids.[7] Das Symbolum Athanasii nennet er eine Schutzrede des apostolischen Symbolums.[8] Athanasius rühmet er, daß er unter allen Mönchen am besten geschrieben und gelebt habe.[9] Solcher Zeugnisse könnten noch viel aus Luthers Schriften gesammelt werden, da er in Ehren der Väter gedenket, wo er sie befunden, daß sie der heiligen Schrift gemäß gelehret haben.

Das elfte Capitel.
Ob Dr. Luther die heilige Schrift gelästert und verachtet, insonderheit Mosen verworfen habe.

140. Es pflegen die Päbstler viel von Luther zu schreiben, daß er die heilige Bibel so schändlich verachtet habe, daß die einfältigen Laien wohl meinen, es habe Niemand auf der Welt gelebet, der Gottes Wort grausamer gelästert, als dieser Luther; davon wir die meisten Einwürfe wollen besehen.

---

[1] Jenaer deutsche Ausg. Bd. 1. fol. 379. [2] Ebendas. Bd. 6. fol. 521. [3] Ebendas. Bd. 7. fol. 275. [4] Ebendas. Bd. 8. fol. 230. [5] Ebendas. Bd. 5. fol. 240.; Bd. 6. fol. 492. [6] Ebendas. Bd. 5. fol. 258. [7] Ebendas. Bd. 8. fol. 140. [8] Ebendas. Bd. 6. fol. 536. [9] Ebendas. Bd. 5. fol. 457.

141. Erstens hat Dr. Luther die ganze Bibel nicht wollen annehmen, sondern verwirft einen guten Theil derselbigen Bücher; Jacobi Epistel nennet er eine ströherne Epistel; daraus zu ersehen, wie wenig er von der heiligen Schrift gehalten.[1]

142. Antwort: Erstens, es bekennen die Päbstler selber, daß ein Anderes sei *verwerfen*, ein Anderes sei *unterscheiden*.[2] Dr. Luther verwirft kein Buch aus der heiligen Bibel, sondern er macht einen Unterschied unter den Büchern, die gewiß von Propheten und Aposteln geschrieben sind, welche man Canonicos nennet, und unter denen Büchern, welche im Zweifel stehen, ob es gewiß prophetische und apostolische Schriften seien, die man Apokryphos nennet. Zweitens, die Juden haben vor Zeiten solchen Unterschied der Bücher auch gebrauchet,[3] wir lesen aber nirgends, daß der HErr Christus solches in seinen Predigten an ihnen gestrafet hätte, welches er nicht würde unterlassen haben, wo es an ihm selber unrecht wäre. Drittens, die alten Kirchenlehrer haben solchen Unterschied der biblischen Bücher auch in Acht genommen,[4] auf welche die Päbstler billig sehen sollen in diesem Stück, dieweil sie doch sonst viel wollen von den Vätern halten. Ja, etliche Päbste und Päbstler selber machen solchen Unterschied und wollen etliche Bücher nicht für prophetisch und apostolisch halten,[5] würde also folgen, daß dieselbigen auch etliche Bücher der Schrift verwürfen. Viertens, diejenigen Bücher, welche Luther Apokryphos nennet, sind: das Buch Judith, das Buch der Weisheit, Tobias, Sirach, Baruch, die Maccabäer, Stücke in Esther, von Susanna, vom Bel, vom Drachen zu Babel, das Gebet Asariä, das Gebet der drei Männer im feurigen Ofen

---

[1] Eder, Inquisit. pag. 18. Motivae Badenses, rat. 1. pag. 25. 26. Jacob Hack, quaest. 3. cap. 1. pag. 7. Vetter, im biblischen Luther, pag. 185. [2] Baronius, Annalibus, anno 31. § 60. [3] Joseph. lib. 1. contra Appionem. Eusebius lib. 3. Histor. cap. 10. [4] Athanasius in Synopsi Script. Hieronymus in prol. Galeato. Ruffinus in exposit. Symboli Apostolici, &c. [5] Lyra in Prologo super Apocryphos. Bened. Ar. Montan. in Bibliis. Hugo Card. in Prologo Josua. Distinct. 16. cap. 1. Canones glossa, atque inter Apocrypha.

und das Gebet Manasse; item die Epistel an die Ebräer, die andere Epistel Petri, die andere und dritte Epistel Johannis. Diese Bücher hat Luther in deutsche Sprache versetzet, in der Bibel sie stehen lassen, sie oft angezogen, im Leben und Wandel sie lassen gelten. Ist also falsch, daß er sie verworfen habe. **Fünftens**, wie es eigentlich mit dem Unterschied selbiger Bücher beschaffen und warum Luther sie unterschieden, ist hier allzu wenig Zeit anzuziehen, und habens die Unsrigen längst gründlich ausgeführet,[1] wie den Päbstlern wohl mag wissend sein.

143. Was die Epistel Jacobi anlanget, welche Dr. Luther eine ströherne Epistel genennet, darauf ist zu wissen, daß **erstens** Dr. Luther in Vergleichung dieser Epistel mit den andern apostolischen Episteln solches geredet habe. Denn so man ansiehet die Art und Weise zu reden, welche diese Epistel gebrauchet, darnach auch die Materie, davon sie redet, indem sie von Christo wenig und vom Evangelio nichts meldet, muß man bekennen, daß ein großer Unterschied sich darinnen findet. **Zweitens**, so ist diese Meinung Luthers in diesen letzten Bibeln nicht mehr zu finden, und wird man nach dem Jahr 1526 gar keine Bibel Luthers aufweisen können, darinnen dieses stünde. Dr. Luther lobet sie vielmehr, wenn er spricht: „Wiewohl diese Epistel von den Alten verworfen ist, lobe ich und behalte sie doch für gut darum, daß sie gar keines Menschen Lehre setzt, und Gottes Gesetz hart treibet. Will Niemand wehren, daß er diese Epistel setze und hebe, wie ihn gelüstet, denn viel guter Sprüche darinnen sind."[2] **Drittens**, so hat man vorzeiten auch gezweifelt, ob diese Epistel apostolisch sei,[3] und etliche von den Päbstlern selber müssen das bekennen.[4] Vermag also dieser Einwurf nichts wider unsern Grund des Glaubens.

---

[1] Sröd. in Opusc. Th. D. Zeæman in Basi. Mentzerus contra Pistorium, &c. [2] In Praefat. super Epist. Jac. [3] Eusebius lib. 2. Histor. Eccles. cap. 22. Hieronymus in Catal. Illustr. in Jac. [4] Erasmus in cap. 1. Act., in cap 5. Jac. Cajet. in Com. super Epist. Jacobi.

144. Zweitens: Luther hat die heilige Schrift genennet ein Ketzerbuch, damit alle Ketzer ihre Irrthümer färben und anstreichen. Das ist ein schöner Ehrentitel; daraus zu sehen, wie hoch Luther die heilige Schrift gehalten.[1]

145. Antwort: Erstens, wenn Luther die Schrift also nennet, siehet er den Mißbrauch an und wie sie von Anderen ist gehalten worden, nicht die Eigenschaft der heiligen Schrift. Seine Worte lauten also: „Ihr (der Geistlichen) Bestes war, daß sie die heilige Schrift verachteten und unter der Bank liegen ließen. Was Biblia! sprachen sie, Biblia ist ein Ketzerbuch; man muß die Doctores lesen, da findet man es."[2] Item: „Also ging es der Bibel unter dem Pabstthum auch, die man öffentlich ein Ketzerbuch hieß, und ihr Schuld gab, die Ketzer behülfen sich aus der Bibel, wie sie auch noch thun und schreien: Kirche! Kirche! wider und über die Biblia."[3] Item: „Hier fähet denn die kluge Welt an wider uns zu schreiben: Was hat das neue Evangelium aufgebracht denn eitel Büberei? Was kömmt aus der Schrift denn eitel Ketzerei und Irrthum? Also malen und färben sie die Kirche Christi rc."[4] Aus diesem allen siehet ein Jeder, daß Dr. Luther die Schrift nicht also geheißen, sondern er erzählet und beklaget, daß die Schrift von Anderen also gehalten und gescholten werde. Zweitens, hat Luther hiermit gesündiget, so hat Paulus noch mehr gesündiget, indem er das Evangelium einen Geruch des Todes zum Tode,[5] und Jesaias noch viel mehr, indem er Christum nennet einen Stein des Anstoßes und Fels der Aergerniß den zweien Häusern Israel, einen Strick und Fall der Bürger zu Jerusalem.[6] Drittens, sich selber sollten die Päbstler ansehen, mit was für Reverenz sie die heilige Schrift tractiren, davon bald drunten soll gehandelt werden.

146. Drittens: Luther ist ein Erzlästerer, indem er die Bibel nennet eine wächserne Nase, eine Vernunft=Bibel,

---

[1] Scher. Dom. 8. post Trinit. pag. 509. Vetter, im biblischen Luther, pag. 138. [2] Jenaer deutsche Ausg. Bd. 5. fol. 83. [3] Ebendas. Bd. 6. fol. 316. [4] Ebendas. Bd. 7. fol. 127. [5] 2 Cor. 2, 16. [6] Jes. 8, 14.

eine Juden=Bibel, Mahomets=Bibel, Bibel im Rauchloch und Schlaraffenland, Bibel unterm Saupürtzel, im Hurenbett, welches schändliche Dinge und grausame Lästerungen sind.[1]

147. Antwort: Die Worte Dr. Luthers lauten also: „Wahr ists, die Vernunft findet solches nicht in ihrer Bibel, das ist, im Rauchloch, oder im Schlaraffenland. So findens die Juden in ihrer Bibel auch nicht, das ist, im Talmud unter dem Saupürtzel, darunter sie ihr Schemhamperes studiren. So findets Mahomet in seiner Bibel auch nicht, das ist, im Hurenbett; denn darin hat er am meisten studiret, wie er sich rühmet, der schändliche Unflath, daß ihm Gott (der Teufel) so viel Stärke seines Leibes gegeben habe, daß ihm vierzig Weiber nicht genug sein mögen zu Bette; ja eben wie er studiret hat in derselben Bibel im Hurenfleisch, so riecht und schmeckt auch sein keusches Buch, der Alkoran; er hat den Geist seiner Prophezei am rechten Orte, das ist, im Venusberge gefunden. Wer nun in solchen Büchern studiret, was ists Wunder, daß er nichts wisse von Gott und Messia, so sie auch nicht wissen, was sie reden oder thun."[2] Hieraus siehet der christliche Leser, daß Dr. Luther die Bibel nicht also habe genennet, sondern er redet von den Dingen, welche von der Vernunft, von den Juden, von Mahomet für die Bibel werden gehalten; oder aber, darin Mahomet und die Juden studiren, als in ihrer Bibel, und kann es ein Kind sehen, das nur ein wenig Verstand hat, wie Luther die heilige Schrift hiemit gar nicht meinet noch lästert, sondern die Päbstler beweisen ein besonderes Meisterstück ihrer Verleumbung und Lästerung, wie sie Luthers Worte mißdeuten und fälschlich anziehen.

148. Viertens: Luther nennet die heilige göttliche Schrift eitel Gift, davor man sich hüten und vorsehen muß, welches der Schrift zu schlechten Ehren gereichet.[3]

---

[1] Vetter, im biblischen Luther, pag. 183. Landherr, im scharfen runden Auge, Bd. 3. [2] Jenaer deutsche Ausg. Bd. 8. fol. 166. im güldnen Buch, von den letzten Worten Davids. [3] Vetter, im biblischen Luther, pag. 183.

149. Antwort: Luther saget nirgend, daß die Schrift an ihr selber Gift sei, sondern er beklaget, daß die Ketzer übel damit umgehen und eitel Gift daraus saugen. Seine Worte lauten also: „Alle Ketzer müssen aus der Christenheit kommen; nicht daß die Kirche ketzerisch sei, oder falsche Lehr in der Schrift gefunden werde, sondern es gehet ihr gleich wie der schönen Rose, daraus die Spinne eitel Gift sauget: nicht daß Gift in der Rose sei, wie denn das liebe Bienlein nichts denn Honig daraus sauget; sondern es ist der Spinne Schuld, welche auch was süß und gut ist verderbet, worüber sie kommt, und Alles zu Gift machet, ob sie auch Zucker und Honig im Munde hätte. Und gleich als so man Gift unter Malvasier gösse oder in ein vergiftet Gefäß thäte, wer davon trinkt, der trinkt und empfähet eitel Gift, nicht des Weins, sondern des Gefäßes halber: also auch hier. Die Bibel ist wohl ein reiner, lauterer Malvasier, ja eine rechte heilsame Arznei und Labsal; aber wenn die unreinen bösen Würmer darüber kommen und mit ihren giftigen Gedanken, vom Teufel eingegossen, daraus schöpfen und zu sich nehmen, so speien sie für Malvasier eitel Gift heraus" 2c.[1] Hier richte nun, wer richten kann, ob Luther was Unrechtes schreibe in diesen Worten. Und wo er sonst das Wörtlein Gift von der Schrift brauchet, wird sich's befinden, daß er es anders nicht meinet, als an diesem Orte gesehen wird.

150. Fünftens: Luther spricht, das Alte Testament und Gesetz Mosis sei nicht Gottes Wort, oder doch zur Seligkeit nicht nöthig.[2]

151. Antwort: Erstens, daß Dr. Luther beides, das Alte Testament und Gesetz Mosis, für Gottes Wort gehalten, könnte mit viel tausend Zeugnissen aus seinen Schriften erwiesen werden, in welchen er solche, erstens, als Gottes Wort citiret und anziehet, zweitens, als Gottes Wort ins Deutsche versetzet, drittens, dem Gesetz die erste Stelle im Catechismo gegeben und männiglich als Gottes Wort vorgeleget, viertens, in Kirchen und

---

[1] Jenaer deutsche Ausg. Bd. 7. fol. 127. [2] Eder, Inquisit. fol. 989.

Schulen solches ausgeleget und erkläret, fünftens, über die Verachtung dieses Wortes, so im Pabstthum geschehen, heftig geklaget, und Alles gethan, daraus man spüren kann, daß ein Mensch das Gesetz Mosis und das Alte Testament ehre und liebe, wie die Vorrede über das Alte Testament, die Erklärung der Bücher Mosis und andere Schriften genugsam bezeugen. Zweitens, wenn aber Luther lehret, das Gesetz sei nicht nöthig zur Seligkeit, muß man es recht verstehen. Nöthig ists, daß es die Sünde und Gottes Zorn zeige, damit die angebotene Gnade im Evangelio nicht verworfen, sondern angenommen werde, und also ist das Gesetz ein Zuchtmeister auf Christum,[1] deswegen zur Seligkeit nützlich und nöthig. Nicht nöthig aber ist es einem betrübten Herzen, daß es dadurch Gottes Gnade und ewige Seligkeit erlange, weil kein Gesetz gegeben ist, das da könnte lebendig machen.[2] Drittens, was Luther in einer gewissen Hinsicht vom Gesetz saget, das saget er doch nicht vom Alten Testament insgemein, darin nicht allein das Gesetz, sondern auch das Evangelium gelehret wird in den Weissagungen von Christo. Und wird man von Luther es nicht können beweisen, als ob er das Alte Testament verworfen, gleich als ob es nicht nöthig wäre; er bekennet vielmehr mit St. Paulo, daß die christliche Kirche erbauet sei auf den Grund der Apostel und Propheten, da JEsus Christus der Eckstein ist.[3]

152. Sechstens: Luther schimpfet Mosen und tastet ihn an mit allerlei Schmachnamen: er sehe sauer wie der Teufel, seine Lippen gehen über von Galle und Zorn, sie seien durchbittert mit Kellerhals, ja mit Drachengift und mit höllischem Feuer; er sei aller Henker Meister, Niemand sei über ihm mit Schrecken, Aengstigen, Tyrannisiren, man solle ihn verdächtig halten als den ärgsten Ketzer, des HErrn Christi Feind, einen verbanneten und verdammeten Menschen, der ärger sei denn Pabst und Teufel; Luther wolle ihn vor Gottes Gericht abweisen, nicht in Gottes Namen ec.[4]

[1] Gal. 3, 24. [2] Gal. 3, 21. [3] Ephes. 2, 19. 20. [4] Scher. Dom. 18. post Trin. Conc. 4. pag. 632.

153. Antwort: Erstens, durch Mosen verstehet Luther nicht die Person, sondern sein Amt,[1] welches ist, die harten Herzen zerschlagen,[2] Zorn anrichten,[3] Gottes Zorn, der bis in die unterste Hölle brennet, offenbaren,[4] des Gesetzes Uebertretung vor Gottes Gericht anklagen,[5] verfluchen,[6] tödten,[7] als ein Zuchtmeister zu Christo treiben,[8] welche Dinge allesammt grausam und erschrecklich sind. Darum Luther in solcher Rede vor Augen stellet, was Gottes Gesetz für einen Jammer im Herzen der sündigen Menschen mache, wie es Galle und Zorn, Drachengift und höllisch Feuer (denn Gottes Zorn ebenso unerträglich ist) ausgieße, schrecke, ängstige, tyrannisire,[9] 2c. Darum kann Luther so scharf nicht reden, Moses verursachet mit dem Gesetz noch größer Elend. Zweitens, damit aber wird weder die Person noch das Amt Mosis vermehret, denn alles dies wird in dem Wort begriffen: Das Gesetz ist durch Mosen gegeben,[10] und ehret Luther das Gesetz theils mit Worten,[11] theils mit Werken, wenn er das Gesetz wider die Antinomer vertheidigt, daß man es in der Kirche behalten müsse, als das nicht aufgehoben ist. Drittens, daß aber Luther spricht, Moses sei Christi Feind,[12] verstehet er von der Rechtfertigung und Seligkeit. Will man Mosen dazu nicht kommen lassen, so ists nichts mit Christo. Dazu zieht er St. Paulum an: Ihr habet Christum verloren, die ihr durch das Gesetz gerecht werden wollet, und seid von der Gnade gefallen.[13] So ist ja in dem Verstande Moses des HErrn Christi Feind, dann spricht er darauf: Christus und das Vertrauen auf das Gesetz oder desselbigen Werke können in deinem Herzen mit einander zugleich nicht wohnen. Viertens, wo Luther Mosen für einen verdammten Ketzer schelte, finde ich nicht; ohne Zweifel verstehet ers auch vom Mißbrauch des Gesetzes, wie jetzt angezeiget ist, nimmermehr aber wird Jemand beweisen,

---

[1] Joh. 1, 17.; 5, 45. [2] Jer. 23, 29. [3] Röm. 4, 15. [4] 5 Mos. 33, 22. [5] Joh. 5, 45. [6] 5 Mos. 27, 26. [7] 1 Sam. 2, 6. [8] Gal. 3, 24. [9] Wittenberg. deutsche Ausg. Bd. 3. fol. 295. [10] Joh. 1, 17. [11] Tischreden, cap. 11. fol. 136. 137. 149. [12] Tischreden, cap. 11. fol. 157. [13] Gal. 5, 4.

daß Luther Mosen einen Ketzer nenne weder für seine Person, noch seines Amtes wegen, wenn man nur Mosen nicht mißbrauchet.

154. Siebentens: Luther schreibet, Niemand habe die heilige Schrift genugsam gekostet oder geschmecket, er habe denn mit den Propheten Elia, Elisa, Johanne dem Täufer, mit Christo und den Aposteln hundert Jahre die Kirche regiert. Damit hat Luther widerrufen, was er zuvor gelehret, daß die heilige Schrift gar leicht zu verstehen sei.[1]

155. Die heilige Schrift ist also zu lesen und zu gebrauchen, wie andere Bücher, welche von dem leicht verstanden werden, der einfältig damit umgehet; aber viel zu thun machen und wohl gar nicht verstanden werden von dem, der Alles aufs schärfste suchet. Ein Knabe, der die lateinische Sprache ziemlich gefasset, kann den Terenz, Cicero ꝛc. nach seiner Art und einfältigen Weise wohl verstehen und gar nützlich gebrauchen; wenn aber Kritiker darüber kommen und Alles aufs genaueste forschen, werden sie streitig darüber und verlieren den Verstand. Zugleichen die lateinische, griechische und hebräische Sprache sind zu lernen nicht sonderlich schwer; wenn aber hochgelahrte Leute darüber gehöret werden, bezeugen sie, daß Niemand einige von diesen Sprachen sein Lebtag auslernen könne. Also sind sie gar leicht zu lernen nach der schlechten Einfalt, auch überaus schwer, ja unmöglich nach der tiefen Erforschung. Auf solche Weise muß man von den christlichen Glaubensartikeln sagen, sie seien leicht zu fassen, sie seien auch auszugründen unmöglich. Wie denn die Päbstischen selber dafür halten, das Wort „ich glaube" könne nicht wohl Jemand fassen,[2] als darüber viel Streit entstanden, da doch ein einfältiger Christ diese Worte „ich glaube" bald gefasset hat.[3] Daraus verstehet ein Jeder leichtlich, daß die heilige Schrift so klar und verständlich sei, daß einfältige Leute durch des Heil. Geistes Gnade zu ihrer Besserung im Glauben und

---

[1] Scherer, Dom. 1. post Epiphan. Conc. 3. pag. 109. 110.
[2] Gretserus defens. 1. contra Bellarmin. lib. 3. cap. 1. pag. 1080.
[3] Joh. 4, 41. 53.; 9, 38. Apstg. 8, 37.

Leben viel und großen Nutzen daraus zu nehmen haben. Wenn man aber allem Dinge, so darinnen begriffen, genau und mit der Schärfe will nachgehen, alsdann haben die Alten die heilige Schrift verglichen einem Wasser, dadurch ein Lamm gehen könne, ein Elephant aber könne es nicht überschwimmen. Und also wird in Wahrheit Keiner die Schrift verstehen, wo er nicht mit den heiligen Propheten, Christo und den Aposteln hundert Jahr die Kirche regieret hat. Und das können die Päbstler auch nicht leugnen, welche sich immer beschweren, daß die heilige Schrift dunkel sei und gar übel könne verstanden werden. Man besehe, wie Dr. Luther sich selber in diesem Stück gar fein erkläret.[1]

156. Was sonst die Päbstler vorbringen, daß Luther die Schrift gelästert und verkleinert habe, dem setze man entgegen, wie Luther die heilige Schrift habe hoch gehalten, indem er sie nennet der Christen Buch, darnach sie sich richten sollen,[2] welch Buch allein Trost zeige in Angst und Noth;[3] in welchem Gott selber mit uns rede,[4] daß wir daran glauben sollen, wenn wir darin lesen, es sei ein theueres Buch demjenigen, der an den Sohn Gottes glaubet.[5] Man solle die Bibel gern lesen um des ewigen Lebens willen.[6] Er nennet die Bibel den Probirstein und das Hauptlicht,[7] die man aufs wichtigste ehren und schmücken solle,[8] die aber die Papisten fliehen, wie der Teufel das Kreuz.[9] Wie denn etliche tausend solcher Oerter aus Luthers Schriften können gewiesen werden, daraus man sehen kann, wie hoch er die heilige Schrift gehalten habe.

157. Und sollten die Päbstler allhier abermal sich selber ansehen, würden sie befinden, daß sie eben diejenigen sind, welche die heilige Schrift zum höchsten lästern und verachten. Sie geben ja vor, daß keine Ketzerei allein aus der Schrift genugsam könne

---

[1] Jenaer latein. Ausg. Bd. 3. fol. 163. 178. [2] Jenaer deutsch. Ausg. Bd. 6. fol. 72. [3] Ebendas. Bd. 8. fol. 318. [4] Ebendas. fol. 323. [5] Ebendas. fol. 330. [6] Ebendas. fol. 331. [7] Ebendas. Bd. 1. fol. 374. [8] Ebendas. Bd. 5. fol. 124. [9] Ebendas. Bd. 1. fol. 375.

widerleget werden;[1] sie vertheidigen es, daß, wo der Kirche Autorität nicht dazu komme, gelte die heilige Schrift nicht mehr als die Fabeln Aesops;[2] die heilige Schrift sei nicht allein nicht nützlich, sondern auf vielerlei Weise der Kirche schädlich;[3] der Heilige Geist könne durch die heilige Schrift nicht richten;[4] sie wollen sie ins Feuer werfen, wie jener Bischof gesagt hatte.[5] Sie sei eine wächserne Nase,[6] eine unvollkommene, zweifelhaftige, dunkele Schrift, eine papierne Schrift, ein todter Buchstabe,[7] gleich einer Scheide, in welche man ein eisern, hölzern und bleiern Schwert stecken kann. Es sei gefährlich, die Schrift lesen, und gebe solch Lesen leicht Ursach zur Sünde.[8] Man hätte aus der Schrift mit Luthern nicht sollen disputiren, denn daraus sei ein Feuer entstanden, das schwerlich zu löschen sei.[9] Wie solche Verachtung und Lästerung der heiligen Schrift die Unsrigen weitläuftig zusammengetragen,[10] dahin die Päbstler mögen gewiesen sein.

Das zwölfte Capitel.

Von mancherlei Ketzereien und Ketzern, als: Wiedertäufern, Arianern, Eutychianern, Calvinisten, denen Luther soll zugethan gewesen sein.

158. Große Klage führen die Päbstler über Dr. Luther, daß er insgemein Ursach gegeben zu allerlei Ketzereien und Schwärmereien, insonderheit sei er den Wiedertäufern, Arianern, Eutychianern, Calvinisten zugethan gewesen; daß er insgemein

---

[1] Tannerus in Colloq. Ratisb. Sess. 8. [2] Hosius lib. 3. de Author. script. Wolffius Cent. 16. fol. 623. [3] Coloniens in Censura, art. 1. fol. 21. [4] Gretserus in Colloq. Sess. 19. [5] Vide Wolffium, Cent. 16. fol. 623. [6] Costerus, Enchirid. cap. 1. p. 43. [7] Ibid. p. 43. 44. [8] Bellarmin. lib. 2. de verbo Dei, cap. 19. pag. 149. [9] Piggh. lib. 1. de Eccles. Hieron. cap. 4. [10] Nigrinus in contemptu script. Papistico.

eine Ursache der Schwärmer gewesen, sagen sie, habe er selber
bekannt, da er geschrieben: die Schwärmer oder Rottengeister
haben was Sonderlichs von Christo oder dem Evangelio nicht
gewußt, wo sie Luther nicht gelehret hätte.[1]

159. **Antwort: Erstens, in allen Ketzereien
sind zwei Dinge: recht Erkenntniß etlicher
Glaubensartikel, darnach etliche Irrthümer,
die daran kleben.** Von wem die rechte Erkenntniß kommet,
der hat nicht Schuld ihres Irrthums. Die Apostel könnten sich
wohl berühmen wider die falschen Apostel, wo sie nicht hätten
geprediget, so wüßten sie von Christo und dem Evangelio nichts
(wie es denn gewiß und wahrhaftig also ist); sind denn die Apostel
darum Ursache der falschen Lehre, welche die falschen Apostel
hatten? Ja, hätte Christus und alle Hirten und Lehrer der
Kirche stille geschwiegen, so wäre weder Arius noch einiger Ketzer
jemals aufkommen, als welche von denselbigen haben Alles, was sie
vom Evangelio wissen. Ist darum Christus aller Ketzer Ursach?
Und wenn Jemand spräche: Was Luther von Christo und dem
Evangelio gewußt, das hat er in der römischen Kirche gelernt,
würde das ganze Pabstthum Ja sprechen; folget dann daraus,
die römische Kirche ist Ursach an Ketzerei? Darauf würde Jeder=
mann Nein sagen. Also müssen sie Luthern entschuldigen, als
welcher die Schwärmer auf den rechten Weg der Seligkeit durch
Christum geführet, wie sie nicht aus ihren Werken, sondern allein
aus Christi Verdienst sollen selig werden. Daß sie aber von dem
Wege abgetreten, kann Luther so wenig dafür als Christus und
alle reinen Kirchenlehrer. **Zweitens,** man müßte allhier
auch beweisen, daß Luther die Schwärmerei, Ketzerei und Irr=
thümer gelehret hätte, welches nimmermehr geschehen kann.
Drittens, so gibts die ganze Historia völlig, daß Luther nie=
mals im allergeringsten mit Schwärmern oder Wiedertäufern
gehalten, sondern mit Ernst und Eifer wider dieselbigen gestritten,
und kann Niemand ein Anderes mit Wahrheit beweisen.

---

[1] Eder. in Inquisit. fol. 211.

160. Den Wiedertäufern, klagen die Päbstler, sei Dr. Luther insonderheit zugethan gewesen, und zwar habe er ihnen damit auf die Beine geholfen, daß er dem gemeinen Mann die Bibel preisgegeben, daß Jedermann seines Gefallens damit spielen möge, auch beredet, daß die Bibel leicht zu verstehen sei, ohne sonderliches Studiren und Kopfbrechern, ohne Lehren und Auslegen.[1]

161. Antwort: **Erstens**, Luther hat die Bibel in deutsche Sprache versetzet, daß sie Jedermann lesen könne und urtheilen von seiner sowohl als des Pabsts Lehre, gleichwie eben dies Wort in allen Sprachen ist geprediget worden.[2] Ist damit den Wiedertäufern auf die Beine geholfen, so habens Andere auch gethan, die siebenzig Dolmetscher, St. Hieronymus, Emser, Dittenberg und Andere, welche die Bibel in bekannte Muttersprache, auch in deutsche, vor und nach Luther versetzet haben. Ja es hätte ihnen Gott selber auf die Beine geholfen (wie auch allen Ketzern) in dem, daß er sein Wort gegeben hat. Sind aber diese ohne Schuld, so kann man Luthern auch nicht Schuld geben. **Zweitens**, wir fragen, wo denn Luther zugelassen habe, daß Jedermann mit der Bibel seines Gefallens spielen möge. Hat ers gethan mit Worten oder Werken? Er strafet vielmehr die falschen Ausleger der Schrift, nennet sie Gemsensteiger;[3] er klaget über die Päbstler, daß sie so übel mit der Schrift umgehen,[4] saget, es gehe der Schrift wie der Rose, daraus die Spinnen Gift, die Bienlein Honig saugen,[5] und will durchaus nicht haben, daß ein Jeder mit der Schrift seines Gefallens spielen möge. **Drittens**, daß die Schrift nicht so dunkel sei, als man im Pabstthum ausgibt, hat Luther gar recht gelehret, als die ein Licht auf unserm Wege ist und eine Leuchte unserer Füße,[6] welche scheinet als ein Licht,[7] ja welche Gott Jedermann zu lesen vorgestellet hat.[8] Ist denn damit den Wiedertäufern auf

---

[1] Bozius lib. 12. de signis Eccles. cap. 13. p. 1003. Scherer, Dom. Trinit. Conc. 2. pag. 425. [2] Apstg. 2, 4. 6. [3] Jenaer deutsche Ausg. Bd. 1. fol. 378. [4] Ebendas. fol. 373. [5] Ebendas. Bd. 7. fol. 127. [6] Ps. 119, 105. [7] 2 Pet. 1, 19. [8] Col. 4, 16.; 5 Mos. 17, 19.

die Beine geholfen, so hat es Gott selber gethan, und nicht Luther. Viertens, wo hat doch Luther jemals geschrieben, daß die Schrift leicht zu verstehen sei ohne sonderliches Studiren, ohne Lehren? Nirgend; sondern dies lehret er, daß auch die Laien aus fleißiger Betrachtung der Schrift ihnen großen Nutzen schaffen könnten,[1] und saget, daß man einem Laien, der die Schrift hat, mehr glauben solle, denn dem Pabst und allen Concilien, wenn sie ohne die Schrift reden;[2] an welchem allem nichts Unrechtes ist.

162. Zweitens: Den Wiedertäufern hat Luther geholfen, weil er Ursach gegeben zu Abstellung der Kindertaufe, indem er geschrieben, man solle die Kinder ganz nicht taufen, wenn sie ohne Glauben sind, denn die Sacramente sind ohne Glauben nicht nütze. Da sind die Wiedertäufer zugefahren und haben die Kindertaufe abgeschafft.[3]

163. Antwort: Erstens, Luther hat die Kindertaufe nicht abgethan, nicht dazu gethan, sondern sie bestätiget und sie mehr verfochten gegen die Wiedertäufer, als der Pabst oder einiger Papist gethan hat;[4] es ist auch keine Anzeigung bei ihm eines witrigen Verdachtes, wie kann man ihm denn solches zumessen? Zweitens, Luther hat also gelehret, daß wenn die Taufe den Kindern soll nütze sein, so müssen sie den Glauben haben, weil ohne Glauben Niemand Gott gefallen kann,[5] und wer nicht glaubet, verdammet wird.[6] Haben nun die Wiedertäufer diese gute und wahre Lehre Luthers zu ihrem Irrthum gemißbrauchet und dabei nicht verstehen wollen, wie **Dr. Luther beständig lehre, daß die kleinen Kinder den Glauben in der Taufe empfahen**; wie kann Luther dafür? Thun es doch alle Ketzer unserm HErrn Gott selber und seinem Wort, daß sie es also übel verstehen, und dennoch folget nicht, daß ihnen Gott der HErr darum auf die Beine hilft. Drittens, woher wollens die

---

[1] Jenaer deutsche Ausg. Bd. 2. fol. 362. [2] Ebendas. Bd. 1. fol. 151.
[3] Eder, Inquisit. fol. 57. 65. Scherer, Dominica Trin. Conc. 2. p. 425.
[4] Jenaer deutsche Ausg. Bd. 4. fol. 325. 319. f. [5] Hebr. 11, 6.
[6] Marc. 16, 16.

Päbstler beweisen, daß die Wiedertäufer aus dieser Lehre haben Anlaß genommen, die Kindertaufe abzustellen? Ohne Beweis ist solche Anklage eine bloße Lästerung. Es folgt ja keineswegs aus der Lehre Luthers: die Kinder glauben nicht von Natur, und die Sacramente nutzen nicht ohne Glauben, ergo soll man die Kinder nicht taufen, oder darum können sie den Glauben in der Taufe nicht empfangen. Viertens, besser würden wir zum Ziele treffen, wenn wir sageten, die Päbstler hätten den Wiedertäufern auf die Beine geholfen, indem sie lehren, man könne die Kindertaufe aus der heiligen Schrift nicht erweisen, sondern sie bestehe nur auf den Traditionen oder Satzungen.[1] Sind das nicht Fundamente, daraus die Wiedertäufer recht für sich schließen, daß die Kindertaufe abzuschaffen sei, dieweil sie doch in der Schrift keinen Grund hat und die Kinder den Glauben darinnen nicht empfangen können?

164. Drittens: Den Wiedertäufern hat Luther geholfen, indem er die Gemeinschaft der Güter bestätiget, da er gesaget: Was kann da für eine Obrigkeit sein, da sie alle gleich sind und einerlei Recht, Macht, Gut und Ehre haben?[2]

165. Antwort: Erstens, Luther betrachtet einen Christen auf zweierlei Weise: eines, daß er geistlich ist, und also ist und heißt er ein Christ. Wie nun dazu, daß Einer ein Christ ist, nicht gehöret Reichthum, Ehre, Gewalt, eigenes Gut 2c.: also haben alle Christen (sofern sie betrachtet werden als Christen) keinen Vorzug Einer vor dem Andern, Herr oder Knecht,[3] sondern sie sind alle gleich und gefallen Gott gleich wohl.[4] In welchem Verstande Luther die angezogenen Worte gesetzet hat. Darnach wird ein Christ betrachtet als ein Stück der Welt, da muß er Kleider, Essen, Trinken, Haus 2c. haben, und wie die Schrift einem Jeden sein Eigenes gibt,[5] also hat Luther erstens einem Jeden sein eigenes Haus gelassen, zweitens zu lassen befohlen,

---

[1] Colloq. Ratisb. Sess. 12. Bellarm. lib. 4. de verbo Dei, cap. 2. & 4. [2] Scherer, Dom. Trinit. Conc. 2. pag. 425. [3] Col. 3, 29. [4] Gal. 3, 28.; Apstg. 10, 35. [5] Sir. 39, 26. ff.; 1 Timoth. 6, 8.

drittens niemals gelehret die Güter gemein zu machen, viertens Niemand dazu genöthiget, fünftens Niemand, der Eigenes hat, darum gestrafet oder verdammet, sechstens selber Eigenes gehabt, siebentens der Mönche Heuchelei gestrafet, die nichts Eigenes haben wollen, achtens den Irrthum der Wiedertäufer widerleget.[1] Darum kann er an solchem Irrthum nicht schuldig sein. Zweitens, Christen sind Eines Leibes, die einander all ihr Vermögen, wo es die Noth erfordert, mittheilen. In dem Verstande hat ein Christ nichts Eigenes, denn er es nicht soll behalten, wenn es die Noth des Nächsten erfordert, sondern mittheilen, als wenn es dem Dürftigen eigenthümlich zustünde. Und in dem Verstande sollen Christen nichts Eigenes haben, welches aber mit den Wiedertäufern nichts zu thun hat. Drittens, die Päbstler mögen selber zusehen, ob sie nicht die Wiedertäufer zu solchem Irrthum gebracht, indem sie lehren, daß es ein köstlich Werk sei, ja man verdiene damit etwas bei Gott, wenn man nichts Eigenes habe,[2] deswegen denn die Mönche heiliger als andere Leute sein sollen.

166. Viertens: Luther will nicht, daß man sich wehren solle, dieweil Christen nicht mit Wehr und Waffen, sondern mit Gebet und Leiden streiten, sie haben so Recht, als sie wollen; und darum hat er das päbstische Recht verbrannt, weil darinnen stehet, ein Christ möge sich wehren und Gewalt mit Gewalt vertreiben, damit Luther auch den Wiedertäufern geholfen hat.[3]

167. Antwort: Luther unterscheidet Christen als Christen, die sich als solche nicht wehren, sondern nach Christi Exempel leiden sollen;[4] und dann insofern sie leben im weltlichen Wesen, und also dürfen sie sich wehren. Zweitens, er unterscheidet zwischen denen, die im Stande der Obrigkeit sind, von denen er allezeit gelehret, sie sollen sich wehren wegen Schutzes ihrer Unterthanen, wie er denn die Fürsten vermahnet sich zu

---

[1] Jenaer deutsche Ausg. Bd. 5. fol. 447. [2] Bellarm. lib. 2. de Monachis, cap. 20. [3] Scherer, Domin. Trin. pag. 425. [4] 1 Pet. 2, 18—20.; Joh. 18, 36.

wehren wider die aufrührischen Bauern,¹ ja wider den Türken,² und die Unterthanen heißet der Obrigkeit beistehen und unter ihren Fahnen streiten. Wie er denn auch gebilliget, daß die evangelischen Fürsten sich mögen zur Gegenwehr stellen, wenn sie vom Kaiser unbilliger Weise mit Krieg sollten gefährdet werden.³ Dagegen ist eine andere Gelegenheit der Unterthanen, so sich wider ihre Obrigkeit nicht setzen noch wehren sollen, es geschehe ihnen so unrecht als es wolle; Ursach: das Schwert ist ihnen nicht gegeben, darum sollen sie es nicht nehmen, wie es Christus in seinem Leiden auch nicht gebrauchet,⁴ sowohl wie die erste Kirche in den vielfältigen Verfolgungen, so sie ausgestanden, und da ist kein ander Wehr und Waffen denn Gebet und Leiden, davon die ganze Christenheit urtheilen mag, ob solches den Wiedertäufern diene. Was aber anlanget, daß Luther das päbstische Recht verbrannt hat, ist nicht darum geschehen, dieweil darinnen stehet, daß man sich wehren solle, sondern darum, dieweil der Pabst Luthers Bücher hat verbrennen lassen, die doch Gottes Wort lehrten, dagegen aber das päbstische Recht voller Greuel und Irrthümer ist, hat Luther solche Greuel des Pabstes hiermit öffentlich wollen verdammen, inmaßen Luther sich selbst genugsam hievon erkläret.⁵

168. Mit den Arianern soll es Luther auch gehalten haben, und erstens zwar soll Luther bekennen, daß er das Wort ὁμοούσιος hasse, und lobe die Arianer, denn sie recht gethan haben, daß sie solch Wort nicht wollen annehmen.⁶

169. Antwort: Erstens, Luther hat die zwei Artikel von der heiligen Dreifaltigkeit und dann von Christi wahrer wesentlicher Gottheit, Eines Wesens mit dem Vater und Heiligen Geist, so gründlich erwiesen und gelehret, als kaum ein Kirchenlehrer oder ein Päbstler mag gethan haben, wie solches seine

---

¹ Jenaer deutsche Ausg. Bd. 3. fol. 125. ² Ebendas. Bd. 4. fol. 440.
³ Ebendas. Bd. 7. fol. 276. ⁴ Matth. 26, 52. ⁵ Jenaer deutsche Ausg. Bd. 1. fol. 353. ⁶ Gretser., defens. 2. controv. Bellarm. Praefat. pag. 4. seq. Eder in Inquisit. pag. 81. Scherer, Dom. Trin. pag. 419. Bozius lib. 12. de signis Eccles. cap. 23. pag. 1024.

Schriften ausweisen.¹ Deswegen ihm groß Unrecht geschieht, daß ers mit dem Ario gehalten oder ihm zu Gefallen etwas geschrieben habe, und weil er Ario in der Lehre zuwider ist, so hat er ihm in Worten nicht können noch wollen zu Gefallen schreiben, wie denn die Worte auch Ario nicht können helfen, weil die Lehre ihm zuwider ist. Zweitens, die Frage ist vom Wort ὁμοούσιος, das heißt so viel als: „Eines Wesens", welches das Concil zu Nicäa beliebet, daß man sage, Christus sei Eines Wesens mit dem Vater. Daß aber Luther diese Worte nicht habe gehasset, ist klar und offenbar, denn er es selber ungescheut gebrauchet.² Drittens, von diesem Wort hat nun Luther geschrieben: „Wenn schon meine Seele das Wort (Eines Wesens) hasset, ich wollt es nicht gebrauchen, würde ich darum kein Ketzer sein. Denn wer will mich zwingen, das Wort zu gebrauchen, wenn ich nur die Lehre halte, welche im Concilio zu Nicäa ist erkannt worden? Die Arianer, ob sie zwar in diesem Artikel unrecht geglaubet, so haben sie doch recht erfordert, es sei in guter oder böser Meinung geschehen, daß man nicht ein neues, in der Schrift ungebräuchliches Wort in Glaubensartikeln zur Richt= schnur mache."³ Hieraus mögen nun alle christlichen Herzen urtheilen, ob Luther unrecht geschrieben, indem er erstens nicht spricht, daß er das Wort (Eines Wesens) hasse, sondern zweitens allein spricht, wenn er es hassete (das er doch nicht that, wie seine Worte und Lehre zeigen), so würde er kein Ketzer sein. Drittens, aus Ursach, weil ihn Niemand zwingen könne, diese oder jene Worte zu gebrauchen, wenn er nur die Lehre selber richtig behalte. Viertens, darum die Arianer zwar in der Lehre (daß sie Christum nicht für denselbigen Gott erkennen wollen, der der Vater ist), geirret, aber daran recht gethan, daß sie Worte, die neu sind, das ist, von den Aposteln nicht gebraucht noch in der Schrift gefunden werden, nicht haben wollen lassen zur Richt=

---

[1] Jenaer deutsche Ausg. Bd. 8. fol. 142. 151. 156. 270. 271. 300.; Bd. 3. fol. 509.; Bd. 6. fol. 544. 65. 187. f. [2] Ebendas. Bd. 8. pag. 150. f. [3] Jenaer latein. Ausg. Bd. 2. fol. 407.

schnur machen in Glaubensartikeln. Welches alles Niemand tadeln kann, der nur mit redlichem Gemüthe die Sachen ansehen und erwägen will.

170. Zweitens: Den Arianern habe Luther beigepflichtet, indem er das Wort „Dreifaltigkeit" angefeindet, als davon er ausgegeben, es sei ein Wort, das kalt und nicht köstlich laute.[1]

171. Antwort: Erstens, die Wörter, so man in Kirchen zu gebrauchen pfleget, werden entweder betrachtet als Sprachwörter, wie nämlich ein jedes in seiner Sprache seine Bedeutung hat; und also ist das lateinische Trinitas ein erdichtetes und sofern ein kaltes oder kalt lautendes und nicht köstliches Wort, das sonst in der Sprache nicht zu finden ist; oder aber die Wörter werden betrachtet im Gebrauch, wie sie den göttlichen Geheimnissen angepaßt werden, und also ists gewiß, was man von Gott redet, daß er sei ein Wesen, Essentia, Substantia, Person, Hypostasis, Hyphistamenon, Suppositum, Persona, Natur, Sohn, geboren werden, Eingeborner vom Vater, vom Vater und Sohn ausgehende ꝛc. Gewiß ists, sage ich, daß diese Wörter im wenigsten nicht erreichen, was sie sollen in diesen Geheimnissen, und sofern sind sie aequivoca, kalt und zweifelhaftig, und lauten auch kalt und nicht köstlich. Denn es werden diese Wörter genommen von irdischen Dingen und reimen sich ganz übel zu dem, was im göttlichen Wesen dadurch soll angedeutet werden, welches denn die Papisten selber bekennen müssen.[2] Zweitens, was aber insonderheit das Wort „Dreifaltigkeit" belanget, heißet dasselbe eigentlich so viel als das Lateinische Triplex, oder dreifach, welches die Päbstischen selber für ungeschickt halten,[3] wie auch Trinitas in deutscher

---

[1] Gretserus, Defens. 2. Controv. Bellarm. Praefat. p. 7. p. 11. seq. Tanner. Tom. 1. Theolog. Scholast. Disp. 1. quaest. 1. dub. 1. Eder. in Inquisit. pag. 81. Scherer, Domin. Trinit. Conc. 1. pag. 419.
[2] Gregor. de Val. proleg. in lib. 5. de sancta Trin. cap. 6. pag. 134. sq. Tanner. Tom. 1. Theol. Schol. Disp. 1. quaest. 1. dub. 1. num. 3.
[3] Tanner. loco dict.

Sprache nicht füglicher kann ausgesprochen werden denn Drei=
heit, welches Wort ihnen auch nicht gefällt,¹ darum sie im
Grunde Luthern Recht geben, daß sich das Wort nicht eigentlich
hieher schicke und reime. Drittens, wenn aber gefraget wird,
ob Luther dieses Wort verworfen habe, so sagen wir wieder Nein
dazu; Ursach: denn er hats selber stets gebrauchet, und erkannt,
daß mans nicht besser haben könne, kein anderes an die Stelle
gesetzet, sondern wie es herkommen, also bleiben lassen, und das
desto lieber, weil er den Artikel von den dreien Personen in der
Gottheit festiglich geglaubet,² auch wider Türken und Arianer
stattlich erstritten hat.

172. Drittens, Luther hat es mit Ario gehalten,
indem er die Kirchen=Fasttage verachtet, aber einem Jedweden
nach seinem Gefallen zu fasten freigelassen, wann er wolle.³

**173. Antwort: Wenn eine Gemeine aus
gewissen christlichen Ursachen eine Fasten ansetzet,
soll sich derselben Niemand entziehen, sondern der
Ordnung sich gemäß verhalten, wie denn in
allen Ceremonien, was die ganze Gemeine aus
gewissen Ursachen beschließt, das ist ein Jeder zu
halten schuldig,** welches Luther niemals geleugnet noch wider=
sprochen hat. So nun Arii Meinung gewesen, daß man auch an
solch Fasten nicht verbunden sei, ist solche Meinung billig zu ver=
werfen, und hälts Luther keineswegs mit ihm. Zweitens,
wenn aber ein Fasten nach Art der jüdischen Heuchler⁴ und nach
den Teufelslehrern⁵ angestellet und befohlen wird, nicht nach
christlicher Freiheit zu halten, sondern man will die Gewissen dazu,
als einem Stück des Christenthums, bei ihrer Seligkeit nöthigen
und zwingen, wie im Pabstthum geschiehet, alsdann spricht der
HErr Christus, das sei ein alter Schlauch, darinnen der Most
des Christenthums nicht zu fassen, und der alte pharisäische Lappen,

---

¹ Gretserus, loco dicto pag. 12.   ² Jenaer deutsche Ausg. Bd. 8.
fol. 151. f. ³ Scherer, Domin. Trin. Conc. 5. pag. 259. ⁴ Jes. 58, 4. 5. ;
Matth. 6, 16. ⁵ 1 Tim. 4, 1. 2.

den man nicht aufs neue Kleid der Christen setzen soll,¹ und will er selber den Jüngern kein Fasten gebieten, zeiget vielmehr an, wenn er werde von ihnen genommen werden, alsdann werden sie Ursach zu fasten genug bekommen.² Und St. Paulus will nicht, daß ihm ein Christ soll Gewissen machen über Speise, Trank, bestimmte Feiertage, als welches ein Schatten ist gewesen des Zukünftigen, ja Menschengebot und Lehre, selbst erwählete Geistlichkeit und Satzungen der Welt, denen ein Christ soll abgestorben sein.³ Wenn nun Luther eben dieses gelehret, wird ihn Niemand einiger Ketzerei beschuldigen können, er würde denn sagen müssen, daß Christus und St. Paulus auch Ketzer und Arianer seien.

174. Dem eutychianischen Irrthum soll Luther auch zugethan gewesen sein, und erstens zwar solle er gelehret haben, daß beide Naturen in Christo mit einander vermischet seien,⁴ denn also spricht er: „Man muß sagen, dieser Mensch Christus, das ist, Fleisch und Blut Mariä, ist Schöpfer Himmels und der Erden."

175. Antwort: Erstens, Luther hats mit Eutyches nicht gehalten, sondern verwirft ihn als einen Ketzer,⁵ und lehret, daß beide Naturen unvermischt seien,⁶ also daß er nicht mehr hat thun können, sich dieser Auflage zu entbrechen. Zweitens, wenn er aber geschrieben, der Mensch Christus, Marien Fleisch und Blut, habe Himmel und Erde geschaffen, hat er sich des Irrthums nicht theilhaftig gemacht. Denn Eutyches hat gelehret, die menschliche Natur sei verschlungen in die Gottheit und sei nicht mehr eine Menschheit; wie kann er denn sagen, daß Mariä Fleisch und Blut Himmel und Erde geschaffen, da es doch nicht mehr vorhanden, nach des Eutyches Meinung. Darum ist Luther ihm darin zuwider, wie er, Luther, auch eben diese Rede dem Eutyches entgegensetzet.⁷ Drittens, Luther hat dieses nicht

---

¹ Matth. 9, 17. ² Matth. 9, 15. ³ Col. 2, 16. 17. 20. ⁴ Gretserus, Defens. 2. Controv. Bellarm. praefat. pag. 16. seq. ⁵ Jenaer deutsche Ausg. Bd. 7. fol. 251. seq. ⁶ Ebendas. pag. 152. ⁷ Siehe Bd. 7. fol. 252.

geschrieben, die Naturen in Christo zu vermengen, sondern zu
weisen, wie sie beide in eine Person so genau vereiniget seien,
daß die Werke einer Natur von der Person, die nach der anderen
genennet ist, ausgesprochen werden, welches in der Schrift nichts
Seltsames ist, da doch die Naturen nicht vermenget werden,
wenn schon die Schrift menschliche Dinge von dem wahren Gott
ausredet: Gott habe eigen Blut,[1] Gott sei Mensch,[2] der andere
Mensch sei der HErr selber vom Himmel,[3] Gottes Sohn sei von
einem Weibe geboren.[4] Daher das Concil zu Ephesus beschlossen,
man solle Maria eine Gottesgebärerin nennen, der HErr der
Herrlichkeit ist gekreuziget,[5] der Fürst des Lebens getödtet;[6]
obschon Blut haben, Mensch sein, vom Weibe geboren und getöd=
tet werden, solche Worte sind, die allein der Menschheit Christi
können zugehören, und doch von Gott selber ausgeredet werden
wegen Einigkeit der Person, darin diese beiden Naturen ver=
einiget sind. Also ist es nicht wider den Unterschied der Naturen
in Christo, wenn von dem Menschen Christo göttliche Dinge aus=
geredet werden, als: Marien Sohn spricht selber: Ehe denn Abra=
ham war, bin ich;[7] der Mensch Christus begehret verkläret zu sein
mit der Klarheit, die er bei dem Vater hatte, ehe die Welt war.[8]
So nun durch diese Reden die Naturen in Christo nicht ver=
menget werden, wie sollte es geschehen durch diese Rede: dieser
Mensch Christus, Marien Fleisch und Blut, hat Himmel und
Erde geschaffen? Viertens, und daß dies Luthers Meinung
eigentlich sei, wird der Leser in dem jetzt angezogenen Orte herr=
lich ausgeführet finden, daraus ich allein diese Worte anziehe:
„Wer das bekennet, daß Gott und Mensch Eine Person ist,
der muß um solcher Vereinigung willen der zwei Naturen in
Einer Person schlecht auch zulassen, daß dieser Mensch Christus
von Maria geboren sei, Schöpfer Himmels und der Erden, denn er
ist derjenige worden in Einer Person, nämlich Gott, der Himmel
und Erden geschaffen hat. Solche Folge verstehet Eutyches nicht,

---

[1] Apstg. 20, 28.   [2] Joh. 1, 14.   [3] 1 Cor. 15, 47.   [4] Gal. 4, 4.
[5] 1 Cor. 2, 8.   [6] Apstg. 3, 15.   [7] Joh. 8, 58.   [8] Joh. 17, 5.

und saget doch selbst, Christus sei Mensch und Gott; siehet auch nicht, daß er die menschliche Natur in Christo verleugnen muß, wo er die göttlichen Idiomata von der menschlichen Natur verwirft, denn damit würde die Natur zertrennet und Christus bliebe kein Mensch. Item, man muß sagen, dieser Mensch Christus, das Fleisch und Blut Mariä, ist Schöpfer Himmels und der Erden, hat den Tod überwunden, die Sünde vertilget, Hölle zerbrochen, welches eitel göttliche Idiomata sind und doch der Person, die Mariä Fleisch und Blut ist, recht und christlich zugeeignet werden, weil es nicht zwei, sondern eine Person ist. Gleichwie dein Sohn Petrus heißt gelehrt, so doch solches Idioma allein der Seele und nicht des Leibes ist, und ein Eutyches möchte also alfanzen: nein, Petrus ist nicht gelehrt, sondern seine Seele; wiederum ein Nestorius: nein, ich habe deinen Sohn nicht gestäupet, sondern seinen Leib. Das lautet, als wollte man aus Petro zwei Personen machen, oder nur eine Natur behalten, so es doch nicht so gemeinet wird. Unverstand und Grobheit ist das, und zeiget, daß sie böse Dialektiker sind gewesen."

176. Zweitens: Luther ist ein Eutychianer gewesen, dieweil er schreibet, es haben wider ihn die Nestorianer gestritten, daß die Gottheit Christi nicht könnte leiden.[1]

177. Antwort: Erstens, Eutyches hat nicht gelehret, daß die Gottheit Christi habe leiden können. Wenn denn Luther das gleich schon lehrete, wäre er doch darum kein Nestorianer. Zweitens, die alten Kirchenlehrer[2] haben diese Art zu reden geführet: die Gottheit hat gelitten, — sind aber weder des nestorianischen noch eines anderen Irrthums schuldig geachtet worden; Ursach: sie haben es verstanden in concreto, daß nämlich die göttliche Natur nicht zwar in sich selber gelitten habe oder leiden könne, sondern daß Gott und nicht ein bloßer Mensch gelitten habe.

---

[1] Gretserus, defens. 2. Controv. Bellarmin. Praef. p. 16. lib. 3. c. 8. pag. 133. [2] Augustin. Tom. 3. de fide ad 2 Petr. cap. 2. Ex Vigilio Valentinianus, lib. 2. Contr. ubiqu. cap. 1. § at inquis. Ex Richardo.

Gleichwie die Gottheit nicht hat können geboren werden, gleichwohl ist Gottes Sohn (nicht ein bloßer Mensch) vom Weibe geboren, und Maria Gottesgebärerin, welches genugsam ist zur christlichen Lehre. Drittens, Luther saget nicht, die Gottheit Christi könne leiden, sondern es haben Nestorianer wider ihn gefochten, daß die Gottheit nicht leiden könne. Nun klaget er über diese Leute oft, daß sie etwas Anderes pflegen anzufechten, als er lehre. Viertens, und also, wie recht gesaget wird, Maria ist Gottesgebärerin, saget man auch recht, die Juden sind Gottesmörder, wie denn diese Rede Nestorii: „Rühme dich nicht, Jude, du hast nicht Gott, sondern einen Menschen gekreuziget", als falsch ist verworfen worden; welches Paulus zugibet: Sie haben den HErrn der Herrlichkeit gekreuziget;[1] sowohl Petrus und Johannes: Ihr habt den Fürsten des Lebens getödtet.[2] Fünftens, da aber Dr. Luther geschrieben hatte, die Gottheit hätte gelitten, so hat ers mit den Kirchenlehrern in concreto verstanden von der Person, wie denn seine Worte solches geben,[3] da er sich genugsam erkläret.

178. Den Calvinisten und Sacramentirern habe Luther auch den Weg bereitet, als die ohne ihn sich nichts hätten unterstehen dürfen, sie als gute Gesellen gehalten und ihnen nur etwas widerwärtig sich gestellet, weil er besorget, ihm möchte von seiner Reputation etwas abgehen.[4]

179. Antwort: Erstens, man könnte des Dinges viel schreiben in einem Tage von diesem und jenem, ja auch von den Päbstlern selber, wenn es nicht Beweisens gälte; darum fordern wir Beweis. Zweitens, wenn Luther damit den Sacramentirern den Weg bereitet, indem er die Transsubstantiation und Verwandlung des Brodes und Weines in den Leib und Blut Christi als ein Menschengedicht verworfen, so wird gewiß der HErr Christus den Arianern den Weg bereitet haben, da er gesprochen: Der Vater ist größer denn ich;[5] ja die ganze heilige

---

[1] 1 Cor. 2, 8. [2] Apstg. 3, 15. [3] Jenaer deutsche Ausg. Bd. 7. pag. 86.
[4] Eder, Inquisit. fol. 60. 61. 64. [5] Joh. 14, 28.

Schrift hätte allen Ketzern also den Weg bereitet; und folget ja keineswegs: im Abendmahl ist keine Verwandlung, darum ists eine Bedeutung. Es kann ein Drittes gegeben werden (κοινωνία),[1] eine Vereinigung des Brodes und des Leibes Christi. D r i t t e n s, wollte man aber sagen: wenn Luther das Pabstthum nicht hätte angegriffen, so hätten weder Calvin oder Zwingli ihre Lehre vorgebracht; antworten wir: es kann wohl sein, ist aber ungewiß; doch gesetzt, daß es also sei, wer wollte nicht für gewiß glauben, daß, wo der HErr Christus und seine Apostel das Evangelium nicht hätten geprediget, weder Arius, Nestorius, Macedonius noch einiger Ketzer mit seiner Lehre aufkommen wäre? Gleichwie aber nicht folget: Christus und die Apostel haben allen Ketzern den Weg bereitet, also folget auch nicht, daß ihn Luther den Sacramentirern bereitet habe. V i e r t e n s, man sehe an und lese, was Luther wider die Sacramentirer geschrieben,[2] so wird man befinden, daß er sie niemals für gute Gesellen, sondern für arge Feinde gehalten, denen er nicht die Hand bieten wollen, und Alles wider sie gethan, was man von einem aufrichtigen Lehrer erfordern kann; ja er hat denselbigen Schwärmern besser und mehr widersprochen, als alle Päbstischen gethan haben. F ü n f t e n s, Dr. Luther hält es in vielen Stücken mit der römischen Kirche, gleichwie die Calvinisten mit Luther, würde also folgen, daß die römische Kirche Luthern hätte den Weg bereitet. D i e   K e t z e r   h a l t e n   e s   g e m e i n i g l i c h   m i t   d e r   w a h r e n   K i r c h e   i n   d e n   m e i s t e n   A r t i k e l n, darum würde folgen, daß die wahre Kirche den Ketzern den Weg bereitet. Auf welche Weise auch von Dr. Luthern geschlossen wird.

180. Den Calvinisten hat Luther auch geholfen, indem er die Musik und Orgeln verworfen als eine Reizung der Sinne und Kitzelwerk, das nichts zum Geist thut, sondern den Geist vielmehr verlöschet und vertilget.[3]

---

[1] 1 Cor. 10, 16. [2] Jenaer deutsche Ausg. Bd. 8. pag. 174. f. Siehe Histor. August. Confess. pag. 631. seq. Apol. Form. Concord. cap. 16. Jenaer deutsche Ausg. Bd. 3. pag. 438. f. [3] Scherer, von der Kirchweihe, conc. 3. pag. 748.

181. Antwort: Dr. Luther hat die Musik niemals abgeschaffet in einiger Kirche, hat es auch von Niemand begehret, daß man sie abschaffe, sondern er hat selber viel herrliche Gesänge gedichtet und aufgesetzet, derer sich die Päbstler selbst gebrauchen. Daß er aber geschrieben, man habe im Pabstthum erfunden die Orgeln und mancherlei Gesänge, welche zum Geist nichts dienen, er aber vielmehr dadurch verlöschet werde,[1] so ist einem Jeden offenbar, daß er daselbst eigentlich rede vom Mißbrauch, da man die Abgötterei mit äußerlichem Schein geschmücket und auf äußerliches Werk ein Vertrauen gesetzet, dazu die horas canonicas, Orgeln 2c. erdichtet, das zu solchem Greuel helfen müssen. Wie denn ein Jeglicher, der selbigen Ort aufschläget, solches klärlich finden wird. Hiermit hat Luther nicht mehr gesündiget, denn Gott der HErr selber, welcher spricht: Thue von mir das Geplärre deiner Lieder, denn ich mag deines Saitenspiels nicht.[2]

182. Solche und dergleichen Dinge werfen die Päbstler Luthern vor zur Ungebühr, damit sie ihn mancherlei Ketzereien verdächtig machen wollen. Es sollten aber diese Leute sich selber ansehen, da würden sie in Wahrheit befinden, daß sie es selber in sehr vielen Punkten mit den Ketzern halten, ja das Pabstthum aus mancherlei alten Ketzereien zusammengeflicket sei. Mit den Simonianern[3] kaufen und verkaufen sie geistliche und heilige Dinge; mit den Saturnianern[4] verbieten sie Ehe und Speisen; mit den Gnostikern[5] verehren sie die Bilder; mit den Marcionisten[6] lehren sie das Fegefeuer; mit den Manichäern[7] verwerfen sie den geistlichen Ehestand; mit den Pelagianern[8] lehren sie, daß der Mensch im Guten einen freien Willen habe und das Gesetz erfüllen könne; mit den Collyridianern[9] ehren und beten sie an die Jungfrau Maria; mit den Manichäern reichen sie nur eine Gestalt im Abendmahl, und so fortan. Inmaßen solches

---

[1] Jenaer latein. Ausg. Bd. 2. fol. 373. [2] Amos 5, 23. [3] Apstg. 8, 9.
[4] Pap. Epit. hist. Eccles. pag. 202. [5] August. de haeres. cap. 7.
[6] Epiph. haer. 48. [7] August. Ep. 74. [8] August. de haeres. cap. 88.
[9] Epiph. haer. 79.

zum Theil von den Calvinisten,¹ zum Theil von den Unsrigen²
gar gründlich und weitläuftig ausgeführet ist. Sollten also die
Päbstler erst vor ihrer Thür kehren, ehe sie uns dergleichen
vorwerfen.

Das dreizehnte Capitel.
Ob Dr. Luther das heilige Predigtamt habe wollen abschaffen, und wie er die geistlichen Güter habe den Weltlichen zum Raube gegeben.

183. Ob zwar Niemand eifriger gehalten über Gottes
Ordnung, das heilige Predigtamt betreffend, als Herr Doctor
Luther, geben ihm doch die Päbstischen Schuld, daß er alle gute
Ordnung und Gesetze habe wollen aufheben und insonderheit das
Predigtamt habe wollen abschaffen. Wir wollen ihre Einwürfe
ordentlich besehen.

184. Erstens lehre Luther, es können die heiligen
Sacramente auch von Andern als von ungeweihten Personen,
nämlich von Schustern, Schneidern, auch Weibspersonen gehandelt werden, und lasse es nichts anders gelten, als eines Jeden
Handwerk gilt.³

185. Antwort: Erstens, ob Luther das Predigtamt
habe abgethan, bezeuget zum Theil der Augenschein, denn es zu
allen Zeiten in der evangelischen Kirche ist fleißig in Acht genommen worden, und wird nicht einem Jeden zugelassen, öffentlich zu
lehren, noch die Sacramente handeln. Es beweisens auch die
Schriften Luthers, darinnen er den Beruf zum Predigtamt für
nothwendig erkennet;⁴ ist also dieses eine falsche Anklage.

---

¹ Wittak. de Eccl. q. 5. c. 9. ² Zeæman. contr. Keller. art. 151.
cap. 19. Gerhard. de Eccles. sect. 6. &c. ³ Scherer, in festo Laurentii,
Conc. 2. pag. 275.; de Commun. sub una, Conc. 3. pag. 388.
⁴ Luther, Bd. 5. Jenaer deutsche Ausg. fol. 346.

Zweitens, daß im Nothfall diejenigen Personen die Sacramente reichen mögen, welche ungeweihet sind, ist an ihm selber nicht unrecht. Denn im Alten Testament wurde das Osterlamm von einem jeden Hausvater zugerichtet,[1] die Weiber verrichteten auch die Beschneidung.[2] So hat auch Christus die Sacramente nirgend an die Lehrer also gebunden, daß sie im Nothfall auch nicht von Andern könnten gereicht werden. Drittens, **Luther hat wider das Pabstthum gestritten, das Lehren, Segnen, Sacramentreichen sei ein Werk der christlichen Kirche, davon die Laien nicht ausgeschlossen seien, angesehen, daß sie von Gott sind zu Priestern gemachet,[3] ein königliches Priesterthum zu sein.[4] Damit wird aber nicht einem Jeden zugelassen, seines Gefallens sich der Handlungen anzunehmen, sondern dem allein, welchem es die Gemeine aufleget und befiehlet, welches Luthers eigentliche Meinung ist.** Was ist aber Böses oder Unrechtes hieran?

186. Zweitens: Luther habe das Predigtamt damit aufgehoben, daß er lehre, es könne nicht allein von Schustern und Schneidern, Bauern und Bäuerin, sondern auch von dem Teufel selber verwaltet werden.[5]

187. Antwort: Erstens, daß das Predigtamt Schustern und Schneidern möge aufgetragen werden, ist an sich selber nicht unrecht, weil der HErr Christus kein Bedenken gehabt, dasselbige Fischern und Zöllnern zu befehlen,[6] die vor Schustern, Schneidern und Bauern diesfalls keinen Vorzug haben. Zweitens, Weibespersonen gebühret das ordentliche Lehramt nicht,[7] es hats auch keine in der lutherischen Kirche jemals geführet; wenn sie aber schon gelehret hätten (das doch nicht

---

[1] 2 Mos. 12, 3.   [2] 2 Mos. 4, 25.; 1 Maccab. 1, 63.   [3] Offb. 1, 6.
[4] 1 Pet. 2, 9.   [5] Scherer, Dom. Laetare, Conc. 4. pag. 303.; Dom. Quasimod. pag. 358.; de Commun. sub una, Conc. 3. pag. 388. 389.
[6] Matth. 4, 19.; 9, 9.   [7] 1 Tim. 2, 12.; 1 Cor. 14, 34.

geschehen ist), so müßte darum das Predigtamt so wenig durch
Luther aufgehoben sein, so wenig es durch St. Paulus auf=
gehoben ist, welcher unterschiedenen Frauen gestattet zu lehren.[1]
Drittens, was aber vom Teufel eingeführet wird, davon hat
Luther etwas gemeldet im Buch von der Winkelmesse,[2] und ver=
hält sich also: Luther strafet den Irrthum der Päbstischen, als ob
die Priester allein, sonst kein Engel oder auch die Jungfrau Maria,
das Sacrament handeln könne; setzet dagegen, das Evangelium,
Taufe, Predigtamt sei alles Christi, und nicht der Menschen;
bricht darauf in diese Worte aus: „Ich will nicht sagen, wie die
Papisten, daß kein Engel noch Maria könne wandeln ꝛc., sondern so
sage ich: wenngleich der Teufel selbst käme (wenn er so fromm
wäre, daß er es thun wollte oder könnte); aber ich setze, daß ich's
hernach erführe, daß der Teufel so herein in das Amt geschlichen
wäre oder hätte sich gleich lassen, als in Mannesgestalt, berufen
zum Predigtamt, und öffentlich in der Kirche das Evangelium
geprediget, getaufet, Messe gehalten, absolviret, und solch Amt
und Sacrament, als ein Pfarrer, geübet und gereichet nach dem
Befehl und Ordnung Christi, so müssen wir dennoch bekennen,
daß die Sacramente recht wären, wir rechte Taufe empfangen,
recht Evangelium gehöret, recht Absolution gekrieget, recht Sacra=
ment des Leibes und Blutes Christi genommen hätten.“
Nun lautet dies zwar sehr hart, man merke aber erstens, daß
Luther nicht saget, der Teufel könne das Predigtamt ver=
walten, als welches er für unmöglich hält, indem er spricht,
wenn er fromm wäre, daß er es thun könnte oder wollte.
Zweitens erklärt er sich selber, daß predigen, taufen, Sacramente
handeln allein auf Christi Wort bestehe, keineswegs aber auf des
Dieners Werk; darum, ob auch der Teufel könnte ein Diener
dazu sein, so wäre doch die Predigt kräftig wegen göttlicher
Stiftung; Ursach ist, weil das Predigtamt und die Sacramente
durch Satans Glieder doch kräftiglich verwaltet werden, wie wir
an Judas sehen. Drittens, das Kirchenamt ist einerlei, es sitze

---

[1] Röm. 16, 1. 3. 12. [2] Jenaer deutsche Ausg. Bd. 6. fol. 99. 100.

darinnen, wer da wolle, wie ein gesattelter Gaul so wohl fortgehet, wenn ein nackender Knabe, als ein König oder Kaiser darauf ritte. Viertens, im Pabstthum sind Exempel, daß der Teufel soll gepredigt und die Zuhörer gewaltig beweget haben; wofern dem also, wäre die Sache bewiesen. Fünftens, in natürlichen und weltlichen Händeln gehets auch also: Säen, Pflanzen ꝛc. ist Gottes Werk, das gehet fort, es thue es ein Frommer oder ein Schalk, Mensch oder Teufel, so wächset doch das Gesäete oder Gepflanzete; Kinderzeugen ist Gottes Werk, das wird verrichtet, es bringe gleich Gott die Menschen zusammen im Ehestande oder der Teufel in Hurerei und Ehebruch. Also auch, wenn der Satan oder sein Glied Christi Ordnung hielte mit Predigen, Taufen, so verrichtete er eben das Werk, so ein frommer Mann verwaltete. Und wer dieses ohne Affecten bedenket, muß bekennen, daß es die Wahrheit sei, wenn der Teufel predigte, Christus ist Gottes Sohn (wie denn die Teufel gethan haben [1]), und brächte damit einen Menschen vom Unglauben zu Christo, hätte er Gottes Wort ja kräftiglich geprediget. Also haben die Pharisäer und Schriftgelehrten das Predigtamt verwaltet,[2] ohne Zweifel auch die Beschneidung und Osterlamm administriret, die doch Ottergezüchte,[3] Kinder des Teufels und der Hölle waren. Ja, unser HErr Christus nennet Judas einen Teufel,[4] und dennoch sendet er ihn aus zu predigen und zu taufen.[5] Ist nun solcher Leute Predigen und Taufen recht und kräftig, warum sollte man des Teufels Verrichtung allerdings verwerfen, sonderlich weil er alsdann nur ein Lügner ist, wenn er von seinem Eigenen redet;[6] darum, wenn er fremde Worte redet, kann er auch die Wahrheit sagen. Ja, die Päbstler selber lehren also, daß Christus das Brod auch habe durch Judas austheilen lassen, unangesehen, daß er ein böser Mensch war, nämlich ein Geizhals, Dieb und Gottesräuber, der ein Teufel geheißen und endlich gar zum Verräther wurde, damit Gott angezeiget habe, daß an des Dieners

---

[1] Matth. 8, 29. [2] Matth. 23, 2. 3. [3] Matth. 3, 7.; Joh. 8, 44.; Matth. 23. 15. [4] Joh. 6, 71. [5] Matth. 10, 4.; Joh. 4, 2. [6] Joh. 8, 44.

Bosheit seine Wirkung nicht verhindert werde ꝛc.[1] Und weil viel Päbste Zauberer gewesen[2] und durch Teufels Hülfe zum päbstischen Stuhl kommen sind, das höchste Kirchenamt aber nichtsdestoweniger verrichten können, was wäre Ursach, daß auch der Teufel selbst nicht die geringeren Verrichtungen verwalten könnte?

188. Drittens: Luther hebe das Predigtamt damit auf, daß er lehret, die Obrigkeit solle lehren und glauben lassen, es sei Evangelium oder Lügen.[3]

189. Antwort: Erstens, daß Luther nicht schlechterdings also gelehret, ist daraus zu sehen, dieweil er falscher Lehre und irrigem Glauben so männlich widersprochen, dieweil er gewußt aus Gottes Wort,[4] daß man den Schwärmern soll das Maul stopfen und widersprechen, dieweil er die Abschaffung falscher Lehre und Gottesdiensts stark getrieben.[5] Zweitens, was aber Luther geschrieben, daß die Obrigkeit soll einen Jeden glauben lassen, das ist der heiligen Schrift gemäß; denn es müssen Rotten unter uns sein.[6] Man muß Unkraut lassen wachsen bis zur Zeit der Ernte.[7] Wer böse ist, der sei immerhin böse; wer unrein ist, der sei immerhin unrein.[8] Mit solcher Lehre widerspricht Dr. Luther den Papisten, daß man nicht verfolgen und mit Feuer und Schwert nicht zwingen soll, die unrecht glauben, denn der Geist Christi leidets nicht,[9] der Kirche Zustand bringets nicht mit sich,[10] man hoffet noch, daß die Irrenden zurechtgebracht werden.[11] Indessen muß man Unkraut dulden, und was durch Gewalt des göttlichen Worts nicht ausgerichtet wird, durch Gewalt des Schwertes auszurichten sich nicht unterstehen.

190. Viertens: Luther gibet vor, daß alle Christen Priester seien und das priesterliche Amt verrichten mögen, damit er denn das ordentliche Predigtamt in der Kirche aufhebet.[12]

---

[1] Scherer, Dom. Laetare Conc. 2. pag. 304. [2] Platina in Sylv. II. [3] Scherer, de passion. part. 2. pag. 132. [4] Tit. 1, 9. [5] Jenaer deutsche Ausg. Bd. ?. fol. 478. 487. [6] 1 Cor. 11, 19. [7] Matth. 13, 30. [8] Offb. 22, 11. [9] Luc. 9, 55. [10] Matth. 13, 47. [11] Gal. 6, 1. [12] Eder, in Inquis. fol. 57.

191. Antwort: Erstens, Luther lehret also, alle Christen seien Priester, denn also werden sie genennet: Christus hat uns zu Königen und Priestern gemachet,[1] bauet euch zum geistlichen Hause und zum heiligen Priesterthum;[2] ihr seid das auserwählte Geschlecht und königliche Priesterthum.[3] Sie haben auch Opfer und bringen sie Gott dem HErrn:[4] sich selber und ihre Leiber, ihren gläubigen Gottesdienst, die Farren der Lippen,[5] die Lobopfer und Früchte der Lippen, die seinen Namen bekennen,[6] die Almosen.[7] Sie haben auch einen Altar:[8] Christum, darauf sie Gott ihre Opfer bringen, durch welchen wir haben einen Zugang zu Gott mit aller Freudigkeit und Zuversicht.[9] Zweitens, dieweil aber Luther aus Gottes Wort also lehret, würde folgen, daß Gott der HErr selber dessen schuldig wäre, wessen man Luthern beschuldigte, nämlich, daß er das Predigtamt wolle aufheben, daß ein jeder Christ lehren, absolviren und Sacramente reichen könne. Drittens, man findet nirgends, daß Luther habe wollen das Predigtamt abschaffen; er hats selber bestätiget, Niemand ohne Beruf dazu gelassen, Andere gestraft, die sich ohne Beruf dazu gedrungen, und ist von Luthers Zeiten bis auf den heutigen Tag in der evangelischen Kirche also gehalten worden, daß man Niemand ohne Beruf zum Predigtamt gelassen. Ist also diese Anklage auch nichtig.

192. Fünftens: Luther habe das Predigtamt damit aufgehoben, wenn er lehret, die Gewalt Sünde zu vergeben sei der ganzen christlichen Kirche und einem jeden Christen insonderheit auch nach dem Gebrauch gegeben.[10]

193. Antwort: Erstens, Luther will, daß ein jeder Christ die Macht empfangen habe Sünde zu vergeben, auch nach dem Gebrauch, jedoch nach seiner Ordnung; man solle sie aber eigentlich suchen beim Predigtamt oder (so man den Seelsorger nicht haben kann) bei seinem nächsten Christenmenschen, wie seine

---

[1] Offb. 1, 6. [2] 1 Pet. 2, 5. [3] 1 Pet. 2, 9. [4] Röm. 12, 1. 2.
[5] Hos. 14, 3. [6] Hebr. 13, 15. [7] Philip. 4, 18. [8] Hebr. 13, 10.
[9] Ephes. 3, 12. [10] Scherer, Dom. 1. post Pasch. pag. 358.

klaren Worte in der Kirchenpostille lauten.¹ Diese Erklärung kann so gewiß bestehen, als im Nothfall ein jeder Christ die Taufe verrichten kann; Ursach: wo Zween oder Drei versammelt sind in Christi Namen, da ist er mitten unter ihnen;² so ist auch daselbst eine christliche Kirche, der die Macht der Absolution gegeben ist, warum sollte sie denn dieselbige nicht üben? Wenn nun zehn, fünfzig oder hundert oder mehr gefangene Christen in der Türkei beisammen sind, sollen sie nicht Macht haben zu verrichten Alles, das der christlichen Gemeine zustehet, obschon Keiner unter ihnen zum Priester geweihet ist? Es ist ja eine christliche Kirche; wenn sie nun einmüthiglich einen Befehl thäte zu predigen, Sacrament zu handeln, zu absolviren, was hinderte, daß er die Macht nicht haben sollte? Wie nun im Nothfall und da kein Prediger vorhanden ist, ein jeder Christ lehren mag, der zum Lehren geschickt ist, auch taufen: also kann er auch mit Gottes Wort trösten, der Vergebung seiner Sünden einen Jeden versichern und also absolviren; denn Gottes Wort allhier keinen Unterschied gemachet, auch Niemand einen nöthigen Unterschied wird geben können. Zweitens, wofern aber Dr. Luther das Predigtamt hiermit hat aufgehoben, so hat es der Pabst auch gethan, welcher in den geistlichen Rechten also lehret: die Beicht habe so große Kraft, daß Vergebung der Sünden erlange, der seinem Nächsten beichtet, wenn er des Priesters nicht kann mächtig werden, ungeachtet derselbige Nächste die Macht nicht hat die Sünde zu vergeben; und hätte ein Solcher ebenso viel erlanget, als wenn er dem Priester gebeichtet hätte.³

194. Hierbei wird Luthern auch Schuld gegeben, daß er die geistlichen Güter den weltlichen Herren habe preisgegeben, der Hoffnung, er würde auch ein Theil davon bekommen; als er aber gesehen, daß es ihm entgangen, habe er diesen Raub gestraft.⁴

---

¹ Kirchenpostille, Dom. 1. post Pasch. fol. 47.   ² Matth. 18, 20.
³ Caussa 33. distinct. 1. cap. 88. quem poenitet, distinct. 6. cap. 1. qui vult.   ⁴ Scherer, in festo Laur. conc. 2. pag. 277. Bozius, lib. 7. de signis Ecclesiae, cap. 6. pag. 535.

195. Antwort: Erstens, man nimmt für bekannt an, daß Luther gestraft habe den Mißbrauch und Raub der geistlichen Güter; ist also gewiß, daß er keinen Gefallen daran getragen. Zweitens, man soll aber daneben beweisen, daß Luther die geistlichen Güter zum Raube freigegeben habe, und zwar daß er es gethan in Hoffnung einen Theil davon zu erlangen; hat man nun hier keinen Beweis, so wird es Luthern nur aufgedichtet und ist eine unbillige Klage. Drittens, wenn Dr. Luther den weltlichen Herrn schon gezeiget, wie sie von den Geistlichen beraubet seien,[1] die all ihr Gut unter pharisäischem Schein an sich gezogen, so kann doch solches Niemand strafen. Hat es doch Christus an den Pharisäern auch gestrafet, welche unter dem Schein des langen Gebets der Wittwen Häuser fraßen.[2] St. Petrus hats auch vom Pabstthum geweissagt: Sie werden durch Geiz mit erdichteten Worten an euch hanthieren.[3] Wenn nun Dr. Luther die Erfüllung dieser Weissagung der ganzen Welt mit Fingern gewiesen, hat er denn daran übel gethan? Hat er den daraus entstandenen Mißbrauch verursachet? Dessen wird ihn kein Gericht schuldig erkennen. Es ist auch offenbarlich falsch, daß Luther darin seinen eigenen Nutzen oder Herrlichkeit gesuchet, weil erstens das zu beweisen nicht möglich ist, zweitens Luther auch nicht durch einiges Mittel des Geizes kann beschuldiget werden, drittens Luther auch bei Reformation der Stifter gar leicht zu einem Bisthum hätte gelangen können, dazu er Andern geholfen, ohne einigen Genuß noch Begehren desselben.

---

[1] Jenaer lat. Ausg. Bd. 2. fol. 360. [2] Matth. 23, 14. [3] 2 Pet. 2, 3.

Das vierzehnte Capitel.

Von der Gemeinschaft, welche Dr. Luther mit dem Teufel gehalten, indem er seine Lehre von ihm empfangen und ihn über Gott gesetzet habe.

---

196. Erschreckliche Dinge dichten die Päbstler von Luther, wie er mit dem Teufel so große Gemeinschaft gehabt. Sie sagen, der Teufel sei sein Lehrmeister gewesen,[1] habe gute Freundschaft mit ihm gehalten,[2] er sei des Teufels Cumpan und Geselle, ja sein leibhafter Diener gewesen,[3] er setze den Teufel über Gott,[4] ja er gebe den Teufel aus für Gott den HErrn, daß wir thun müssen, was er will;[5] die vornehmsten Stücke seiner Lehre habe Luther in einer Nacht vom Teufel gelernet.[6] Wie denn solches Dinges gar viel in ihren Schriften gefunden wird, daß ein Einfältiger meinen sollte, Luther sei gar vom Teufel besessen und getrieben worden.

197. Es ist aber solche Art zu verleumden nicht neu, sondern die Ketzer habens längst also getrieben, daß, wenn sie die Lehre nicht haben widerlegen können, sind sie auf die Person gefallen und haben gelästert, daß sie der Satan treibe. Moses wurde in Egyptenland für einen Zauberer gehalten,[7] dieweil die Zauberer eben solche Dinge thun konnten wie er.[8] Von Johanne dem Täufer hat man ausgegeben, daß er den Teufel habe.[9] Wie ists doch unserm HErrn Christo gegangen? Die Juden sagten ihm unter die Augen, er wäre ein Samariter und hätte den Teufel;[10] ja sie lästerten seine Wunder und sprachen, daß er die Teufel austriebe durch Beelzebub, den Obersten der

---

[1] Motivae Badens., rat. 1. pag. 52.   [2] Bozius, lib. 7. de signis Eccles. cap. 6. pag. 535.   [3] Sixtus Sartorius in Motivis, pag. 320.   [4] Studentengespräch, part. 2.   [5] Prädicanten-Credo, Art. 1. § 2. pag. 229.   [6] Ungersdorff in gratulat. part. 2. cap. 23.   [7] Plinius, lib. 30. Hist. Natural. cap. 1.   [8] 2 Mos. 7, 12. 22.   [9] Matth. 11, 18.   [10] Joh. 8, 48.

Teufel.¹ Ist nun solches Christo widerfahren, was ists Wunder, daß es Luthern auch geschiehet? Der Jünger ist nicht über seinen Meister, noch der Knecht über seinen Herrn;² haben sie den Hausvater Beelzebub geheißen, wie viel mehr werden sie seine Hausgenossen also heißen!

198. Insonderheit aber wird bei Vielen vorgeworfen, daß Dr. Luther den Teufel habe zum Lehrmeister gehabt, der habe ihn unterrichtet, wie er die Meß soll abstellen, inmaßen Dr. Luther solches selbst bekennen solle. Mit welchem Einwurf sich fast alle päbstischen Scribenten schleppen.³

199. Antwort: Dr. Luther schreibet von dieser Sache selber also: „Ich bin einmal zu Mitternacht auferwacht, da fing der Teufel mit mir in meinem Herzen eine solche Disputation an (wie er denn mir manche Nacht gar bitter und sauer genug machen kann): Hört ihrs, Hochgelehrter, wisset ihr auch, daß ihr fünfzehn Jahre lang fast alle Tage Winkelmessen gehalten? Wie, wenn ihr mit solcher Messe hättet eitel Abgötterei getrieben, und nicht Christi Leib und Blut, sondern eitel Brod und Wein da angebetet und anzubeten Anderen vorgehalten? Ich antwortete: Bin ich doch ein geweiheter Pfaff, habe Chrysam und Weihe von dem Bischof empfangen, dazu solches alles aus Befehl und Gehorsam gethan, wie sollt ich denn nicht haben gewandelt, weil ich die Worte mit Ernst gesprochen und mit aller möglichen Andacht Messe gehalten? Das weißest du fürwahr. Da sprach er: Es ist wahr; aber die Türken und Heiden thun auch Alles in ihren Kirchen aus Befehl und ernstlichem Gehorsam, die Pfaffen Jerobeams zu Dan und Bersaba thaten Alles vielleicht mit größerer Andacht weder die rechten Priester zu Jerusalem; wie wenn deine Weihe, Chrysam und Consecrirung auch unchristlich und falsch wären wie der Türken und Samariter? Hier brach mir

---

¹ Luc. 11, 15. ² Matth. 10, 24. 25. ³ Motivae Badenses, rat. 1. pag. 52. Scherer in festo Natalis Christi, pag. 16.; in profesto Trium Regum, Conc. 1. pag. 88. Eder in Inquisit. pag. 56. 96. Studentengespräch, Thl. 2. Tanner., part. 1. Anatom. demonstr. 6.

wahrlich der Schweiß aus, und das Herz begont mir zu zittern und zu pochen. Der Teufel weiß seine Argumente wohl anzusetzen und fortzubringen, und hat eine schwere, starke Sprache, und gehen solche Disputationes nicht mit langen und vielen Bedenken zu, sondern im Augenblick ist eine Antwort ums ander." [1]

200. Aus diesen Worten Luthers ist zu merken, erstens, daß der Teufel sei an Luthern kommen als ein Versucher, der ihn wegen seiner Abgötterei, so er durch die Meß geübet, wollen in Verzweiflung stürzen; zweitens, daß er nicht Luthern zu lehren, sondern ihn zu verderben gemeinet. Drittens, nun ist bekannt, daß der Teufel nicht allezeit Lügen redet; denn er redet wahr, daß ein Mann für sein Leben gebe, was er habe;[2] daß JEsus von Nazareth Gottes Sohn sei, der da kommen ist, die Teufel zu quälen;[3] daß die Apostel Knechte seien des Allerhöchsten, die den Weg zur Seligkeit verkündigen.[4] Wenn er aber die Wahrheit redet, thut er's doch zu einem schädlichen und bösen Ende: Er rühmet oft Gottes große Barmherzigkeit denen, die er in große Sünden führen will; er schärfet Gottes Zorn wider die Sünde bei denen, die er in Verzweiflung stürzen will. In beiden Stücken redet er wahr, aber er braucht es zu einem bösen Ende. Viertens, weil denn dem also ist, fraget sich's, ob der Satan, wenn er Luthern der Abgötterei beschuldiget, die Wahrheit geredet habe oder nicht. Das muß nach Gottes Wort geprüft werden. Da ist zu befinden, daß der Teufel in dieser Versuchung Luthers ja so wohl wahr geredet habe, als wenn er Gottes Güte und Zorn rühmet, ob es gleich alles Luthern zu verderben gemeinet ist. Fünftens, gleichwie nun nicht folget: der Teufel hat die Gergesener und Capernaiten angefochten, indem er ihnen gesaget, daß JEsus Gottes Sohn sei (welches die Wahrheit ist), also haben dieselbigen Leute den Teufel zum Lehrmeister gehabt und muß die Lehre falsch sein, daß JEsus Gottes Sohn sei: — ebenso folget durchaus nicht: der Teufel hat Luthern

---

[1] Jenaer deutsche Ausg. Bd. 6. fol. 82. ff. [2] Joh. 2, 4. [3] Matth. 8, 29.; Marc. 1, 14. [4] Apstg. 16, 17.

mit einem und dem anderen Beweis, so er wider die Meß geführet, in Verzweiflung stürzen wollen; darum ist er Luthers Lehrmeister, und was er wider die Meß geredet, ist falsch. Der vernünftige Leser wolle es nur recht betrachten, so wird er die Wahrheit finden.

201. Daß die Messe aber eine Abgötterei sei, hat Doctor Luther gar nicht vom Teufel gelernt, wie er denn auch nichts von ihm lernen wollen;[1] sondern er hat Anno 1507 seine erste Meß gehalten. Als er aber versuchet worden ist vom Teufel, berichtet er, daß er zur Zeit dieser Versuchung die Meß schon fünfzehn Jahre getrieben hatte, muß also diese Versuchung Anno 1522 geschehen sein. Nun hatte Dr. Luther damals allbereit der Messe widersprochen, daß sie kein Opfer sei,[2] daß man Seelmessen und Kaufmessen solle abthun,[3] daß man die Meßbriefe und andern Mißbrauch solle abthun,[4] daraus denn gewiß folget, daß Luther der Messe widersprochen und sie abgeschaffet, ehe ihm der Teufel mit solcher Versuchung zugesetzet. Hat also nicht sein können, daß er seine Lehre von Abschaffung der Messe erst vom Teufel empfangen habe, ja es kann auch nicht sein, daß er aus des Teufels Versuchen Anlaß genommen, die Meß abzuschaffen, dieweil er solches zuvor gethan, ehe die Versuchung kommen ist.

202. Ob nun zwar der Teufel Dr. Luthern so hart mit Versuchung zugesetzet hat, folget doch keinesweges daraus, daß er kein heiliger Mann und rechter Lehrer gewesen, denn viel große Heilige dergleichen Anfechtung haben ausstehen müssen. Der Sohn Gottes rang mit dem Tode in großer Anfechtung, schwitzete blutigen Schweiß, daß ihn ein Engel stärken mußte,[5] ja am Kreuz setzte ihm der Satan zu, daß er schrie: Mein Gott, mein Gott, warum hast du mich verlassen?[6] Hiob fiel in solche Anfechtung, daß er meinete, Gott wäre sein Feind, wolle ihn erwürgen; wünschete seiner Seele den Tod; klagete, Gott wäre ihm verwandelt in einen Grausamen, wollte nicht mehr leben.[7]

---

[1] Jenaer deutsche Ausg. Bd. 2. fol. 182. [2] Jenaer deutsche Ausg. Bd. 1. fol. 335. [3] Ebendas. fol. 336. [4] fol. 338. [5] Matth. 26, 36. f. [6] Matth. 27, 46. [7] Hiob 13, 15. 24.; 7, 15. 16.; 9, 6.; 30, 21.

Wie klaget David in seiner großen Anfechtung über die Bande des Todes, Bäche Belials, Stricke des Todes, Gottes Pfeile!¹ Von den Aposteln insgemein saget der HErr, der Satan habe ihrer begehret.² St. Paulus klaget von seiner Anfechtung, daß ihn des Satans Engel mit Fäusten schlage.³ Und allen Christen ist gesaget, daß sie nicht mit Fleisch und Blut zu kämpfen haben, sondern mit Fürsten und Gewaltigen, nämlich mit den Herren der Welt, die in der Finsterniß dieser Welt herrschen, mit den bösen Geistern unter dem Himmel.⁴ So wenig nun folget, daß Christus, Hiob, David, Paulus, die Apostel und andere Christen den Teufel zum Lehrmeister haben, Freundschaft mit ihm halten und seine Gesellen seien, so wenig folget auch solches von Luther. Und mag man solches vielmehr umkehren und sagen: weil der Teufel Luthern also hart versucht hat, muß er ein heiliger Mann gewesen sein. Denn die alte Schlange hat nicht Feindschaft mit ihrem eigenen Samen, sondern des Weibes Samen, und sticht Christum in die Ferse.

203. Zweitens: Luther, sagen sie, schreibet selber, daß er einen Scheffel Salz mit dem Teufel aufgefressen; darum ist leicht zu sehen, was er für Freundschaft mit dem Teufel muß gehalten haben.⁵

204. Antwort: Wenn Luther spricht, er kenne den Teufel wohl und habe mit ihm mehr denn einen Scheffel Salz gegessen, redet er von den listigen Anläufen des Satans, die alle Christen fühlen und, wie erst erwiesen, welche auch große Heilige gefühlet haben. Denn wenn man mit Einem viel umgehet, er sei gut oder böse, pfleget man im Sprüchwort zu sagen, man habe mit ihm einen Scheffel Salz gegessen. Also kann man von Christo sagen, daß er mit seinem Verräther Judas, mit den Juden und Pharisäern einen Scheffel Salz habe aufgegessen, ob sie schon seine Feinde gewesen. Gleicherweise hat Luther sagen wollen,

---

¹ Pf. 18, 5. 6.; 38, 3. ² Luc. 22, 31. ³ 2 Cor. 12, 7. ⁴ Eph. 6, 12.
⁵ Bozius, lib. 7. de signis Ecclesiae, cap. 6. pag. 535.

daß er vom Teufel vielfältig sei versuchet worden, und sein Lebetag viel Streits mit ihm ausgestanden. Und möchten die Päbstler nur in ihren eigenen Busen greifen, da würden sie finden Päbste, die mit dem Teufel Freundschaft gehabt, die durch des Teufels Hülfe zum päbstischen Stuhl kommen sind, die große Zauberer gewesen, davon wir bald hören werden. Und wie sollte doch Luther des Teufels Freund gewesen sein, da er doch mit dem Worte Gottes sein Reich so mächtig zerstöret, daß ihm der Teufel deswegen wenig Dank gewußt hat?

205. Drittens: Luther setzet den Teufel über Gott, wenn er schreibet: David und die lieben Propheten haben über die Disputation mit den Teufeln kläglich geschrieen, ja Christus selber habe müssen manch bitter Seufzen und Aengsten lassen herausfahren durch des Teufels Jachen und Drängen.[1]

206. Antwort: Dr. Luther hat dieses auch geschrieben im Buch von der Winkelmesse, da er über des Satans Anfechtung klaget.[2] Es wird aber der Teufel durch solche Worte keineswegs über Gott gesetzet. Die Heiligen Gottes haben über große Anfechtung kläglich geschrieen,[3] der HErr Christus ließ im Oelgarten und am Kreuze bittere Seufzer durch Teufels Drängen herausfahren; es ist aber der Teufel darum über Gott nicht gewesen. Den HErrn Christum belangend, ist er in des Teufels Versuchung und Anfechtung gewesen im Stande der Erniedrigung, darein er sich gutwillig ergeben, nicht um seinetwillen, sondern um unsertwillen:[4] und ob ihn zwar der Teufel versuchet,[5] war er darum nicht höher denn Gott. Wie denn der Teufel über keine Christen gesetzet wird, ob er dieselbigen gleich ängstiget und versuchet. Ja es würde folgen, daß Christus selber den Teufel höher gesetzet als sich selber, dieweil er sich von ihm hat versuchen lassen. Ist also dieses gar ein schlechter und nichtiger Einwurf.

---

[1] Studentengespräch, part. 2. lit. D. [2] Jenaer deutsche Ausg. Bd. 6. fol. 85. [3] Ps. 18, 5. 6.; 28, 1.; 38, 3. [4] Philip. 2, 8. [5] Matth. 4, 1. f.

207. Viertens: Dr. Luther soll haben ausgegeben, der Teufel sei unser HErr Gott, indem er schreibet, daß wir seine Gefangenen seien und thun müssen, was er will.¹

208. Antwort: Dr. Luther redet an diesem Orte² von unserer angeborenen verderbten Natur, davon die Schrift zeuget, daß wir Knechte der Sünde,³ vom Satan gefangen,⁴ Kinder des Zorns von Natur seien,⁵ die das Reich Gottes nicht können ererben.⁶ Und wenn wir thun, wozu uns die verderbte Natur reizet, so thun wir, was der Satan will, als der unsere Natur also verderbet hat. Wir müssen auch thun, was er will, so lange wir ohne Gottes Geist sind und nur den natürlichen Kräften nachgehen. Aber Dr. Luther setzet am selbigen Ort: „Nicht also; es heißt Gott zu Hülfe anrufen und widerstehen der Sünde und dem Unrecht." So wenig nun St. Paulus ausgibt, daß der Teufel Gott sei, wenn er sagt, wir sind seine Gefangenen: so wenig thut es auch Luther. Und ist dieser Einwurf nur eine Verleumdung und Verkehrung der Worte Luthers.

209. Fünftens: Luther wolle den Teufel mit Possenreißen vertreiben, gebe vor, man solle den Teufel mit einem Fortz abweisen und zu ihm sagen: Küsse mich aufs Gesäße ꝛc., weise ihn ab mit Dreck-Argumenten, welches närrische, lotterbübische Mittel seien.⁷

210. Antwort: Erstens, wie der Teufel und seine Anfechtung allein mit Gottes Wort müssen überwunden sein und ohne dies Mittel nichts anderes helfen könne, das hat Luther mehr und besser gelehret denn alle Päbste, die in ihren Decreten fast weder unseres HErrn Gottes noch des Teufels gedenken, wie ihm seine herrlichen Bücher das Zeugniß geben.⁸

---

¹ Prädicanten-Credo, Artik. 1. § 2. pag. 229. Ungersdorff, in gratulat. part. 2. pag. 300. ² Jenaer deutsche Ausg. Bd. 3. fol. 147. ³ Joh. 8, 34. ⁴ 2 Tim. 2, 26. ⁵ Eph. 2, 3. ⁶ 1 Cor. 15, 50. ⁷ Scherer, Dom. Invocavit, Conc. 3. pag. 253. Motivae Badenses, rat. 3. pag. 158. 159. Sixtus Sartorius, in Causis Motiv. pag. 203. seq. Ungersdorff, part. 2. pag. 303. ⁸ Jenaer deutsche Ausg. Bd. 8. fol. 187.

Zweitens, daß aber Luther den Teufel bisweilen abgewiesen mit solchen Worten, damit hat er gesehen auf den Hochmuth dieses Geistes, welcher gerne wollte Gott sein, und thut ihm nichts so wehe denn Schimpf und Verachtung. Darum will Luther, man solle ihn aufs schimpflichste verunehren, als damit der Satan verspottet und verjaget wird. Also hat er pflegen zu sagen: „Teufel, willst du uns fressen, so heb hinten an, so hast du Senf und Salz zuvor."[1] Als Jehu das Haus Baals zerbrach und ein heimlich Gemach daraus machte,[2] that er nichts Anderes, als daß er den Teufel an solchen unreinen Ort wies; sollte denn Jehu auch närrisch und lotterbübisch gehandelt haben? Drittens, Franciscus, der große Mönchsheilige, hats nicht besser gemacht; als ihm Bruder Ruffinus klagte, daß er vor dem Teufel keinen Frieden hätte, rieth ihm Franciscus, wenn der Teufel wiederkäme, sollte er zu ihm sagen: Aperi os tuum et stercorisabo tibi in illud, so würde sich der Teufel damit abweisen lassen. Ja Franciscus selber, als er in seiner Krankheit keinen Frieden hatte vom Teufel, und auf dem Hauptkissen lag, warf nur das Hauptkissen herum, alsbald floh der Teufel von ihm.[3] Der Teufel ritt einmal auf Bruder Aegidio einen langen Weg, also daß der arme Bruder auf allen Vieren kriechen mußte, auch dieses Reiters nicht eher los werden konnte, bis er zum Weihkessel kam und sich mit Weihwasser besprengte. Gelten nun solche Mittel bei den Mönchen, den Teufel abzuweisen, warum sollten sie nicht bei Luthern gelten?

211. Es hat aber Dr. Luther hiermit gesehen auf die Freudigkeit, welche ein Christ haben soll wider den Teufel, dazu uns Christus selbst ermahnet: Seid getrost, ich habe die Welt überwunden.[4] Solche Freudigkeit kann ein Christ brauchen und sagen in Anfechtung: Troll dich, Teufel, ich habe jetzt anderes zu thun, als mit dir; du gehörest in die Hölle; Gott hat mich zu dieser Arbeit beschieden; bist du nicht zufrieden, so magst du am

---

[1] Jenaer deutsche Ausg. Bd. 6. fol. 230. [2] 2 Kön. 10, 27.
[3] Siehe Legenda Francisci, num. 149. [4] Joh. 16, 33.

höllischen Feuer deinen Unmuth büßen. Troll dich, Teufel; du hast mit mir nichts, sondern mit deinen verdammten Geistern und leidigen Höllenbränden zu handeln. Willst du aber etwas Anderes zu thun haben, so fahre in eine Sau, hast du es Macht von Gott, oder in heimliche Winkel, da findest du rechte Lust, welche dir als einem unsaubern Geiste gehöret.[1] Solche Freudigkeit und Verachtung thut dem Teufel wehe, dieweil er ein hochmüthiger Geist ist; und wenn es kommt aus einem gläubigen Herzen und festen Vertrauen zu Gott, wird der Teufel auch dadurch verjagt.

212. Allhier aber sollen die Päbstler abermal in sich selber gehen, da werden sie finden, daß die Ihrigen rechte vertrauliche Freundschaft und Familiarität mit dem Teufel gehalten. Hat nicht Pabst Sylvester II. einen Bund gemachet mit dem Teufel, wenn er ihm wolle zum Pabstthum verhelfen, wolle er nach seinem Tode sein eigen sein; jedoch mit dem Bedinge, wo er zu Jerusalem Meß halten würde. Der Teufel aber betrog ihn, daß er zu Rom in einer Kapelle Meß hielt, die Jerusalem genennet wurde, mußte also des Teufels eigen sein.[2] Es sind auch viele andere Päbste Zauberer gewesen: Benedict VIII., Johann XXI. und Benedict IX., welcher ein jedes Weibsbild, die er gewollt, durch Zauberei hat an sich ziehen können.[3] Solche Zauberer sind auch gewesen Gregor VI., Alexander VI., Paul III., der immer etliche vornehme Schwarzkünstler bei sich gehabt, welche ihm aus dem Gestirn und aus den Gesichten geweissaget.[4] Wie denn in den Historien und bewährten Chroniken viel von solchen zauberischen Päbsten gelesen wird.

213. Insonderheit haben die Mönche vertrauliche Freundschaft mit dem Teufel gehalten, wie in den Legenden Francisci und Dominici mit Haufen zu finden. Dominicus hat die Teufel also können bannen und zwingen, daß sie ihm haben sagen müssen, in was für Stücken die Klosterbrüder gesündiget, auf welchen Be-

---

[1] Laelius contra Sartor., pag. 99. 100.   [2] Platina, in Sylvest. II.
[3] Benno Cardinalis, pag. 465.   [4] Sleidanus, lib. 21.

richt er Alles in eine bessere Ordnung gebracht.¹ Also hat auch Macarius den Teufel gebrauchet zu einem Kundschafter in seinem Kloster, der hat ihm müssen anzeigen, was die Mönche vorhatten.² St. Amelius hat vom Teufel Unterricht empfangen, daß wenn er seinen Kindern den Kopf abhauen, das Blut auffangen und seinen Freund St. Amicum, der aussätzig war, damit waschen würde, so würde er gesund und rein werden, welches auch geschehen; worauf die Kinder wieder lebendig geworden und das Zeichen des Streichs am Hals wie einen rothen Faden getragen.³ Franciscus hat den Teufel gar oft gesehen, nicht in angenommener Gestalt, sondern in höllischem Gesicht, und hat Wunder gesagt, wie schrecklich er aussehe.⁴ Bruder Rodicosamus schlief beim Feuer, da kam der Teufel und nahm einen Brand und rühret ihn damit auf die Hand. Der Bruder erwachte und nahm den Brand, wollte den Teufel damit schlagen, da verschwand er.⁵ Als ein Bruder starb und der Teufel wollte ihn holen, gebot Franciscus dem Teufel, daß er ihm die Kappe zuvor ausziehen mußte.⁶ Ja Franciscus hatte solche Conversation mit dem Teufel, daß er ins Fegefeuer fuhr und raubete dem Teufel die Seelen und fuhr mit ihnen gen Himmel.⁷ So hat der Teufel auch gezeuget von Francisci Seligkeit.⁸

214. Die Meßpriester haben gar gute Kundschaft mit dem Teufel gehabt durch Zauberei. Ein Meßpfaffe ließ einem zehnjährigen Knaben den Kopf abschlagen und brauchte ihn unter der Messe zu seiner Zauberkunst.⁹ Johannes Teutonicus hat drei Messen in einer Nacht gesungen, eine zu Halberstadt, eine zu Mainz, eine zu Köln. Hat es nicht viel Exorcisten im Papstthum gegeben, welche den Teufel bannen und vertreiben mit Charakteren, mit Zetteln, mit Kreuzen?¹⁰ Die Erscheinung der

---

¹ Anton. Tom. 3. tit. 23. cap. 4. ² In Vitis Patrum, pag. 71.
³ Legend. Amici et Amelii. ⁴ Legenda Francisci, num. 186. ⁵ Legenda Francisci, num. 380. ⁶ Ibid. num. 406. ⁷ Ibid. num. 590.
⁸ Ibid. num. 591. ⁹ Bodinus in Dæmonomania, lib. 2. cap. 4.
¹⁰ Siehe Inquisitiones Magicas Martini Delrii.

Poltergeister im Pabstthum ist ein rechtes Teufelswerk gewesen, wie die Unsrigen solches erwiesen.¹ Ja der Teufel hat zu Spelt bei Ingolstadt im Eichstetter Bisthum Anno 1582 auf Befehl der Mönche das Vater=Unser gebetet in einer besessenen Frau, das Ave Maria aber hat er durchaus nicht wollen beten.² Wer ein wenig Zeit aufwenden wollte, der könnte des Dinges viel aus den päbstischen Scribenten sammeln. Sollten sich demnach diese Leute schämen, indem sie Luthern andichten solche Dinge, die doch mit Wahrheit an ihnen allzuviel gefunden werden.

Das fünfzehnte Capitel.
Von Dr. Luthers Hoffart, indem er sich für einen Engel, Propheten und Apostel ausgegeben hat.

215. Von Dr. Luthers Hoffart werfen die Päbstler auch viel vor, daß er sich für einen Engel, für einen Propheten, Apostel und Evangelisten, für einen heiligen Mann Gottes aus= gegeben, der Jedermann getrotzet habe, Niemand weichen wollen um ein Haar breit, er sei Jesaias und Elias, wie solche Anklagen bei ihnen mit Haufen zu finden sind.³

216. Erstens wirft man ihm vor, daß er sich einen Engel genennet.⁴

217. Antwort: Erstens, Dr. Luther nennet sich nicht schlechterdings einen Engel, sondern er schreibet, daß eine Weissagung geschehen sei, Kaiser Friedrich werde das heilige Grab erlösen. Nun bedünke ihm, daß diese Weissagung erfüllet sei an Herzog Friedrich zu Sachsen, welcher zum römischen Kaiser

---
¹ Papatus accatholic. Heilbrunn. artic. 7. ² Siehe Zeæmanum contra Ungersd., pag. 415. ³ Conrad Vetter, im demüthigen Luther. Scoppius, von Dr. Luthers Autorität und Ansehen. Motivae Badenses, rat. 3., &c. ⁴ Conrad Vetter, im bemühtigen Luther, pag. 38.

war erwählet worden. Dieser, spricht er, habe das Grab Christi erlöset, das ist die heilige Schrift, darinnen die Wahrheit Christi begraben gelegen, die im Pabstthum getödtet und von den Ordensleuten als Wächtern bewachet wurde. Darauf spricht er: „Wie, wenn ich mich rühmete, daß ich ein Engel oder Magdalene bei dem Grabe gewesen sei?" [1] Da siehet man, daß sich Dr. Luther so wenig einen Engel nennet, so wenig er sich Magdalene nennet. Zweitens, wenn Dr. Luther sich einen Engel genennet hätte, dadurch hätte er ja nicht gesündiget, denn die Lehrer göttlichen Worts heißen Engel in der Schrift [2] wegen ihres heiligen Amtes, welches Luther auch führte. Wenn wir gleich heutiges Tages Luthern einen englischen Doctor heißen, so sündigen wir so wenig, als die Papisten sündigen, wenn sie ihren Thomas nennen Doctorem Seraphicum oder Angelicum, einen englischen Lehrer, wie genugsam bekannt ist. Drittens, der Pabst hält die Meßpfaffen höher als die Engel im Himmel, dieweil sie geweihet sind, welches von den Engeln nicht kann gesaget werden; die auch nicht die Macht haben, das Sacrament zu verwandeln, wie die Meßpriester haben. [3]

218. Zweitens: Luther hat sich einen Propheten, Evangelisten und Apostel genennet. [4]

219. Antwort: Erstens, Luther nennet sich nicht einen Evangelisten, also, als wenn er ein neues Evangelium hätte geschrieben und der fünfte Evangelist wäre, wie die Päbstler höhnen; sondern gleichwie Timotheus das Werk eines Evangelisten oder evangelischen Predigers treibet, [5] also hat es Luther auch getrieben, indem er nicht Menschensatzungen, sondern das Evangelium Christi geprediget hat. Zweitens, Luther hat sich dieses Namens mit Fleiß gebrauchet wider seine Feinde, welche vorgaben, daß er ein Ketzer wäre; das leugnet er und beweiset, daß er das Evangelium predige. An den Churfürsten

---

[1] Jenaer deutsche Ausg. Bd. 2. fol. 49. [2] Mal. 2, 7.; Offb. 2, 8.; Matth. 11, 10. [3] Catech. Rom. pag. 542. [4] Scoppius, von Luthers Autorität, pag. 43.; Vetter, im deutschen Luther, pag. 35. [5] 2 Tim. 4, 5.

Friedrich schreibet er: „Euer churfürstliche Gnaden wissen, daß ich das Evangelium nicht von Menschen, sondern allein vom Himmel durch unsern HErrn Christum habe, daß ich mich wohl hätte mögen (wie ich denn hinfüro thun will) einen Knecht und Evangelisten schreiben und rühmen. ¹ Und im Buch wider den falsch genannten geistlichen Stand schreibet er: „Wenn ich mich einen Evangelisten von Gottes Gnaden nennete, trauete ich dasselbe eher zu beweisen, denn euer einer seinen bischöflichen Titul oder Namen beweisen könnte; bin deß gewiß, daß mich auch Christus selbst also nennet und dafür hält, der meiner Lehre Meister ist und auch Zeuge sein wird am Jüngsten Tage, daß sie nicht mein, sondern sein Evangelium ist." ² Drittens, wenn er sich einen Propheten nennet, wirft er sich nicht auf für einen solchen, welcher den Propheten im Alten Testament gleich wäre. In Vertheidigung der Artikel, die in der päbstlichen Bulle verdammt waren, spricht er: „Ich sage nicht, daß ich ein Prophet sei, ich sage aber, daß ihnen so viel mehr zu fürchten ist, ich sei einer, so viel mehr sie mich verachten und sich selbst achten. Item, bin ich nicht ein Prophet, so bin ich doch gewiß für mich selbst, daß das Wort Gottes bei mir und nicht bei ihnen ist." ³ Viertens, Luther nennet sich bisweilen einen Propheten in dem Verstand, in welchem Paulus spricht, daß die Geister der Propheten sollen den Propheten unterthan sein,⁴ da er das heilige Predigtamt verstehet. Also schreibet Luther: „Ich habe gethan, was einem treuen Propheten und Lehrer gebühret." ⁵ Fünftens, wollte man ihn aber einen Propheten heißen, dieweil er viel geweissaget, das hernach geschehen, wäre es nicht unrecht. Denn was er von der Arianer Ketzerei in Deutschland,⁶ von den großen Strafen Deutschlands wegen Verachtung des göttlichen Wortes,⁷ von mancherlei Irrung in der Religion nach seinem Tode geweissaget,⁸ das hat sich alles gefunden.

---

¹ Jenaer deutsche Ausg. Bd. 2. fol. 70. ² Ebendas. Bd. 5. fol. 106. ³ Ebendas. Bd. 1. fol. 401. ⁴ 1 Cor. 14, 32. ⁵ Jenaer deutsche Ausg. Bd. 8. fol. 38. ⁶ Ebendas. Bd. 3. fol. 433. ⁷ Ebendas. Bd. 5. fol. 185. 202. 365. ⁸ Ebendas. Bd. 6. fol. 210.

Darum hat er auch gesprochen, daß er nicht gerne weissage, dieweil seine Weissagungen gemeiniglich zutreffen.[1]

220. Drittens: Dr. Luther soll von sich schreiben, er sei Christus, sein Wort sei Christi Wort und sein Mund sei Christi Mund.[2]

221. Antwort: Erstens, Dr. Luther erkläret den Spruch Pauli Gal. 2.: Ich lebe, aber doch nicht ich, sondern Christus lebet in mir. Darüber schreibet Luther: „Darum, daß Christus in mir lebet, so muß zugleich in mir sein Gnade, Gerechtigkeit, ewiges Leben und Seligkeit, und müssen dagegen wegweichen Gesetz, Sünde und Tod." Und bald darauf: „Man soll vom Glauben recht lehren, nämlich also, daß du durch denselbigen mit Christo also verbunden und vereiniget werdest, daß aus dir und ihm gleich Eine Person werde, welche sich von einander gar nicht scheiden noch trennen lasse, sondern Christo immerdar anhange und mit aller Freudigkeit sagen könne: Ich bin Christus, nicht persönlich, sondern Christi Gerechtigkeit, Sieg, Leben und Alles was er hat, das ist mein eigen."[3] Hieraus ist zu sehen, wie Luther es verstanden, da er gesprochen, er sei Christus, nämlich mit Christo vereiniget, der in ihm lebe, und daß Christi Wohlthaten sein Eigen sind. Zweitens, daß aber Luther gesprochen, seine Stimme sei Christi Stimme, sein Mund Christi Mund, daran hat er nichts Unrechtes geredet. Denn Christus spricht ja selber: Wer euch höret, der höret mich;[4] lehret sie halten Alles was ich euch befohlen habe.[5] Dieweil denn Luther gelehret, was Christus befohlen, ist seine Stimme Christi Stimme und sein Mund Christi Mund gewesen.

222. Viertens: Dr. Luther soll schreiben: Bin ich, Luther, nicht ein theurer, edler Mann? In tausend Jahren ist kaum ein edler Blut gewesen.[6]

---

[1] Jenaer deutsche Ausg. Bd. 7. fol. 283. [2] Vetter, im demüthigen Luther, pag. 39. Scoppius, von Luthers Autorität, pag. 43. [3] Jenaer latein. Ausg. Bd. 4. fol. 56. [4] Luc. 10, 16. [5] Matth. 28, 19. [6] Vetter, im demüthigen Luther, pag. 38. Scoppius, von Luthers Autorität, p. 44.

223. Antwort: Wenn man den ganzen Text lieset, siehet man bald, wie's Luther meinet mit diesen Worten. Auf des Königs von England Lästerschrift antwortet er also: „Hilf Gott, wie genau und mit geschwinden Griffen suchet man mich! Bin ich nicht ein theurer, edeler Mann? Ja freilich, in tausend Jahren ist kaum ein edeler Blut gewesen denn der Luther. Wie so? Rechne du selbst. Es sind nun drei Päbste gewesen, so viel Cardinäle, Könige, Fürsten, Bischöfe, Pfaffen, Mönche, große Hansen, Gelehrte und die ganze Welt, die allzumal an des Luthers Blut Verräther, Mörder oder Henker sind oder ja gerne wollten sein."[1] Allhier siehet ein Jeder, daß Luthers Meinung sei, er werde so hoch und edel, so berühmt gemacht, indem die großen Herren alle wider ihn streben und nach seinem Blut trachten, dergleichen Andern nicht widerfahren sei. Darin nichts Böses zu finden ist.

224. Fünftens: Luther hat gerühmet, er könne den Herzog Georg mit einem Wort erwürgen; er wolle nicht von dem Churfürsten geschützet werden, sondern wolle ihn schützen; er habe dem Pabstthum mehr abgebrochen, denn nie kein Fürst oder Kaiser; er weiche in Glaubenssachen nicht eines Haares breit, und das soll sein Reim sein: Cedo nulli.[2]

225. Antwort: Solcher Reden findet man viel in den Schriften Luthers; es fraget sich aber, ob dieses ein unbilliger Stolz sei. Darauf sagen wir: Wofern Luthers Amt und Lehre nicht von Gott gewesen, so ist solcher Ruhm billig zu verwerfen; ist aber sein Beruf und Lehre von Gott, so hat Dr. Luther hierin nicht gesündiget, denn er trotzet wider den Pabst damit und wider alle Feinde des Evangelii, welches auch die Heiligen gethan haben. St. Paulus rühmet sich wider die falschen Apostel, daß er mehr sei denn sie, habe mehr gearbeitet denn sie, mehr gelitten denn sie.[3] Ja er verfluchet einen Engel vom Himmel, der ein ander Evan-

---

[1] Jenaer deutsche Ausg. Bd. 3. fol. 331. [2] Motivae Badens. rat. 3. pag. 142. Scroppius, von Luthers Autorität, pag. 43. 44. Vetter, im demüthigen Luther, pag. 32. 33. [3] 2 Cor. 11, 23.

gelium predigen wollte,¹ und schilt die unnützen Schwätzer, die der Schrift Meister sein wollen, und verstehen doch nicht, was sie sagen.² Und hierinnen ist gar recht geschehen, daß Luther mit andern Heiligen auf sein Amt trotzet, denn die Schrift befiehlet es: In Widerwärtigkeit sei getrost und trotze auf dein Amt; denn wer an seinem Amte verzaget, wer will dem helfen?³ Hat also Luther in diesem Stück auch nichts gesündiget.

226. Sechstens: Luther rühmet, daß von der Apostel Zeit her die Lehre des Evangelii in Deutschland so rein nicht sei geprediget worden, als er es geprediget habe.⁴

227. Antwort: Wenn man die Zeiten recht betrachtet, so wird sichs finden, daß Luther allhier nichts Unrechtes gesagt habe. Denn erstens redet Dr. Luther nicht von der ganzen Welt, sondern nur von Deutschland. Zweitens, so spricht er nicht, daß Deutschland das Evangelium gar nicht gehabt, sondern daß es dasselbe nicht so rein gehabt; haben aber und rein haben, ist zweierlei. Drittens, Deutschland ist eine lange Zeit in heidnischer Blindheit gestecket, und als zu Karls des Großen Zeiten das Evangelium auf die Deutschen kommen, ist es mit vielem Sauerteig schon vermenget gewesen. Viertens, die Päbstler selber gestehen, daß man den alten Kirchenlehrern nicht in Allem solle folgen, weil sie in vielen Dingen geirret, wie droben erwiesen ist. Ist nun dem also, so folget aus solchem Zugeben auf ihrer Seite, daß Deutschland seit der Apostel Zeiten das Evangelium nie so rein gehabt, als die Päbstler es jetzt vermeintlich lehren, dieweil sie in den Vätern so viel verwerfen. Ists nun bei ihnen keine Hoffart, wie sollt es denn Luthern zur Hoffart ausgedeutet werden? Fünftens, man muß auch unterscheiden unter der Lehre und unter der öffentlichen Uebung solcher Lehre; denn Deutschland hat allezeit Gottes Wort rein gehabt, so lange es hat die Bibel gehabt, in welcher solch Gottes Wort verfasset ist; die öffentliche reine Uebung ist aber nicht immer gewesen.

¹ Gal. 1, 8. ² 1 Tim. 1, 7. ³ Sir. 10, 31. 32. ⁴ Ungersdorff in gratulat. part. 2. cap. 3. Sartorius in causis Motivis, pag. 334. 335.

Dahin siehet Dr. Luther vornehmlich, daß Deutschland in der öffentlichen Predigt das Wort Gottes nie so rein gehabt, als zu seiner Zeit. Sechstens, wenn Luther saget: von der Apostel Zeit her, schließt er nicht die Apostel ein, als ob sie auch Gottes Wort so rein nicht geprediget hätten, sondern er schließt sie aus und deutet an, daß nach ihrer Zeit die Lehre verunreiniget worden, wie denn zu der Apostel Zeit schon die Irrungen sich regten.[1] Hat also Luther in diesem Stück nicht unrecht geredet.

228. Es sollten aber die Päbstler allhier sich selber und vornehmlich ihren Pabst ansehen, so würden sie befinden, daß der große Hoffartsteufel gar bei ihnen sei. Ist das nicht Hoffart, wenn die Canonisten sagen vom Pabst, er habe einen himmlischen Willen, seine Hoheit übertreffe die ganze Welt, er habe ein Gerichte mit Gott, er sei ein sichtbarer Gott, ein König aller Könige, er ist Kaiser wenn das Reich leer stehet, ihm ist gegeben alle Gewalt im Himmel und auf Erden, er sei der Engel Richter, vom Pabst habe man nicht Macht an Gott zu appelliren, er kann die Creatur ändern, aus Nichts Etwas machen, sein Wille ist für eine Ursach zu halten. Niemand soll zu ihm sagen: Was machst du? Der Pabst ist über und wider das Recht, auch außer dem Recht. Er kann aus Unrecht Recht machen; er kann Alles thun, was Gott thut; er kann die Sacramente ändern. Wenn die ganze Welt gleich wider den Pabst wäre, soll man doch bei seiner Meinung bleiben. Wer ihm nicht gehorsam ist, den soll man tödten. Er hat Macht wider den Apostel Paulum zu statuiren. Er ist der Bräutigam und das allgemeine Haupt der christlichen Kirche, ja das Haupt der ganzen Welt. Er kann neue Herzoge und Ritter machen; ja der römische Kaiser ist schuldig, dem Pabst den Steigereif zu halten, wenn er aufs Pferd will sitzen; er soll ihn auf der Achsel tragen, das Handfaß darreichen, das erste Gericht ihm auftragen. Kein Mensch kann des Pabstes Hoheit fassen noch aussprechen. Das ist ein demüthiger Pastor zu Rom. Sollte wohl größere Hoffart können erdacht werden? Das heißt

---

[1] 1 Joh. 4, 1.; 2 Thess. 2, 7.

sich erheben über Alles, was Gott und Gottesdienst heißet. Der christliche Leser besehe, was die protestirenden Churfürsten und Stände von solcher stinkenden Hoffart des Pabsts aus den Canonisten haben lassen zusammentragen, da die so erzählten Stücke gründlich angezeiget und gefunden werden.[1]

Das sechszehnte Capitel.
Von Wunderwerken, welche Luther habe thun sollen und wollen, da doch keines derselbigen erfolget ist.

229. Von Wunderwerken werfen die Päftler Dr. Luthern auch vor **erstens**, daß er schuldig gewesen sei, seine Lehre mit Wunderwerken zu erweisen, dieweil er sich für Elias ausgegeben.[2] **Zweitens**, daß er zwar sich unterstanden habe, Wunder zu thun, aber er habe es nicht können vollbringen;[3] nicht eine todte Fliege habe er können lebendig machen,[4] nicht einen todten Hund habe er können gerade machen.[5] **Drittens**, daß er sich der Wunder gerühmet habe, sollen aber so schlechte Wunder sein, als die Kühe und Ochsen thun, wenn sie zusammenlaufen.[6]

230. Daß Luther sei schuldig gewesen, Wunder zu thun, wollen sie beweisen **erstens**, dieweil er eine neue Lehre geführet, die neuer Wunder vonnöthen gehabt;[7] **zweitens**, dieweil sein neuer Beruf solches erfordert;[8] **drittens**, dieweil er sich dem Propheten Elias gleich geachtet, der auch Wunder gethan;[9]

---

[1] Causae recusati Concilii Tridentini, a pag. 279. usque ad 328.
[2] Tannerus, Dioptr. lib. 2. qu. 4. cap. 26. pag. 618.   [3] Ibid. cap. 28. pag. 623.   Anatomia August. Confess. part. 2. dem. 9. § 23. seq. Lessius consider. 4.   [4] Bellarmin. lib 4. de Notis Ecclesiae, cap. 14.
[5] Studentengespräch, part. 2. lit. c. 3.   [6] Tannerus, Anatomia August. Confess. part. 2. dem. 9. § 35. seq.   [7] Tannerus, Dioptr. lib. 2. qu. 4. cap. 28. pag. 613.   [8] Anatomia August. Confess. part. 2. dem. 9. § 2. 3.
[9] Dioptr. lib. 2. qu. 4. cap. 26. pag. 618.

viertens, dieweil er von den Wiedertäufern Wunder begehret.¹ Diese Ursachen aber können nicht erzwingen, daß Luther sei schuldig gewesen, Wunder zu thun.

231. Erstens: Der Lehre halber hat Luther keine Wunder thun dürfen; denn erstens haben die Juden und Pharisäer solches dem HErrn Christo auch vorgeworfen, seine Lehre hielten sie für neu und begehrten neue Wunder von ihm;² was nun die Päbstler den Juden hätten wollen antworten, das müssen sie ihnen wieder zur Antwort nehmen. Zweitens, gleichwie Christus und seine Apostel nicht gestanden haben, daß ihre Lehre neu wäre, sondern haben sich auf Mosen und die Propheten berufen:³ also sagen auch wir, daß Luthers Lehre durchaus nicht neu sei, sondern alt, könnens auch mit Gottes Hülfe durch alle Artikel erweisen. Drittens, dieweil die Lehre nicht neu ist, bedarf sie auch keiner neuen Wunder, sondern **die alten Wunder Christi und seiner Apostel sind auch Luthers Wunder**, dadurch seine Lehre genugsam bekräftiget ist. Viertens, es beweisen die Wunder nicht die Lehre, sondern die Lehre prüfet und beweiset die Wunder; wie denn Gott der HErr befohlen, die Wunder aus der Lehre zu prüfen,⁴ der HErr Christus auch seine Wunder aus der Schrift erwiesen hat.⁵

232. Zweitens: Des neuen besonderen Berufes halber ist Luther nicht schuldig gewesen, neue Wunder zu thun, denn es ist solcher Beruf durch ordentliche Mittel ergangen, wie droben ausgeführet worden. Daß aber Luther sei schuldig gewesen, solchen Beruf durch Wunder zu erweisen, sagen wir Nein um folgender Ursachen willen: Erstens, die Christen haben keinen Befehl noch Ordnung, daß sie den Beruf eines Lehrers dadurch prüfen sollen. Zweitens, die Juden, Pharisäer und andere Ungläubige haben dergleichen von den Lehrern begehret, daß sie ihren Beruf durch Wunder erweisen sollten.⁶ Drittens,

---

¹ Stapleton, Relection. Controv. 2. quaest. 4. art. 3. pag. 228.
² Marc. 1, 27. ³ Matth. 12, 30. ⁴ 5 Mos. 13, 1—3. ⁵ Matth. 11, 4. 5.
⁶ Matth. 12, 38.; 1 Cor. 14, 22.

viele Propheten, ja Johannes der Täufer selber, haben keine Wunder gethan,¹ wie denn auch Viele ohne Wunder aus der Predigt des göttlichen Worts selig worden.² **Viertens**, obgleich ein Prediger seinen Beruf mit Wunderwerken bestätigen wollte, soll man ihm doch nicht glauben, wenn die Lehre falsch ist.³ **Fünftens, der Glaube kommt nicht aus den Wundern, sondern aus dem Gehör des göttlichen Wortes.**⁴

233. Drittens: Der Vergleichung halber mit dem Propheten Elias ist Luther nicht schuldig gewesen, Wunder zu thun. Denn, erstens, Johannes wird auch mit Elias verglichen⁵ und hat doch keine Wunder gethan.⁶ Zweitens, es thut nicht vonnöthen, daß Luther in allen Dingen dem Elias muß gleich sein, denn auch Johannes der Täufer darin dem Elias nicht gleich war, daß er war lebendig gen Himmel gefahren mit feurigen Rossen und Wagen, und dennoch wird er dem Elias gleich geachtet. Drittens, wenn Luther der dritte Elias genennet wird, sehen wir auf den Eifer, die Freudigkeit des Geistes und den großen Heldenmuth, daß gleich wie Elias die Baaliten,⁷ also er das Pabstthum angegriffen und glücklich reformiret hat.

234. Viertens: Daß Luther von den Wiedertäufern Wunder begehret, deshalb ist er nicht schuldig gewesen, Wunder zu thun. Denn die Wiedertäufer hatten eine neue Lehre wider das Evangelium, gaben vor, daß die Engel mit ihnen redeten und Gott in Gesichten sich ihnen offenbarete. Sie lehreten auch darneben, daß man von Gott Zeichen bitten solle.⁸ Hierauf begehret Luther, sie sollten solche Zeichen sehen lassen. Gleich aber wie Luther selber weder der Geister, noch der Gesichter, noch der Zeichen sich jemals gerühmet, so ist er auch nicht schuldig gewesen, Zeichen zu thun.

---

¹ Joh. 10, 41. ² Joh. 4, 42.; Apstg. 2, 40. 41.; Apstg. 16, 14. 15.
³ 5 Mos. 13, 2.; Matth. 24, 23. ⁴ Röm. 10, 7. ⁵ Matth. 11, 14.
⁶ Joh. 10, 41. ⁷ 1 Kön. 18, 36. f. ⁸ Sleidanus, lib. 5.

151

235. Hierauf werfen die Päbstler vor, daß Luther sich unterstanden habe Wunder zu thun, allein er habe es nicht können vollbringen. Insonderheit erzählen sie zwei Mirakel, die Luther habe thun wollen: Erstens, als Nisenus in der Elbe ertrunken sei, habe er dem todten Körper ins Ohr gemurmelt, der Hoffnung, er solle lebendig wieder aufstehen, welches doch nicht erfolget;[1] zweitens, daß er einen Teufel von einer besessenen Jungfrau habe wollen austreiben, der Teufel aber habe Luthern ergriffen und dermaßen geängstiget, daß er nicht gewußt, wie ihm geschehen sei.[2]

236. Das erste Wunder belangend, daß Luther hat wollen einen Todten auferwecken, wird dasselbe bei keinem glaubwürdigen Autor gefunden, als beim Cochläus, welcher, weil er von Dr. Luthers Leben und Absterben öffentliche Lügen geschrieben, so können wir nicht sehen, warum man ihm diese Historie glauben solle. Luther ist zwar bekannt gewesen mit Wilhelm Nisenus und hat auch an ihn ein Buch geschrieben;[3] daß er ihn aber habe wollen vom Tode auferwecken, davon hat man keine Nachricht. Daß er ihm etwas ins Ohr geredet, wie Cochläus schreibet, mag wohl sein; denn es geschiehet gar oft, daß man den Sterbenden in die Ohren schreiet. Daß er aber hiemit ihn habe wollen lebendig machen, woher weiß es Cochläus, der nicht dabei gewesen, auch keine glaubwürdigen Autoren anziehen kann? Ist also dieses, eben wie von Luthers Eltern und Geburt, eine öffentliche Unwahrheit. Etliche wollen zwar sagen, daß Luther zu dem ertrunkenen Nisenus gesaget: „Wenn ich Wunder thun könnte, wollte ich dich auferwecken." Ob er nun gleich diese Worte geredet hätte, siehet doch ein Jeglicher, daß er mit Bedingung geredet: wo er Wunder thun könnte, so wollt er ihn auferwecken. Nun wissen die Knaben in Schulen, daß aus solchen Reden, die mit Bedingung geschehen, nichts Richtiges kann geschlossen werden.

---

[1] Cochlæus in actis Lutheri, pag. 70. Lessius, Consid. 4. pag. 35.
[2] Tann., Dioptr. lib. 2. qu. 4. cap. 28. pag. 623. [3] Jenaer latein. Ausg. Bd. 2. fol. 567.

237. Das andere Wunderwerk belangend, daß Luther habe wollen einen Teufel austreiben, welcher doch nicht weichen wollen, können wir den Jesuiten darinnen nicht glauben, dieweil sie Luthers Feinde sind. M. Sebastian Fröschel, welcher damals Archidiakonus zu Wittenberg gewesen, erzählt diese Historie viel anders. Eine Jungfrau von achtzehn Jahren, vom Teufel besessen, wurde zu Luther gebracht, daß er den bösen Geist austreiben sollte. Dr. Luther fragte sie erstlich, ob sie das apostolische Glaubensbekenntniß wüßte. Darauf mußte sie es hersagen, und als sie auf die Worte kam: „Und an JEsum Christum, seinen eingebornen Sohn" ꝛc., verstummte sie und wurde vom Teufel schrecklich geplaget. Darauf sprach Dr. Luther: Ich kenne dich wohl, Satan, du wolltest gern, daß ich dich mit großem Gepränge austriebe, aber ich will es nicht thun. Des andern Tages ließ er die Besessene in seine Predigt bringen, und als sie in die Sacristei geführet wurde, ist sie niedergefallen und hat mit Händen und Füßen sich gewehret, bis sie von etlichen Studenten wieder aufgerichtet worden. Darauf hat Dr. Luther eine Vermahnung gethan des Inhalts: man solle die Teufel auszutreiben sich nicht unterstehen, wie vorzeiten geschehen, dieweil jetzt die Kirche solcher Wunder nicht vonnöthen habe, wie zur Apostel Zeit, da die Kirche gepflanzet und die neue Lehre mit Wundern bekräftiget werden mußte; zweitens, man solle den Teufel nicht beschwören, wie im Pabstthum, sondern solle wider ihn beten und, weil er ein hoffärtiger Geist sei, ihn verachten; drittens, man solle Gott dem HErrn keine Maß noch Zeit setzen, den Teufel auszutreiben, denn das heißet Gott versuchen, sondern man solle im Gebete anhalten und mit Geduld der rechten Zeit erwarten. Nach geschehener Ermahnung hat Luther der Jungfrau die Hand aufs Haupt gelegt, und als er den Glauben und Vaterunser gebetet, darauf den Spruch Christi Joh. 14. hergesagt: Wahrlich, wahrlich, ich sage euch, wer an mich gläubet, der wird die Werke thun, die ich thue, ja noch größere Werke thun; hierauf neben seinen Collegen zu Gott geseufzet, er wolle den bösen Geist treiben von diesem Mägdlein um seines lieben Sohnes Christi willen; die Jungfrau aber hat er mit den Füßen angerühret und gesprochen: Du hoffärtiger Teufel hättest wohl gerne, daß ich in großem Gepränge mit dir umginge; ich will es aber nicht thun, denn ich weiß, daß dir der Kopf zertreten ist und du dem HErrn Christo zu den Füßen liegen mußt, der dich auch unter unsere Füße treten wird. Hierauf ist er von ihr gegangen, und haben desselben Mägdleins Freunde an Luther geschrieben, daß hinfort der böse Geist sie nicht mehr geplaget habe.[1] Dieser Erzählung glauben wir mehr, als wenn zehn Mönche und noch zehn Jesuiten dieselbige anders beschrieben. Und siehet man in dieser Historie, daß Luther nichts gethan, welches einem Prediger des Evangelii übel anstände, wie denn allhier auch kein Wunder vorgegangen ist.

238. Und wie sollte Dr. Luther haben Wunder thun wollen, da er doch klärlich gelehret, daß die Wunder nichts beweisen, man solle auch nicht darauf achten. Denn also schreibet er im Buch an den christlichen Adel teutscher Nation: „Wunder bewähren nichts sonderlich in dieser letzten ärgsten Zeit, von welcher falsche Wunder verkündiget sind in aller Schrift. Darum müssen wir uns an die Worte Gottes halten mit festem Glauben, so wird der Teufel seine Wunder wohl lassen." [2]

239. Endlich wirft man vor, daß Dr. Luther der Wunder sich gerühmet habe, indem etliche Nonnen zu Huren worden,[3] welches solche Wunder sind, die Ochsen und Kühe thun können.[4] Hierauf ist zu wissen, daß Luther nirgends sagt, es sei ein Wunder, wenn die Nonnen zu Huren werden; sondern er gedenket zu unterschiedenen Malen, daß wenn die Predigt des Evangelii so viel wirket, daß die Klosterjungfrauen erkennen, daß ihr Stand nicht heiliger sei als anderer Leute, daß man im Ehestande Gott auch

---

[1] Promptuarium Exempl. Sturmii, Part. 1. fol. 139. Theatrum Diaboli, part. 1. pag. 59. [2] Jenaer teutsche Ausg. Bd. 1. fol. 293. [3] Scoppius, in Demüthigung der Protestirenden, fol. 34. [4] Tanner., Anat. Aug. Conf. part. 2. dem. 9. § 35. seq.

gefallen könne, daß die Welt mehr im Kloster als außer dem Kloster ist, und solche Leute dem Evangelio gehorchen, ob gleich Pabst, Cardinäle, Bischöfe, Kaiser, Könige, Churfürsten und Fürsten, ja die ganze Welt dawider sind, das hält er für ein Wunder; und ist solch Wunder ja so groß, als ist, daß die heiligen Apostel die Welt bekehreten inmitten der größesten Verfolgung, da sich dennoch Leute fanden, welche dem Evangelio beipflichteten.

240. Das wollen nun die Päbstler nicht gestehen, daß Luthers Reformation ein Wunder gewesen, sondern sie sagen, daß Luther mit seiner Lehre allen Lastern Thür und Thor aufgethan.[1] Zweitens, so können die Calvinisten und Wiedertäufer auch sagen, daß sie Wunder thäten, denn ihrer Lehre auch viel Volks beigefallen ist.[2] Wir antworten aber darauf also:

241. Daß Luther mit seiner Lehre den Lastern Thür und Thor aufgethan, darum ihm die Leute beigefallen, antworten wir erstens, daß man dem HErrn Christo dergleichen vorgeworfen, er und seine Apostel wollten die Leute vom Joch des Gesetzes abwendig machen,[3] dadurch sie Thür und Thor zu allerlei Sünden ihnen gleichsam aufthun wollten. Was nun die Päbstler allhier den Pharisäern antworten wollen, das mögen sie ihnen wiederum zur Antwort nehmen. Zweitens, ob zwar Luthers Lehre das Geißeln, Wallfahrten, vom Fleisch sich zu enthalten, freiwillige Armuth zu geloben nicht lehret noch gebeut, dennoch ist sie vielen Verfolgungen unterworfen, welche Fleisch und Blut auch wehe thut. Man bedenke, welche große Leib- und Lebensgefahr die Protestirenden mußten ausstehen auf dem Reichstage zu Augsburg, wie mußten die armen Lutherischen stündlich des Todes gewärtig sein in dem großen Dräuen der Widersacher! Wer sich nur merken ließ, daß er Luthern anhing, der war in der Welt Feindschaft. Nichtsdestoweniger achteten viel hundert tausend Menschen solche Gefahr nicht, sondern fielen doch dem Evangelio bei, welches viel ein größer Wunder ist, als wenn sich

---

[1] Tanner., Anat. Aug. Confess. part. 2. dem. 9. § 140. [2] Lessius, consid. 9. rat. 4. [3] Matth. 12, 2.

Jemand im Pabstthum des Fleisches enthält, dabei aber bei Kaiser, Pabst, Königen und Fürsten in großer Ehre, Gnade und Herrlichkeit lebet. Wie Viele verlassen zu dieser Zeit ihren Stand, Güter und alles das Ihrige und bleiben lieber beim Evangelio und lassen sich jagen von einem Land und einer Stadt zu der andern, welches kein geringes Wunder ist. Drittens, es ist eine Verleumbung, daß uns die Päftler vorwerfen, wir thun mit unserer Lehre allen Lastern Thore und Thüre auf. Die christliche Freiheit lehren wir mit den heiligen Aposteln,[1] und versuchen Niemand mit dem Joch der Menschensatzungen.[2] Wir lehren daneben auch gute Werke thun[3] und strafen das Böse, wissen also eine christliche Freiheit und epikurische Sicherheit wohl zu unterscheiden.

242. Daß aber die Calvinisten und Wiedertäufer von ihrer Reformation desgleichen sagen könnten, es wäre ein Wunder, antworten wir: Man soll nicht allein sehen auf den Zulauf der Menschen zu einer Lehre, sondern auf die rechte Ursache derselbigen, welche nicht ist äußerliche Gewalt, zeitliche Glückseligkeit, menschliche Einbildung und dergleichen, sondern die göttliche Kraft und Wirkung der Lehre, welche die Herzen der Menschen zwinget, daß sie hintenansetzen alle Furcht, dem Worte beifallen, und das ist die rechte Ursach gewesen, warum die Leute Dr. Luthers Lehre so häufig beigefallen. Die Wiedertäufer kann man uns nicht vorwerfen, denn bei ihnen ist wenig Göttliches oder Wunderbarliches, dieweil ihre Religion aufrührisch ist und göttlicher Ordnung sich widersetzet. Die Calvinisten aber belangend, werden Viele betrogen durch ihre Lehre, dieweil sie vor menschlicher Vernunft sehr scheinbar ist. Sofern sie aber wider das Pabstthum mit uns einig sind und also Etliche bekehren, rühret es alles her von der Kraft und Wirkung des göttlichen Wortes, welches sie in solchem Fall lehren, dadurch denn abermal unser Glaube und Lehre als ein Wunder bekräftiget wird.

---

[1] Gal. 5, 1. [2] Jef. 1, 12.; Matth. 15, 9.; Col. 2, 18. [3] Röm. 3, 13. 14.; 2 Pet. 1, 6.; Tit. 2, 12.

243. Es sollten aber die Päbstler allhier auch sich selber ansehen, wie sie mit ihren Wundern bestehen, davon sie keine richtige Gewißheit haben können. Denn sie bekennen ja, daß die Leute durch Wunderwerke können betrogen werden,[1] wie mit der schönen Maria zu Regensburg[2] und dem Gespenst bei den Franciscaner=Mönchen[3] geschehen ist. Sie müssen auch gestehen, daß die Wunder die Lehre nicht unfehlbar gewiß beweisen können,[4] sondern man müsse die Wunder oft mehr durch den Glauben, als den Glauben durch sie bewähren,[5] und könne ein Mensch auch wohl Wunder thun, welcher den wahren Glauben nicht habe.[6] Ja sie bekennen selber, daß die Zeichen, welche zur Apostel Zeit geschehen, jetzt in der Kirche nicht zu finden sind;[7] daß die Teufel auch gar leicht können Wunder thun.[8] Sie berufen sich auch auf den Teufel und seine Engel, denen solle man doch glauben, was sie von Wunderwerken zeugen.[9] Sie müssen auch endlich bekennen, daß weder der Pabst[10] (welcher doch das Haupt der römischen Kirche ist) noch Jemand anders mit der Gabe, Wunder zu thun, begnadet sei,[11] **wie sie denn nicht in Deutsch=land, sondern in Indien solche Wunderthäter haben,**[12] und wo sie könnten Wunder thun, würden sie unsere Lehre mit Wundern längst widerleget und uns damit ein=getrieben haben, wie sie denn rühmen, daß sie in vorigen Zeiten Ketzer des Irrthums durch Wunder überwiesen haben.[13] Aus diesem allem ist zu sehen, daß ihnen die Päbstler der Wunder halber selber nicht trauen dürfen, daher billig solch Geschrei von Wundern bei uns auch verdächtig ist und bleibt.

---

[1] Tanner., Diopt. lib. 2. quaest. 4. cap. 28. pag. 618. 622.
[2] Zwing., Theat. pag. 3140. seq. [3] Sleidan. lib. 9. [4] Bellarm., lib. 4. de notis Eccles. cap. 14. [5] Tanner., Diopt. lib. 2. quaest. 4. cap. 28. pag. 619. [6] Mald. in Matth. cap. 7. pag. 174. [7] Gregor. de Valent., Annal. lib. 6. cap. 7. pag. 48. [8] Bellarmin. lib. 4. de notis Eccles. cap. 14. [9] Tanner., part. 2. Anat. Aug. Confess. dem. 9. § 133. [10] Lessius, Disput. de Antich. dem. 10. pag. 58. [11] Gregor. de Valent., Annal. lib. 6. cap. 7. pag. 48. [12] Bellarmin. lib. 4. de notis Eccles. cap. 14. [13] Bzovius, ann. 1199. § 43.

Das siebenzehnte Capitel.

Von Dr. Luthers Saufen und Völlereien, wie er die Fastnacht zugelassen und das Fasten verboten.

244. Davon haben die Päbstler groß Geschrei, daß Luthern der rheinische Wein und die braunschweigische Mumme sehr wohl geschmecket, er habe oft einen Trunk gethan, die Leute mit Biersaufen lutherisch gemachet; der Verräther Judas möchte ihm wohl haben können Bescheid thun, er und seine Gäste haben festgehalten über den Worten: trinket alle daraus; wie solcher Spötterei viel in ihren Büchern gefunden wird.[1]

245. Erstens: Insonderheit aber wird vorgeworfen, daß Luther ein groß Glas mit dreien Reifen, daran der Katechismus gemalet gewesen, voll Weines auf einen Trunk ganz ausgetrunken, da M. Agricola über den ersten Reif nicht trinken können. Daraus zu sehen, was Luther für ein Säufer gewesen sei.[2]

246. Antwort: Wenn die Papisten nicht eigentlich wissen, wie groß Luthers Glas von dreien Bänden gewesen, so können sie von der Sache nicht richtig reden, ob Luther darum sei ein Säufer gewesen. Denn es möchte wohl zehn Reifen gehabt haben und klein dabei gewesen sein; folget aber dennoch nicht, daß der ein Säufer wäre, welcher es in einem Trunk austrinke. Daß M. Eisleben über den ersten Reif nicht können trinken, ist nicht genugsame Ursach, daß es ein groß Glas gewesen. Vielleicht ist Luther größeres Leibs gewesen als M. Eisleben, nach welchem Unterschied Zwei, die sich gleich mäßig halten, jedoch ungleiche Trünke auch zu ihrer Nothdurft haben müssen; oder M. Eisleben hat schon zuvor zur Genüge getrunken, da sich Luther dieses Trunks halber geschonet. Zweitens, gesetzt aber,

---

[1] Scoppius, de Autorit. Luth. fol. 18. 19. Scherer, Dom. Quinq. Conc. 3. Gretserus, in Luth. Acad. [2] Scoppius, de Autorit. Luth. fol. 19. Scherer, Dom. Quinquages. Conc. 3. pag. 213.

Luther hätte mit diesem Trunk zuviel gethan, ist er denn wegen eines einigen Trunks ein Säufer? Es sei den Päbstischen Trotz geboten, daß sie beweisen, daß Luther damals oder sonst ein einiges Mal sich habe voll gesoffen. Das können sie nicht thun, noch muß er ein Säufer sein, eben wie der HErr Christus von den Pharisäern auch also ausgetragen wurde.[1] Drittens, die rechte Ursach ist zu merken, warum Luther damals einen solchen Trunk gethan, nämlich nicht den Säufern sich als einen Gesellen zu erweisen [2] oder das Saufen als ein fleischliches Werk nach der Lust zu treiben,[3] sondern zu dem Ende: Es waren im ersten Reif des Glases gemalt die zehn Gebote, im andern der Glauben, im dritten das Vater Unser. Weil denn M. Eisleben den Streit vom Gesetze hat angefangen und dasselbe nicht wollte in der Kirche leiden, gedachte ihm Dr. Luther einen solchen Verweis zu geben, der ihn erinnerte, den Glauben und das Gesetz nicht von einander zu trennen. Damit reichte er ihm gemeldetes Glas, voll eingeschenket, mit Begehren, es auszutrinken. Dazu ihn aber desto eher zu bewegen, hats ihm Luther ganz zugetrunken. Da aber M. Eisleben es nur so weit austrank, als das Gesetz gemalet war, hat ihn Luther erinnert seines Irrthums, wie er das Gesetz austrinke (welches er wollte abthun), den Glauben aber zufrieden ließe. Nun ist bekannt, daß man in solchen Sachen admonitionibus parabolicis oder Erinnerungen, die durch Gleichniß geschehen, etwas ohne Sünde thun kann, das man sonst nicht ließe gut sein. Also zog Jesaias seine Kleider aus und ging vor den Leuten nackend,[4] zum Zeichen, wie die Egypter und Mohren sollten beraubet werden. Hesekiel mußte in sein Brod Mist backen,[5] den Israeliten anzudeuten, was sie für Brod in ihrem Gefängniß essen sollten. Wie nun die Propheten wegen solcher guter Andeutung ihres Thuns halber nicht strafbar sind, als könnten sie nicht Gottes Werkzeuge sein: also ist Luther wegen gleicher Ursach auch wohl zu entschuldigen.

[1] Matth. 11, 19.   [2] Jes. 5, 22.   [3] Gal. 5, 21.   [4] Jes. 20, 2. 3.
[5] Hesek. 4, 12. 15.

247. Zweitens: Luther, sagen sie, müsse ein Säufer gewesen sein, dieweil er bekenne, er könne auch scherzen, trinken und fröhlich sein. Wenn er nicht habe schlafen können, so habe er müssen ein Schlaftrünklein thun, und oft gesaget: man muß es dem Churfürsten und ihm, als einem alten Manne, zu gut halten, denn sie müßten ihre Polster im Küssen und Kandel suchen.[1]

248. Antwort: Erstens, Essen und Trinken mit Fröhlichkeit ist keine Sünde, sondern die Schrift saget: Wer da isset und trinket und hat einen guten Muth bei seiner Arbeit, das ist eine Gabe Gottes;[2] am guten Tage solle man guter Dinge sein, am bösen auch vorlieb nehmen, denn diesen schaffe der HErr neben jenem.[3] Ist demnach Dr. Luther fröhlich gewesen in Arbeiten, Essen, Trinken, hat er damit nichts gesündiget. Zweitens, wenn ein alter Mann, der nicht schlafen kann, oder ein mit vielen Sorgen beladener Mensch einen Trunk thut, den Schlaf zu befördern, damit sündiget er nicht, mag auch darum kein Säufer genennet werden. Die Schrift giebet zu, daß man solle starke Getränke geben denen, die umkommen sollen, und Wein den betrübten Seelen, daß sie trinken und ihres Leibes vergessen, und ihres Unglückes nicht mehr gedenken.[4] Also war Joseph fröhlich mit seinen Brüdern, und wurden trunken mit ihm.[5] So nun Luther müde gewesen von vieler Arbeit, nicht schlafen können wegen vieler Sorgen, und mehr getrunken, als er sonst gewöhnlich gethan, können wir nicht absehen, warum er solle gesündiget haben, oder ob er deswegen für einen Vollsäufer zu halten sei.

249. Drittens: Luther soll die Fasten haben abgeschaffet, ja einem Jeden habe er freigelassen zu fasten, wann er will, dadurch zu aller Ueppigkeit Anlaß gegeben worden.[6]

250. Antwort: Er hat die Fasten nicht schlechterdings verworfen, sondern redet davon aus Gottes Wort mit

---

[1] Scoppius, de Autorit. Lutheri, fol. 18. 19. [2] Preb. 3, 12. [3] Preb. 7, 14. [4] Spr. 31, 6. [5] 1 Mos. 43, 34. [6] Scher., Dom. Invocavit, Conc. 5. pag. 295. seq.

gewissem Unterschied. Es ist ein geistliches Fasten, wenn sich die Seele enthält der fleischlichen Lüste und Begierden, dazu uns Gott vermahnet.[1] Es ist auch ein leibliches Fasten, darinnen man sich Speise und Trank auf gewisse Maß enthält; das währet entweder immerdar, und ist nichts Anderes als Mäßigkeit und Nüchternheit, dazu die Schrift fleißig vermahnet;[2] oder es währet nur eine Zeitlang und geschiehet entweder nach eines Jeden Andacht, wie es die Umstände erfordern, und also fastete David, da sein Söhnlein krank war,[3] und Hanna, die Prophetin, dienete Gott mit Fasten und Beten;[4] oder es geschiehet in allgemeinen Nöthen, gleichwie Josaphat,[5] die Leute zu Ninive[6] und Antiochia[7] ein allgemeines Fasten haben angeordnet, welches Fasten Luther niemals verworfen. Ein Anderes aber ist das päbstische Fasten, da man entweder Freitags oder in der Fastenzeit von gewissen Speisen, insonderheit vom Fleisch, sich muß enthalten auf Befehl des Pabstes,[8] zu dem Ende, daß man Gott damit diene, für die Sünde genug thue und das ewige Leben erwerbe. Diese Fasten hat er abgeschaffet, sonst aber, nachdem es eines Jeden Andacht oder die gemeine Noth erfordert, das Fasten freigelassen.

251. Viertens: Luther habe das vierzigtägige Fasten verachtet, und ob er schon ein politisches, weltliches Fasten wohl leiden könnte, so mag er doch der Kirche Fasten nicht dulden.[9]

252. Antwort: Erstens, die päbstische vierzigtägige Fasten hat Luther gar recht abgeschaffet. Denn erstens ist es wider die christliche Freiheit, in welcher wir uns in Speise und Trank von Niemand sollen richten lassen.[10] Zweitens, die Schrift nennets eine Teufelslehre, wenn man Speise verbeut.[11] Drittens, es ist eine bloße Menschensatzung, damit man Gott

---

[1] Jes. 18, 7. [2] Tit. 2, 12.; 1 Pet. 5, 8. [3] 2 Sam. 12, 16. [4] Luc. 2, 37. [5] 2 Chron. 20, 3. [6] Jon. 3, 5. [7] Apstg. 13, 2. 3. [8] Eccius in Enchirid. cap. 14. Bellarm. lib. 2. de bonis operibus cap. 11. [9] Scherer, Dom. Quinquag., Conc. 1. pag. 227.; Dom. Invocavit, Conc. 4. pag. 257.; Conc. 5. pag. 261. [10] Col. 2, 16. [11] 1 Tim. 4, 2. 3.

vergeblich dienet,¹ wie eben darum der Juden Fasten Gott dem HErrn mißfallen.² Viertens, es streitet wider Christi Verdienst, weil es der Meinung geschiehet, als ob man Gott dem HErrn für die Sünde dadurch genug thun könnte. Fünftens, es ist voller Betrug und Heuchelei, indem man der einen Speise sich enthält, dagegen aber mit andern köstlichen Speisen und Getränken sich füllet, in welchem Fasten unsers HErrn Gottes nur gespottet wird. Um dieser Ursache willen hat Luther die päbstischen Fasten abgeschaffet und hat darin gehandelt als ein christlicher Lehrer, welcher schuldig war Menschensatzung abzuthun. Zweitens sündiget Luther auch nicht, indem er das von der Obrigkeit gebotene Fasten diesem päbstischen Fasten vorzieht. Denn dieses weltliche Fasten hat noch einen weltlichen Nutzen, daß Fleisch und andere Speisen gespart werden, jenes päbstische aber hat keinen geistlichen Nutzen. Dieses kann man verrichten mit gutem Gewissen, jenes aber kann ohne Abgötterei nicht geschehen. Dieses schadet Niemand, jenes schadet der Seele.

253. Wenn sonst die Päbstler in Luthers Schriften sich wollten recht umsehen, würden sie finden, daß er vom Fasten gar recht geurtheilet. Er erklärt ja, was das rechte christliche Fasten sei;³ er lehret, daß die Christen täglich fasten sollen;⁴ vom Nutzen des Fastens spricht er, daß es den alten Adam tödte;⁵ er lehret auch, wozu Fasten und leibliche Uebung diene;⁶ er beweiset, daß man kein rechtes Fasten im Pabstthum gehalten habe,⁷ daß man ein Verdienst daraus gemachet;⁸ und hat Luther vom Fasten wohl gründlicher geschrieben, als jemals ein Päbstler mag geschrieben haben.

254. Die Päbstler aber sollten allhier auf sich selber sehen, da würden sie befinden, wie man mit Nüchternheit und Fasten bei ihnen umgehet. Das Fasten bei ihnen ist eine Spötterei Gottes, indem sie des Fleisches sich enthalten, als ob sie den Leib wollten

---

¹ Matth. 15,9. ² Sach. 7,5. ³ Jenaer deutsche Ausg. Bd. 5. fol. 407.
⁴ Ebendas. fol. 408. ⁵ Ebendas. Bd. 1. fol. 243. ⁶ Ebendas. fol. 186.
⁷ Ebendas. Bd. 5. fol. 407. ⁸ Ebendas. fol. 431.

kasteien, füllen sich aber mit dem köstlichsten Wein, mit den herrlichsten Confecten, die nach Apothekerkunst sind zugerichtet, dadurch noch zehnmal mehr der Leib zu bösen Lüsten gereizet wird. Das nüchterne Leben ist bei ihnen auch nicht gemein: wo sind mehr köstliche Gastmähler als in der Cardinäle und Bischöfe Höfen? Wer ein wenig bei Stiftern und Klöstern sich aufhält, der findet da köstliche Mahlzeiten, stattlich Fressen und Saufen, Tanzen und Fröhlichsein mit Frauenzimmern; da findet man die köstlichen Pfaffenbißlein, damit die faulen Prälaten ihre Bäuche mästen, und wer auf ihre Trünke eigentlich merken sollte, wie sie von Luthers Trinken ausgeben, da würde man andere Händel finden. Wie man denn vor diesem längst über solch wüstes Leben geklaget.[1] Vermag also dieser Einwurf nichts wider Luthern.

Das achtzehnte Capitel.
Ob Dr. Luther ein säuischer, unfläthiger Mann gewesen?

255. Hier wissen sich die Päbstler sehr lustig zu machen, indem sie schreiben, Luther sei nicht ein Schwan, sondern ein Schwein gewesen; er habe Sauborsten, nicht Schwanenfedern, einen Saurüssel, nicht Schwanenschnabel gehabt; er sei ein Schweinmärtel und Säuschneider, ja eine garstige Saumutter; heißen ihn Sau-Luther;[2] sagen, daß man aus allen Büchern in der Welt so grobe, unfläthige, säuische Possen und Zoten schwerlich könne zusammenbringen, so viel als Luther allein in seinen Büchern hat.[3]

256. Insonderheit werfen sie Luthern schimpflich vor, daß er so viel von Säuen redet in seinen Schriften, wenn er saget: der Pabst halte die Kirche für einen Saustall, der Papisten Heiligkeit könne auch ein Hund und Sau thun, sie seien in der Schrift

---

[1] De corrupto Ecclesiae statu. [2] Vetter, im Schwanen-Luther, pag. 279. [3] Scoppius, de Autorit. Lutheri, pag. 25.

so fertig, wie eine Sau auf der Harfe, eine Sau bleibe eine Sau wie sie ist, der Pabst reite auf der Sau, eine Sau soll keine Taube und Kukuk keine Nachtigall sein; die Papisten sind und bleiben Säue und sterben wie Säue ꝛc. Um solches Wortes willen heißen sie Luthern Säumärtel, und muß er ihnen ein säuischer, unfläthiger Mann heißen.[1]

257. Antwort: Wenn Dr. Luther darum muß Schweinemärtel heißen, dieweil er das Wort Sau so oft brauchet, so muß der Heil. Geist auch ein Saugeist sein, die heiligen Apostel und Propheten müssen Sau-Propheten und Sau-Apostel heißen, dieweil sie das Wort Sau auch oft gebrauchen und in gleichem Fall Gleichniß davon nehmen. David klaget, die wilden Säue haben den Weinberg Gottes zerwühlet.[2] Salomo spricht, ein schön Weib ohne Zucht sei wie eine Sau in einem güldenen Haarbande.[3] Der HErr Christus befiehlet, man solle das Heiligthum nicht vor die Hunde, noch die Perlen vor die Säue werfen.[4] St. Petrus spricht, daß die, so nach der Buße wieder sündigen, seien wie der Hund, der da wieder frisset was er gespeiet, und wie die Sau, welche nach der Schwemme sich wieder im Koth wälzet.[5] Die Evangelisten beschreiben die Historie weitläuftig von den Säuen bei den Gergesenern, in welche die Teufel gefahren.[6] Sie gedenken der Säue, derer der verlorne Sohn mußte hüten und mit ihnen die Träber fressen.[7] Sollten es denn darum Sau-Evangelisten heißen? Der Prophet saget von den Juden, daß sie Schweinefleisch fressen und Greuelsuppen haben in ihren Töpfen.[8] Sollte er darum ein Schweine-Prophet heißen? Schämen sollten sich diese Leute, daß sie in solchen Dingen grübeln und Luthern einen unfläthigen Geist zuschreiben, da doch Gott der Heil. Geist durch den Mund seiner heiligen Propheten und Apostel eben also geredet hat.

---

[1] Vetter, im Schwanen-Luther, pag. 263. 264. Scoppius, de Autor. Lutheri pag. 25. 26. [2] Pf. 80, 14. [3] Spr. 11, 22. [4] Matth. 7, 6. [5] 2 Pet. 2, 22. [6] Matth. 8, 30. ff. [7] Luc. 15, 15. [8] Jef. 65, 4.

258. Zweitens: Luther, sagen sie, brauche so oft das Wörtlein Dreck und Koth: Man solle die Juden mit Säudreck werfen; die Schullehrer seien wie der Dreck in der Laterne; die Juristen wissen einen Dreck davon, wie man in der Kirche Gottes solle haushalten; ohne den Arsch könne ein Mensch nicht leben; die kleinen Kinder hofiren der Mutter in den Schooß, die muß es wieder ausfegen; der Kardinal von Mentz scheißt dem Kaiser in sein Kammergericht, wird es aber hernach müssen ausfegen. Wie denn die Päbstler solches Dings viel aus Luthers Schriften zusammentragen.[1]

259. Antwort: Wenn Luther solche Art zu reden brauchet, geschiehet es in zweierlei Fällen: Einmal, wenn er von natürlichen Dingen redet, als: wenn die Kinder der Mutter in den Schooß hofiren, und die Mutter muß es wieder ausfegen; hernach nimmt er oft ein Gleichniß von solchen natürlichen Dingen, als: wenn er des Pabstes Satzungen Dreck nennet, u. dgl. Ist nun Dr. Luther darum säuisch und unfläthig, so wird der Heil. Geist selber auch also müssen angeklaget werden. Natürliche Dinge werden in der Schrift auch also beschrieben, als: wenn dort gelesen werden die Worte, welche der König zu Assyrien den Juden sagen ließ: sie sollten ihren eigenen Mist fressen und ihren eigenen Harn saufen.[2] Wunder ists, daß die Päbstler den Propheten nicht anklagen, daß er so säuische Worte hat ausgeschrieben. Also lieset man dorten, daß die Philister mit heimlicher Plage an heimlichen Orten sind geschlagen worden und haben fünf güldene Erse müssen machen lassen, die ihren Ersen gleich waren, zum Schuldopfer, daß die Strafe von ihnen genommen würde.[3] Welche Historie die heiligen und reinen Väter im Pabstthum ohne Zorn nicht lesen werden. Wie oft brauchet die Schrift Gleichnisse, welche von Dreck und Koth genommen sind! Hiob spricht, daß der Gottlose umkommen werde wie Dreck.[4]

---

[1] Scoppius, de Autor. Lutheri, pag. 26. 27. Vetter, im gravitätischen Luther, pag. 2. 209. ff. Sartorius, in Motivis 35. part. 1. Mot. p 21. [2] Jes. 36, 12. [3] 1 Sam. 6, 4. 5. [4] Hiob 20), 7.

St. Paulus spricht, er halte Alles für Dreck, daß er nur Christum gewinne.¹ Gott drohet dem Gottlosen, er wolle ihn wie Koth auf der Gasse zerstreuen.² Dem Hause Jerobeam drohete er, er wolle ausrotten an ihnen, daß keiner überbleibe, der an die Wand pisset; er wolle sie ausfegen, wie man Koth ausfeget.³ Des Gottlosen Heiligkeit wird ein Koth genennet.⁴ Und St. Petrus schreibet von den Säuen, daß sie nach der Schwemme sich wieder im Koth wälzen.⁵ Und ob die Päbstler sagen wollten, daß Luther in seiner Bibel nur so grob rede, so findet man doch in ihrer eigenen lateinischen Bibel das Wörtlein Stercus, das ist Dreck, an gar vielen Orten;⁶ müßten also sie selber solche Unfläther sein, wie sie Luthern ausschreien.

260. Drittens: Man wirft ihm weiter vor, daß er die Wörter Dieb und Galgen so oft brauche in seinen Schriften, wenn er saget, als man einen Dieb habe henken sollen und andere Leute sehr nach dem Galgen gelaufen, habe der Dieb gesprochen, er werde auch dabei sein; item, wer Meister Hansen, dem Henker, entlaufe, den bekomme doch endlich der Teufel; Meister Hans sei ein grober Zuchtmeister, er könne keinen Schimpf verstehen und hänge die Diebe für tausend Teufel an den Galgen. Solche und dergleichen Reden sollen leichtfertig und säuisch sein.⁷

261. Antwort: Wenn das gelten sollte, daß Leichtfertigkeit und Unflath bei denen sei, die von Dieben und Galgen reden, so würde diese Anklage die heiligen Propheten und Apostel, ja den HErrn Christum selber treffen. Jeremias nennet die Juden Diebe, Mörder und meineidige Leute.⁸ Sirach spricht, ein Dieb sei nicht so böse als ein Lügner, zuletzt aber kommen sie beide an den Galgen.⁹ Der HErr Christus heißet die Pharisäer Diebe und Mörder, welche kommen seien zu stehlen und umzubringen.¹⁰ Ja vom jüngsten Tage spricht St. Paulus, er werde kommen

---

¹ Philip. 3, 8. ² 2 Sam. 22, 43. ³ 1 Kön. 11, 10. ⁴ 1 Maccab. 7, 62.
⁵ 2 Pet. 2, 22. ⁶ 1 Maccab. 2, 26.; Pf. 83, 11.; 1 Kön. 9, 37.;
Hef. 4, 12. ⁷ Scoppius, de Autorit. Luth., pag. 26. 27. ⁸ Jer. 7, 9.
⁹ Sir. 20, 27. ¹⁰ Joh. 10, 1. 8. 10.

wie ein Dieb in der Nacht.¹ Moses beschreibet gar umständlich, wie König Pharao den obersten Bäcker an den Galgen gehenkt.² So nun die heiligen Leute von Dieben und Galgen geredet ohne Leichtfertigkeit und Unflath, können wir nicht sehen, warum Luther solches auch nicht habe thun können.

262. Wenn sonst Luther den Pabst etwas hart angeredet, als der ein Esel, Schütz, Bacchante, Narr, Bösewicht, Dieb, Schalk, Räuber, Mörder, Bär, Wolf, Teufel sei, schmerzet es die Päbstler zwar sehr, allein Luther thut es alles mit guten Gründen und erweiset es in seinen Schriften genugsam, daß die Päbstler ungelehrt seien, dannenhero er sie Esel, Schützen und Bacchanten nennet; daß sie der Kirche Gottes den Kelch, die heilige Schrift und andere Schätze entzogen, dannenhero er sie Diebe, Schälke und Bösewichter nennet; daß sie viel tausend Seelen verführet und gleichsam ermordet, darum er sie Mörder, Bären und Wölfe nennet. Wenn aber die Päbstler solche Dinge in Luthers Schriften sehen und herauszwacken,³ wie kömmt es doch, daß sie die vortrefflichen Auslegungen der Schrift nicht sehen, daß sie den hohen Geist und mächtige Wissenschaft nicht merken können? Der heiligen und reinen Wörter sind ja viel tausendmal mehr in Luthers Schriften, als solcher Wörter, welche die Päbstler für unrein halten. Es gehet ihnen aber wie den Säuen, welche nur auf Koth und Unflath sehen und dasselbige aufwühlen, der schönen Blumen aber achten sie nicht. Also zwacken diese Leute nur hin und wieder aus Luthers Schriften etliche harte Wörter; das Gute aber, das darinnen mit Haufen gefunden wird, lassen sie liegen. Wenn man auch der Mönche, Kardinäle und Päbste Tischreden sollte anhören und examiniren, da würde sich befinden, wie reine, höfliche Stücklein darin anzutreffen. Ohne Zweifel sind mehr Schweine als Schwanen unter ihnen, welches denen bekannt, die nur ein wenig um ihr Leben wissen.

---

¹ 1 Thess. 5, 2. ² 1 Mos. 40, 19. ³ Vetter, im gravitätischen Luther.

Das neunzehnte Capitel.
Ob Dr. Luther das apostolische Glaubensbekenntniß verfälscht habe?

263. Man klagt Luthern heftig an im Pabstthum, daß er das apostolische Glaubensbekenntniß verfälschet habe, indem er Wort „katholisch" (ich glaube eine heilige katholische Kirche) ausgesetzet und an dessen Stelle ein ander Wort, nämlich „christlich", eingesetzet; katholisch aber und christlich sei nicht eins.[1]

264. Antwort: Erstens, es hat Dr. Luther an demselben Orte gefunden ein Wörtlein, das heißt καθολική; solch griechisch Wörtlein verstehen die Deutschen nicht, was katholisch eigentlich heiße, darum hat es Luther in bequemer Art auf deutsch gegeben: christlich. Heißt das verfälschet, so würde daraus folgen, daß die Päbstler selber das apostolische Glaubensbekenntniß verfälschen. Denn wo da stehet: ich glaube eine christliche Kirche, findet man im Griechischen das Wörtlein ἁγία; nun geben ja die Päbstler solches nicht deutsch: ich glaube eine hagische Kirche, sondern: ich glaube eine heilige Kirche; würde also folgen, daß sie selber diesen Ort verfälscheten und also schuldig wären dessen, wessen sie Luthern anklagen. Zweitens, Dr. Luther hat das Wörtlein „katholisch" nicht mit Falschheit oder Betrug herausgekratzet, denn er läßt es ja stehen in dem lateinischen Catechismo, welcher bei uns in allen Schulen gebrauchet wird; darinnen stehet: Credo unam Sanctam Catholicam Ecclesiam. Im Deutschen aber hat er das Wort „katholisch" nicht setzen wollen, zum Theil darum, daß die einfältigen Laien nicht möchten gedenken, es wäre der Name, damit sich die römische Kirche schmücket, da doch die heiligen Apostel nicht einen Namen, sondern eine Eigenschaft der Kirche hiermit haben anzeigen wollen; zum Theil darum, dieweil ein Deutscher keinen Verstand aus

---
[1] Tanner., parte 1. Anat. Aug. Confess. dem. 3.; parte 2. dem. 1. § 3. Eder. in Inquisitione pag. 68.

dem Wörtlein „katholisch" nehmen kann, da man doch also muß verdeutschen, daß es in der Sprache verständlich sei. Drittens, es hätte Luther das Wörtlein „allgemein" wohl können setzen; daß er es aber nicht gethan habe, darüber haben sich die Päbstler nicht zu beschweren, denn sie selbst nennen die Kirche allgemein, darum, dieweil sie sich auf alle Orte, Zeiten und Personen er= strecke,[1] und müssen doch daneben bekennen, daß die römische Kirche nach Luther in mehr Orte und Völker durch Indien, Amerika, Peru und China ausgebreitet sei, als sie zuvor innen gehabt.[2] Ja sie können nicht leugnen, daß noch heutiges Tages viel Orte sind, in welchen die römische Lehre nicht ist geprediget worden; ist also die römische Lehre in solchem Verstande nicht allgemein. Wenn es nun Luther gleich also gegeben hätte in deutscher Sprache, würden sie doch davon keinen Vortheil haben.

265. Daß aber Luther das Wörtlein „katholisch", welches sonst „allgemein" heißet, im Deutschen gegeben hat mit „christlich", darinnen hat er das Wort „allgemein" genugsam begriffen und hat dessen gewichtige Ursachen gehabt. Denn erstens ist in der christlichen Kirche kein Ansehen der Person;[3] da gilt nicht Jude oder Grieche, Mann oder Weib, Herr oder Knecht, sondern sie sind alle eines in Christo.[4] Zweitens, weil das Unkraut sich so weit ausbreitet als der gute Same und nicht weniger allgemein ist als der Weizen,[5] ja viel mehr Böse als Gute sind,[6] ist mit dem Wort „christlich" angezeiget worden, daß die Gemein= schaft durch die ganze Welt, die in Christo bestehet, gemeinet sei. Drittens, dieweil auch die christliche Kirche bisweilen ist eine kleine Heerde,[7] und in die Enge getrieben wird,[8] **so wird hiemit angezeiget, die christliche Kirche sei allgemein durch die ganze Welt, aber nicht alle= zeit actu, in der That, daß man nicht meine,**

---

[1] Tanner., part. 1. Anat. Aug. Conf. dem. 3. § 5.   [2] Acosta, de salute Ind. procur. Hier. Bentzo in histor. Ind.   [3] Apstg. 10, 34.   [4] Gal. 3, 28.; Col. 3, 26.   [5] Matth. 13, 26.   [6] Matth. 7, 13.   [7] Luc. 12, 32.   [8] Matth. 24, 12.; 2 Thess. 2, 9.; Offb. 12, 6.

weil die Kirche zu der Zeit, wenn sie gedrücket wird, nicht durch alle Orte der Welt sich ausbreite, so sei sie nicht die christliche Kirche. Also hat Dr. Luther das Wörtlein „katholisch" nicht ausgekratzet, sondern vielmehr es also verdolmetschet, daß solch Wörtlein dadurch sein erkläret und der rechte Verstand desselbigen behalten werde.

266. Wir verwundern uns aber billig, warum die Päbstler eben Dr. Luthern anklagen, daß er dieses Wörtlein habe ausgekratzet, da doch vor Luthers Zeit im apostolischen Glaubensbekenntniß solch Wörtlein durch das Wort „christlich" ist verdolmetschet worden. Dr. Chemnitz bezeuget, daß in etlichen alten Exemplaren, die längst vor Luther sind verdolmetschet worden, also gelesen wurde: ich glaube eine heilige christliche Kirche.[1] So hat demnach Luther nichts Neues gethan, sondern hat die Dolmetschung gelassen, wie er dieselbige gefunden hat. Darnach so findet man auch bei etlichen Päbstlern, daß sie das Wort „katholisch" nicht behalten, sondern verdeutschen es „allgemein", ja sie setzen das Wort „christlich" dazu; wie denn Canisius also saget: Eine allgemeine christliche Kirche.[2] Ist es nun bei ihnen recht, daß sie das Wörtlein „christlich" hineinsetzen, welches doch im Glaubensbekenntniß selber, dem Buchstaben nach, nicht stehet, warum sollte es denn bei Luther unrecht sein, daß er solch Wörtlein, Erklärung halber, gebraucht hat?

267. Wenn man auch zurücksiehet in die Schriften der Altväter, wird man finden, daß sie das apostolische Symbolum recitiren und solch Wörtlein „katholisch" darinnen gar nicht gebrauchen, daß also gezweifelt wird, ob es von den heiligen Aposteln sei hineingesetzet worden.[3] Wenn nun das noch nicht gewiß ist, wie es denn die Päbstler selber nicht wissen, noch beweisen können, so kann man Luthern desto weniger Schuld geben, daß er solch Wörtlein ausgelassen. Und weil die Jünger des HErrn

---

[1] Chemnitius, parte 3. Luc. Comm. pag. 125. [2] Vide Canisium in Catechismo. [3] Cyprianus, Martyr. in Expos. Symb. pag. 382. Epiph. haeres. 72. contra Marcell. Tom. 1. lib. 3. pag. 272. Aug. Tom. 9. de Symb. ad Catechumenos.

am erſten nicht katholiſch, ſondern chriſtlich
genennet worden zu Antiochia,¹ halten wir dafür,
es ſei wohlgethan, daß man die Kirche des
Neuen Teſtaments mit dieſem Namen „chriſtlich"
beſchreibe, darinnen die Allgemeinheit und
andere Eigenſchaften der Kirche begriffen werden.

Das zwanzigſte Capitel.

Von der deutſchen Bibel Dr. Luthers, und ob er dieſelbige übel
verdolmetſchet und an vielen Orten verfälſchet habe.

268. Wir halten in unſeren Kirchen für eine große Wohlthat des allmächtigen Gottes, daß Dr. Luther die heilige Schrift in unſere deutſche Sprache verſetzet und der gemeine Mann die Geheimniſſe Gottes nun ſelber in ſeiner Mutterſprache leſen und verſtehen kann. Es iſt auch eine ſehr große und ſchwere Arbeit geweſen mit ſolcher Ueberſetzung, da Herr Luther oftmals über einem Wort einen oder zwei ganze Tage zugebracht, wie er den Verſtand recht ausdrücken und daſſelbige verdeutſchen ſolle. Wie denn Dr. Pommer zu Wittenberg in ſeinem Hauſe jährlich ein ſonderlich Feſt gehalten, welches er genennet Festum Translationis Bibliorum, das Feſt der Verdolmetſchung der heiligen Bibel, da er denn mit ſeinen Kindern und Freunden Gott im Himmel für ſolchen theuren Schatz gedanket hat.² Mit ſolcher Verdolmetſchung aber ſind die Päbſtler nicht zufrieden, ſondern geben vor, daß die heilige Schrift an ſehr vielen Orten darinnen verfälſchet und in fremden Verſtand gezogen worden,³ davon wir die vornehmſten Stücke wollen beſehen.

---

[1] Apſtg. 11, 26. [2] Matthesius, Conc. 13. de Luthero, pag. 150.
[3] Bellarm. lib 2. de verbo Dei, cap. 11. Pistorius, de signis ant. et novae fidei, pag. 6. Tannerus in Dispt. fidei, lib. 1. cap. 5., l. 3. c. 15. Scoppius, de Aut. Lutheri, pag. 24. 25. Vetter, im bibliſchen Luther, pag. 184. f.

269. Erstens: Luther, sagen sie, habe ausgemustert in der deutschen Bibel die Worte 1 Joh. 5.: Drei sind, die da zeugen im Himmel: der Vater, das Wort und der Heilige Geist; und die Drei sind Eines.[1] Antwort: Luther hat diese Worte nicht ausgemustert, sondern weil er im griechischen Text sie nicht gefunden hat, darum hat er sie nicht können verdolmetschen. Erasmus bezeuget, daß in dem alten Codex der Vaticans=Bibliothek, wie auch in anderen griechischen Exemplaren diese Worte nicht gefunden werden.[2] Ja er bezeuget, daß er in sieben Exemplaren sie nicht gefunden habe.[3] Wie er denn in den ältesten lateinischen Bibeln ebenermaßen solchen Text nicht gefunden hat.[4] So ziehen die alten Kirchenlehrer auch oftmals die Worte von den dreien Zeugen auf Erden an, die Worte aber von den dreien Zeugen im Himmel ziehen sie nicht an.[5] Wenn nun Luther diese Worte hätte in die deutsche Bibel gesetzet, da er sie doch in der griechischen und lateinischen nicht gefunden, würden ihn die Päbstler haben angeklaget, daß er etwas hineingeflickt, das doch nicht hineingehöre, wie sie mit dem Beschluß des Vaterunsers ihn auch anklagen.[6] Dieweil aber Luther hernach in alten Exemplaren solchen Text gefunden, hat er denselbigen auch hineingesetzet, wie denn noch heutiges Tages in unsern deutschen Bibeln derselbige gefunden wird.[7]

270. Zweitens: Luther habe Jes. 9, 6. das Wörtlein El im Hebräischen, das ist: Gott, ausgelassen und „Kraft" dafür gesetzet, welches eine Verfälschung sei.[8] Antwort: Dieweil am selbigen Ort dem Herrn Messias lauter Amts=

---

[1] Tannerus, Anat. Aug. Confess. parte 1. demonst. 2. § 24. Gretser. in defens. Bellarm. lib. 1. cap. 16. Vetter, im biblischen Luther, pag. 184. [2] Erasmus, in annot. sup. 1 Joh. 5. [3] In respons. ad notationes novas Ev rdi, pag. 231. [4] In annotat. Novi Testament. [5] Aug., lib. 3. contra Maxim. cap. 21. Cyrill., lib. 14. thes. c. 5. [6] Bellarm., lib 2. de verbo Dei, cap. 7. [7] Siehe Jenaer Ausg. von 1598, Wittenberger von 1606 ꝛc. [8] Tanner., part 1. Anat. Aug. Confess. dem. 2. § 24. Scherer, conc. 2. in Dom. Advent. pag. 11. Vetter, im biblischen Luther, pag. 184.

namen werden gegeben, so hat Luther dieses Wort auch durch
einen Amtsnamen gegeben, die große Kraft und Macht des Sohnes
Gottes dadurch anzudeuten, wie denn solch Wörtlein anderswo
„Kraft" und „Stärke" bedeutet,[1] wiewohl er gern gestehet,
daß das Wörtlein El auch soviel als „Gott" heißet, wie er es
denn an anderen Orten also gibet und behält, da er schreibet:
Meinest du nicht, daß Jesaias diesen Text Davids mit Fleiß
gelesen habe, da er spricht Cap. 9.: Ein Kind ist uns geboren,
ein Sohn ist uns gegeben, dessen Herrschaft ist auf seiner Schulter,
und sein Name heißt Wunderbar, Rath, Gott, Held, ewig Vater,
Friedefürst, daß seine Herrschaft groß werde und des Friedens
kein Ende auf dem Stuhle Davids und seinem Königreich,
daß ers zurichte und stärke mit Gerichte und Gerechtigkeit von
nun an bis in Ewigkeit. Hier nimmt Jesaias dem Nathan das
Wort aus dem Munde, da er von dem Messias weissaget, daß er
ein ewiger König und Vater sein soll in Gottes Reich, und er
nennet ihn auch Gott, denn das Wort El heißt wohl nach dem
Buchstaben „Kraft", aber wenns ein Eigenname ist (wie hier),
so heißts „Gott" durch die ganze Schrift, der allein Kraft hat,
wie das beide, Juden und Ebräisten, bekennen müssen.[2] Kann also
Luthern deswegen keine Schuld gegeben werden.

271. Drittens: Luther habe Röm. 3. das Wörtlein
„allein" in den Text geflicket: Der Mensch wird gerecht allein
durch den Glauben. Das soll eine große Verfälschung sein,
welche fast alle Päbstler Luthern vorwerfen und aus dem Wörtlein sola, allein, unsern Glauben den lutherischen Sola=Glauben
nennen.[3] Antwort: Erstens, der Text hat eben solche und
keine andere Meinung, wie es Luther verdolmetschet. Wo die
Werke werden ausgeschlossen von der Rechtfertigung und dieselbige dem Glauben wird zugeschrieben, da mag man ja auch
sagen, daß der Glaube allein gerecht machet, eben wie man saget,

---

[1] Pf. 88, 5. [2] Jenaer deutsche Ausg. Bd. 8. fol. 145. [3] Scherer,
Conc. 1. Dom. 24. post Trin. pag. 700. Motivae Badenses, rat. 3.
pag. 137. Cochlæus in Actis Lutheri, pag. 201. Tannerus, Diopt.
lib. 2. qu. 4. cap. 15. pag. 414.; lib. 1. cap. 5. pag. 78.

ein Bote bringet allein Briefe, wenn er nur Briefe und kein Geld bringet. Zweitens, nicht allein bei Luther, sondern auch bei Anderen längst vor ihm findet man im Neuen Testament, welch zu Venedig gedrucket, eben diese Worte, daß der Mensch gerecht werde solo per la fede, allein durch den Glauben. Ist solches den Welschen frei ohne Verfälschung der Schrift, warum sollte es dem deutschen Luther in seiner Bibel nicht frei sein? Drittens, man findet auch andere Oerter in der Schrift, welche sie im gleichen Fall mit dem Wörtlein „allein" erklären. Moses spricht: Du sollst Gott dienen;[1] das erkläret der HErr Christus: Du sollst ihm allein dienen.[2] Marcus spricht, daß den Tag und die Stunde des Gerichtes der Vater wisse, nicht der Sohn, nicht die Engel;[3] das erkläret Matthäus, daß es der Vater allein wisse.[4] Desgleichen Exempel dieses auch ist, daß wir allein durch den Glauben gerecht werden. Viertens, Luther hat die Bibel nicht nur von Wort zu Wort verdeutschet, sondern er hat sie verdolmetschet, daß ein Deutscher die Meinung recht verstehen kann. Nun ist ja solches die rechte Art, deutsch zu reden, wenn man ein Ding von etwas ausschließt, daß es durch das Wörtlein „allein" geschehe. Fünftens, Luther hat eine stattliche Verantwortung geschrieben, warum er das Wörtlein „allein" hat hinzugesetzet,[5] welche kein einziger Päbstler bisher hat umstoßen können, dahin sie nochmals mögen gewiesen sein.

272. Viertens: Luther hat 2 Pet. 1, 10. in den Worten: „Lieben Brüder, thut desto mehr Fleiß, euren Beruf und Erwählung feste zu machen", ausgelassen die Worte: „durch gute Werke".[6] Antwort: Es stehen die Worte: „durch gute Werke" zwar in der lateinischen Bibel der Päbstler, aber nicht in der griechischen, welche Sprache im Neuen Testament der Brunn ist, daraus wir des Heiligen Geistes Meinung eigentlich sollen erkennen. Wenn nun Luther diese Worte hätte hineingeflicket,

---

[1] 5 Mos. 6, 13. [2] Matth. 4, 10. [3] Marc. 13, 32. [4] Matth. 24, 36.
[5] Jenaer deutsche Ausg. Bd. 5. fol. 140. [6] Lessius in Consult. consid. 9. rat. 7. pag. 189.

das wäre als eine Verfälschung billig zu tadeln. Dieweil aber die Päbstler solche Worte selber einschieben, da sie doch der Apostel nicht hat, sind sie selber Verfälscher der Schrift und wären schuldig dessen, wessen sie Luthern anklagen wollen.

273. Fünftens: Luther habe 1 Cor. 9, 5. die Worte Pauli, da er saget, er habe Macht, eine Schwester mit sich herumzuführen, verfälschet und hinzugesetzet: „zum Weibe". [1] Antwort: Luther hat nichts hinzugesetzet, sondern das Wort γυναῖκα, Weib, stehet im griechischen Text; das wird entweder eine Concubine oder ein Eheweib sein müssen. Eine Concubine ists nicht gewesen, denn Paulus strafet die Hurerei, wird sie also selber nicht gethan haben. So ists gewiß ein Eheweib gewesen, welches bekräftiget, daß er Petri Exempel dabei anzieht. Nun ist gewiß, daß Petrus habe eine Ehefrau gehabt,[2] wie denn der Apostel Philippus auch im Ehestande gelebet und Kinder gezeuget,[3] daß also Luther an diesem Orte gar nichts verfälschet.

274. Sechstens: Luther hat im dritten Capitel Daniels den ganzen 66. Vers ausgelassen, wie auch die Historie von Susanna und dem Drachen, item ein Stück in Esther.[4] Antwort: Luther hat es nicht ausgelassen, sondern er hat es nur an einen andern Ort gesetzet, und solches nicht unbillig, dieweil in der hebräischen Sprache dieselbigen nicht gefunden werden. So ist er auch nicht der Erste gewesen, der es gethan, sondern etliche Väter haben es vor ihm gethan.[5] Hat also Luther in diesem Stück nichts gesündiget.

275. Siebentens: Luther habe verfälschet die Worte Pf. 76, 12.: Gelobet und haltet dem HErrn. Da setze Luther hinzu: gelobet, daß er soll euer Gott sein, wie das erste Gebot will, und nicht den Heiligen, noch andere Gelübde, das stehet ja nicht im Texte.[6] Antwort: Luther hat diese Worte nicht

---

[1] Lessius, Consid. 9. rat. 7. pag. 187. [2] Matth. 8, 14. [3] Eusebius, lib. 3. Histor. Eccles. cap. 14. [4] Vetter, im biblischen Luther, pag. 184. [5] Hieronymus in Praefat. cap. 3. Daniel. [6] Lessius, Consid. 9. rat. 7. pag. 186.

hinzugesetzet, als wenn sie zum Text gehören, sondern sie stehen auf der Seite als eine Glosse und Erklärung, welche gleichwohl der Schrift gemäß ist, welche lehret, daß man Gott dem HErrn allein soll Gelübde thun und sie auch halten.[1] Wie denn kein einziges Exempel in der Schrift ist, daß man einem verstorbenen Heiligen etwas gelobet hätte.

276. Achtens: Luther verfälsche den Text, wenn Paulus spricht Gal. 3, 10.: Die aus den Werken des Gesetzes sind, die sind verflucht. Dafür saget Luther: Die mit des Gesetzes Werken umgehen. Nun ist ja ein Anderes, mit des Gesetzes Werken umgehen, ein Anderes ist, aus den Werken des Gesetzes sein.[2] Antwort: Luther hat es nicht von Wort zu Wort übersetzet; denn diese Art zu reden: die aus den Werken des Gesetzes sind, würde Niemand in unserer deutschen Sprache verstehen; sondern er verdolmetscht die rechte Meinung, daß nämlich Diejenigen verflucht sind, welche aus den Werken des Gesetzes wollen gerecht werden, und also damit umgehen, daß sie die Gerechtigkeit darin suchen. Hierin hat Luther nichts gesündiget.

277. Neuntens: Luther hat Ephes. 5, 18. das Wörtlein ἀσωτίαν verdolmetschet: ein unordentlich Leben, welches aus dem Weinsaufen folge; ἀσωτία aber heiße nicht ein unordentlich Leben, sondern bedeute Luxus oder Schwelgerei.[3] Antwort: Die Schwelgerei ist eben das unordentliche Leben, welches Luther allein meinet. Also lesen wir vom verlornen Sohn, daß er gelebet ἀσώτως,[4] das ist, in unordentlichem Leben, wenn man des Fressens und Saufens kein Maß hält, den Tag in eine Nacht verwandelt. Hat also Luther allhie den rechten Zweck getroffen.

278. Zehntens: Luther habe verfälschet Röm. 12, 11., da geschrieben stehet: Dienet dem HErrn, setze er dafür: Schicket euch in die Zeit; gleich als wenn der Apostel Paulus beschlossen hätte zu temporisiren und den Mantel nach dem Winde

---

[1] 5 Mos. 23, 21.; Ps. 50, 14.; Ps. 66, 13. [2] Tanner., part. 1. Anat. Aug. Conf. dem. 2. § 23. [3] Ibid. § 2. 4. [4] Luc. 15, 13.

zu hängen.¹ Antwort: Wenn die Päbstler die Augen auf=
thun, werden sie finden, daß der Apostel im Griechischen sagt:
τῷ καιρῷ δουλεύοντες, das heißt ja: in die Zeit sich schicken oder der
Zeit dienen. Und sind die Päbstler selbst Verfälscher der Bibel,
welche in ihrer lateinischen Version allhier vom Dienst Gottes
etwas hineingeflicket, das doch im Text des Apostels nicht stehet.

279. Elftens: Luther habe ausgelassen das Wörtlein
„trennen" 1 Joh. 4, 3., da geschrieben stehet: Ein jeder Geist,
der JEsum Christum trennet, ist nicht aus Gott.² Antwort:
Wenn die Päbstler den griechischen Text recht ansehen, werden sie
befinden, daß das Wörtlein „trennet" nicht darinnen steht,
sondern es heißt: Ein jeglicher Geist, der da nicht bekennet,
daß JEsus Christus ist ins Fleisch kommen, der ist nicht von Gott.
Wo aber Jemand das Wörtlein „trennet" würde hineinflicken,
der thäte dem Text große Gewalt. Hat also Luther hier nichts
gesündiget.

280. Zwölftens: Luther habe Jac. 4, 12. das Wört=
lein „Gesetzgeber" verdeutschet durch „Meister".³ Antwort:
Im griechischen Text stehet das Wörtlein νομοθέτης, das hat
Dr. Luther auch gegeben auf deutsch: „Gesetzgeber". Es ist ein
einiger Gesetzgeber, der kann selig machen und verdammen.
Und das finde ich in allen deutschen Bibeln Luthers, die ich zur
Hand habe. Scherer thue die Augen recht auf, so wird er sehen,
daß er Luthern groß Unrecht thue.

281. Dreizehntens: Luther habe den Text verfälschet
Joh. 2, 9., da er setzet: Der Speisemeister kostet den Wein,
der Wasser gewesen war, da es doch heißt: aquam in vinum
versam, das Wasser, welches in Wein verwandelt war.⁴
Antwort: Im griechischen Text stehet: ὕδωρ οἶνον γεγεννημένον,
das ist eigentlich: das Wasser, welches Wein worden war.

---

[1] Jacobus Hack contra Tossanum, quaest. 2. cap. 13. pag. 458.
[2] Ibid. cap. 31. pag. 457. [3] Scherer, Conc. 3. Dom. 2. Adv. pag. 36.
[4] Scherer, Dom. 2. post Epiph. Conc. 2. pag. 130.

Hier merke doch ein Jeglicher, ob es nicht Eines sei: der Wein, welcher Wasser gewesen, und: das Wasser, welches Wein worden war. Es ist ja durchaus Eines, und hat Dr. Luther seinen Deutschen hierinnen genutzet, als welche in ihrer Sprache ein Ding also beschreiben, wenn es in etwas verwandelt worden, daß sie nennen dasjenige, in welches es ist verwandelt worden. Also sage ich recht deutsch: Wir essen das Brod, so zuvor roher Teig gewesen; besser als: Wir essen den rohen Teig, welcher nun Brod ist worden. Ist also dieser Einwurf eine unzeitige Klugheit.

282. Vierzehntens: Luther habe die Worte Jer. 31, 32.: Der HErr wird ein Neues im Lande schaffen, also verdolmetschet, daß nämlich die sich vorhin wie Weiber gestellet haben, sollen Männer sein.[1] Antwort: Das ist eine grobe Verleumdung. Denn wenn man aufschlägt Dr. Luthers deutsche Bibel, findet man diese Verdolmetschung: Das Weib wird einen Mann umgeben. Da Luther durch „Weib" Mariam, durch den Mann den HErrn Messiam verstehet, welchen sie umgeben, indem sie ihn zur Welt getragen, wie denn Luther alsbald die Auslegung am Rande dazusetzet: Ich werfe den Verstand nicht weg, da die Alten sagen, Christus sei der Mann von Maria umgeben, das ist, empfangen und geboren; lieget nichts daran, was die blinden Juden hier und anderswo mehr gaukeln. Denn weil es soll ein Neues sein, muß es ein groß wunderlich Ding sein über alles das Alte. Und Summa, es soll das Neue Testament sein, da ein Weibs= bild eine neue seltsame Mutter ist. Denn der ganze Text hier vom Neuen Testament redet, und heißet sie trauern und den alten Moses begraben und sich auf des HErrn Weg richten. Es kann auch wohl die Deutung St. Pauli Röm. 7, 6. haben, da der alte Mann Nomos (das Gesetz) die Frau durch den Tod ledig läßt. Denn das Gesetz ist nun nicht über, sondern unter uns und umgibt uns nicht mehr 2c., welches auch nichts Ande= res ist, denn das Neue Testament. Geschiehet also Luthern groß Unrecht.

---

[1] Scherer, Domin. 1. Advent. Conc. 2. pag. 10.

283. Fünfzehntens: Luther hat in den Worten des Abendmahls das Wörtlein „danksagen" gesetzet, da er doch „segnen" hätte setzen sollen.¹ Antwort: Im griechischen Text² stehet das Wörtlein εὐχαριστήσας, das ist: danksagen, wie es in allen griechischen Lexicis also gegeben wird, und nicht: segnen. Wenn aber die Schrift redet von der Consecration und Segnung des Brodes,³ brauchet sie ein Wort: εὐλογίαν, das ist: segnen, wie es denn Dr. Luther also gegeben: ποτήριον τῆς εὐλογίας, der gesegnete Kelch, ὃ εὐλογοῦμεν, welchen wir segnen. Segnen aber und danksagen ist nicht Eines; denn Brod und Wein wird nur gesegnet im Abendmahl, aber die Danksagung wird gesprochen über das ganze Sacrament und dessen Einsetzung. Also dankete der HErr auch, da er fünftausend Mann mit fünf Broden und zweien Fischen speisete,⁴ da denn das Wörtlein εὐχαριςήσας auch gebraucht wird, welches Scherer auch will durch „segnen" verdolmetschen;⁵ er irret aber, denn Christus hat daselbst das Abendmahl nicht gereichet und das Brod nicht consecriret, sondern er hat Gott seinem Vater für solche Gaben gedanket und um seinen Segen gebeten.

284. Sechszehntens: Luther habe ausgelassen Marc. 11.: Wofern ihr nicht vergebet, so wird euer Vater, der im Himmel ist, euch auch nicht vergeben; 1 Thess. 4.: Daß ihr euch enthaltet von der Hurerei; Jac. 4.: Gott widerstehet den Hoffärtigen, aber den Demüthigen gibt er Gnade. Diese Sprüche soll Luther alle in seiner deutschen Bibel haben ausgelassen.⁶ Antwort: Den Spruch im Marcus hat Luther im Griechischen nicht gefunden, darum hat er ihn auch nicht können verdeutschen. Beim Matthäus aber ist er im Deutschen auch zu finden,⁷ weil er daselbst im Griechischen stehet. So gibt auch der Text beim Marcus den Sinn und die Meinung dieses Spruches aus den vorhergehenden Worten, wie denn Erasmus

---

¹ Scherer, Domin. Laetare, Conc. 2. pag. 302. ² 1 Cor. 11, 24.
³ 1 Cor. 10, 16. ⁴ Joh. 6, 11. ⁵ Scherer, Conc. 2. Dom. Laetare, pag. 302. ⁶ Motivae Badenses rat. 1. pag. 26. ⁷ Matth. 6, 15.

diesen Vers in den alten griechischen Exemplaren auch nicht gefunden. Was aber den Ort 1 Theſſ. 4. angehet, hat Luther denselbigen nicht ausgelassen, sondern er stehet in seinen deutschen Bibeln, wird auch in unsern Kirchen oft angezogen. Die Worte beim Jacobus aber hat Luther in etlichen griechischen Exemplaren Anfangs nicht gefunden, jedoch hernach in die deutsche Bibel gesetzet, darinnen sie noch jetzt gelesen werden, wie denn an einem andern Orte der Schrift [1] eben solche Worte zu finden sind, welche Luther gern verdolmetschet, weil er sie auch daselbst gefunden.

285. In Auslegung der Schrift aber, sagen die Päbstler, sei Dr. Luther allzu gottlos. Denn die Worte: „Im Anfang schuf Gott Himmel und Erde" lege er aus: Der Kukuk fraß die Grasmücke mit Federn und allem. Die Worte: „Ihr seid das Licht der Welt" lege er aus: Ihr seid der Dreck in der Laterne. Die Höllenfahrt Christi erkläre er, daß Christus mit einer Fahne vor die Hölle gekommen sei und die Thüre aufgestoßen habe, daß ein Teufel zum Fenster, der andere sonst zu einem Loch sei hinausgefallen; wie denn die Päbstler solcher Auslegungen viel zusammenbringen.[2] Antwort: Es ist Dr. Luthers Meinung nicht gewesen, als wenn die Worte von der Schöpfung einen solchen Verstand hätten, sondern er richtet solche Auslegung zu dem Ende, damit die Calvinisten doch möchten versichen, daß ihre Auslegung in den Worten des Abendmahls eben so ungereimt wäre, wenn sie sagen: das Brod bedeutet den Leib oder ist ein Zeichen des Leibes, ist eben, als wenn man wollte sagen: das Wort „schuf" heiße so viel als: fraß „Himmel", das wäre soviel als die Grasmücke, wie sich Dr. Luther selber genugsam erkläret.[3] Die Worte: „Ihr seid das Licht der Welt" haben die Schul= lehrer im Pabstthum auf sich bezogen; aber Luther spottet ihrer und spricht, daß die Magistri nostri, die Thomisten, Scotisten, Sorbonnisten der Dreck in der Laterne seien, der ein schlechtes

---

[1] 1 Pet. 5, 5. [2] Scoppius, de Autoritate Lutheri, pag. 24. 25. Vetter, im biblischen Luther, pag. 181. ff. [3] Im Buch, daß die Worte noch feststehen, Jenaer deutsche Ausg. Bd. 3. fol. 336. f.

Licht von sich gibet. Die Höllenfahrt Christi beschreibet Luther auf solche Weise, wie wir Menschen es möchten uns einbilden, verstehet aber dennoch solches nicht irdisch, sondern geistlich. Redet doch die Schrift selber von Gott, daß er Füße habe, auf dem Stuhl sitze, einen Scepter habe, nach unserer Art zu reden, und verstehet es doch nicht irdisch, sondern himmlisch. Was sonst wird angezogen von seltsamen Auslegungen der Schrift, findet sich bald, wenn man nur den ganzen Context ansiehet, wie unrecht Luthern darin gethan wird.

286. Es sollten aber die Päbstler auf sich selber sehen, wie sie mit der Bibel umgehen, da wird sich's befinden, daß sie tausendmal mehr schuldig sind desjenigen, wessen sie Luthern anklagen. Ihre lateinische Bibel, welche sie im Concil zu TridenT canonisiret, stecket voller scheußlicher Irrthümer, also daß etliche gelehrte Leute in die achtzigtausend Irrthümer darinnen aufgemerket. Sind es nicht grobe Schnitzer, daß man den Spruch auf das Weib zieht, welcher doch redet von des Weibes Samen;[1] daß man für den siebenten Tag setzt den siebenundzwanzigsten Tag;[2] daß man für „die Sünde zum Tode" setzet „eine Sünde nicht zum Tode";[3] daß man für „recht richtet" setzet „unrecht richtet";[4] daß man für „wir werden alle verwandelt werden" setzet „wir werden nicht alle verwandelt werden";[5] daß man für „so ich will, daß er bleibe" setzet „also will ich, daß er bleibe";[6] daß man für „hervortragen" setzet „opfern";[7] daß man ausläßet „welcher nichts auf die Tage hält, der thut es dem HErrn";[8] daß man ausläßet „wenn das Verwesliche wird anziehen das Unverwesliche";[9] daß man hineinflicket „durch gute Werke".[10] Solcher Stellen können über die Maßen viel erzählet werden, darinnen die Päbstler von der hebräischen und griechischen Sprache abweichen und dennoch solche verfälschte Bibel bei großer Strafe für richtig anzunehmen dürfen gebieten.[11]

---

[1] 1 Mos. 3, 15. [2] 1 Mos. 8, 4. [3] 1 Joh. 5, 17. [4] 1 Petr. 2, 23.
[5] 1 Cor. 15, 51. [6] Joh. 20, 23. [7] 1 Mos. 14, 18. [8] Röm. 14, 6.
[9] 1 Cor. 15, 54. [10] 2 Petr. 1, 10. [11] Concil. Trident., Sess. 4. decr. 2.

287. Wollte man die närrischen Auslegungen der Schrift besehen im Pabstthum, da findet sich ein großer Wald voller Irrthümer und schrecklicher Thorheit. „Ein Bischof sei eines Weibes Mann"[1] wird erkläret: ein Geistlicher soll eine Präbende haben. „Der Welt Ende sind des HErrn"[2] wird erkläret: die Kardinäle sind die Grundsäulen der Welt. „Gott machte zwei große Lichter, eines das den Tag regieret, das andere das die Nacht regieret"[3] wird erkläret: Gott machte den Pabst, welcher das große Licht ist, das die Kirche regieret, und den Kaiser, das kleine Licht, welches die Weltlichen regieret. „Alles hast du unter seine Füße gethan, Schaafe und Ochsen allzumal, dazu auch die wilden Thiere, die Vögel unter dem Himmel und die Fische im Meer"[4] wird erkläret: dem Pabst hast du Alles unter seine Füße gethan: die Schaafe, das ist, die Frommen: Ochsen, das ist, die Hoffärtigen; die wilden Thiere, das ist, die Heiden; die Vögel unter dem Himmel, das ist, die Heiligen; die Fische im Meer, das ist, die Seelen der Verstorbenen. Die vier Thiere Hesekiels[5] legen sie aus durch die vier Patriarchen. „Kein Thier durfte zum Berge Sinai sich nahen",[6] das ist, ungelehrte Laien sollen die Schrift nicht forschen. „Aus dem Munde des HErrn ging ein zweischneidig Schwert",[7] das ist, aus dem Munde des Pabstes soll ein recht Urtheil gehen.[8] Solche und dergleichen thörichte, kindische Auslegungen haben die Unsrigen aus den päbstischen Rechten wie auch aus andern Scribenten in großer Menge zusammengetragen,[9] derer das ganze Pabstthum sich billig schämen muß, so lange die Welt stehet.

---

[1] 1 Tim. 3, 2. [2] 1 Sam. 2, 8. [3] 1 Mos. 1, 16. [4] Pf. 8, 8. 9. [5] Hef. 1, 5. [6] 2 Mos. 19, 13. [7] Offb. 1, 16. [8] Chemn. in Examine Concilii Trident., part. 1. pag. 56. [9] Schröderus in Opusc. Theol. Meisnerus in Orat. Jubil. anno 1617.

Das einundzwanzigste Capitel.
Von großer Unbeständigkeit Luthers, indem er seine Meinung oft verändert und ihm selber in seinen Schriften zuwider redet.

288. Dieses Stück wird im Pabstthum sehr weitläuftig getrieben, indem man vorgibt, Dr. Luther habe immer etwas geändert an seiner Lehre; ein Ding in seinen Schriften laufe dem andern zuwider; man könne nicht eigentlich wissen, wann er sei erleuchtet worden; er habe einen zweifelhaftigen, wetterhahnischen Geist gehabt, er habe kalt und warm aus einem Maule geblasen, er sei ein Zweiträscher und Beideächsler, von allen Artikeln habe er ja, nein, kalt, warm, weiß, schwarz, Lügen und Wahrheit geredet; viel hundert Wetterhähne könne man aus seinen Büchern zusammenbringen;[1] wie denn alle Päbstler sich damit schleppen, daß sie widerwärtige Reden Luthers zusammenkratzen und damit die Einfältigen zu verwirren sich unterstehen, inmaßen sie denn ein ganzes Buch davon geschrieben, „der evangelische Wetterhahn" genannt, item: „Lutherischer Irrgarten".

289. Nun müssen wir bekennen, daß Dr. Luther im Anfang der Reformation dem Pabstthum in etlichen Dingen noch beigepflichtet, welches er hernach geändert hat. Es hat bisweilen das Ansehen in seinen Schriften, als ob Eines wider das Andere liefe; wer die päbstischen Bücher lieset und nicht etwa Nachricht dabei hat, kann leicht in die Gedanken gerathen, daß Luther der unbeständigste Mensch auf Erden gewesen. Es können aber solche widerwärtigen Reden und Unbeständigkeit abgelehnt werden, wenn man Achtung gibt auf nachfolgende Stücke.

290. Erstens muß man immer vorher wissen, daß wir Luthern nicht darum glauben, weil er es lehret, sondern wir

---

[1] Vetter, im unschuldigen Luther. Motivae Badenses, rat. 3. pag. 147. seq. Scoppius, de Autoritate Lutheri, pag. 31. 32. Lessius, consult. 9. rat. 6. Cochlæus in Actis Lutheri, anno 1519. Sartorius in Motivis, pag. 326. seq. Ungersdorff in gratulatione, pag. 241. seqq.

glauben ihm darum, dieweil dasjenige, was er lehret, mit Gottes Wort übereinstimmt. So demnach etwas sollte vorkommen in seinen Schriften, das wider Gottes Wort wäre, darf es Niemand glauben. Und das ist die Ursache, warum wir nicht fragen oder achten, ob Luther in den ersten Jahren seiner Bekehrung etwas von Anrufung der Heiligen, des Pabstes Gewalt und dergleichen gehalten. Denn ob er gleich sein Lebtag hätte solches gelehret, wollten wir es doch nicht glauben, sondern wir haltens mit dem, das er aus Gottes Wort gelehret, und achten die Person an sich selber nicht.

291. Zweitens muß man wissen, daß Luther in den ersten Jahren auf einmal sich nicht ganz und gar aus den päbstischen Irrthümern habe können auswickeln, sondern der Heilige Geist hat ihn von Tage zu Tage erleuchtet, daß er endlich vollkömmlich zur Erkenntniß der Wahrheit gekommen. Wer nun die ersten Schriften lieset, der muß sie mit Verstand und Unterschied lesen, denn Luther damals noch nicht gänzlich erleuchtet gewesen. Darum Luther selbst dieses erinnert, wenn er schreibet: „Vor allen Dingen bitte ich den christlichen Leser und bitte ihn um unsers HErrn JEsu Christi willen, daß er meine ersten Bücher ganz bedächtlich, auch mit großem Mitleiden wolle lesen, und wissen, daß ich vor dieser Zeit auch ein Mönch und der rechten unsinnigen, rasenden (vor großer heuchlerischer Andacht und Geistlichkeit) Papisten einer gewesen bin, da ich diese Sache (wider den Ablaß) anfinge, so voll und trunken, ja so gar ersoffen in des Pabsts Lehre, daß ich vor großem Eifer bereit wäre gewesen, wenn es in meiner Macht gestanden, zu ermorden, oder hätte ja zum wenigsten Gefallen daran gehabt und dazu geholfen, daß ermordet worden wären alle die, so dem Pabst in der geringsten Syllaben nicht hätten wollen gehorsam und unterworfen sein."
Und wiederum: „Daher, Christlicher Leser, wirst du in meinen ersten Schriften und Büchern finden, wie viel Artikel ich dem Pabst dazumal mit großer Demuth nachgelassen und eingeräumet habe, welche ich hernachmals für die schrecklichsten Gottes-

lästerungen und Greuel gehalten und verdammet habe und in Ewigkeit gehalten und verdammt will haben, Amen. Wollest derohalben diesen meinen Irrthum oder, wie es die Widersacher giftig deuten, ungleiche Rede der Zeit und meiner Unwissenheit und Unerfahrung zumessen. Ich war erstlich gar allein, ohne alle Gehülfen, und dazu (die Wahrheit zu sagen) aller Dinge ungeschickt und viel zu ungelehrt, solche hohe, wichtige Sache zu handeln, denn ich bin ja ohne allen meinen Vorsatz, Gedanken und Willen ganz unversehens in diesen Zank und Hader gerathen, dessen nehme ich Gott, aller Herzen Kündiger, zum Zeugen." [1]

292. **Drittens**: Ob nun zwar Luther nicht bald auf einmal vollkömmlich erleuchtet worden, folgt doch keineswegs daraus, man solle ihm nicht glauben, dieweil man nicht eigentlich wissen könne, wann er seine Lehre vom Himmel empfangen, wie die Päbstler wollen schließen. Denn die heiligen Apostel sind im Anfang auch nicht vollkömmlich erleuchtet gewesen; sie haben geirret vom Leiden Christi,[2] von seiner Auferstehung,[3] vom Beruf der Heiden zu Christo.[4] Gleichwie aber es sich nicht schließen lässet, daß man ihnen gar nicht glauben sollte, dieweil man nicht eben Tag und Stunde ihrer Vollkommenheit weiß: also lässet es sich von Luthern auch nicht schließen. Und was ein Päbstler auf das Exempel der Apostel wollte antworten, das müßte er ihm wieder auf Luthers Seite zur Antwort nehmen. Also sehen wir das Korn, daß es aufgewachsen sei, ob wir gleich nicht Tag und Stunde wissen, wann es geschosset und reif worden sei. Also sehen wir am Tage, daß es licht worden sei, ob wir gleich die Minute nicht wissen, wann das Licht vollkommen worden sei. Also thut auch nicht vonnöthen, daß wir genau müssen wissen, welch Jahr und Tag Luther vollkommen sei erleuchtet worden; ist genug, wenn wir gewiß sind, daß seine Lehre mit Gottes Wort übereinstimme. Das muß der christliche Leser bei den widerwärtigen Reden Luthers allezeit in Acht nehmen.

---

[1] Jenaer deutsche Ausg. Bd. 1. fol. 2. [2] Matth. 16, 22. [3] Luc. 24, 11.
[4] Apstg. 10, 20.; 11, 12.

293. Viertens muß der Leser wissen, daß ein Anderes sei, wenn man wider sich selber in Unbeständigkeit redet, ein Anderes ist, wenn es von außen also scheinet und das Ansehen hat, als ob es widrig geredet wäre, da es doch nicht also ist. Zum Exempel: In heiliger Schrift findet man viel Dinges, welches von außen scheinet, als wäre es einander zuwider; aber wenn man es recht ansiehet, ist kein Widerspruch: also gehet es auch mit den Schriften Luthers; da findet man viel Dinges, das scheinet, als ob Luther ihm selbst darinnen zuwider wäre; wenn man aber den ganzen Text, was vorhergehet und hernachfolget, ansiehet, befindet sich's, daß es gar nicht wider einander laufe, und muß der Leser keinem päbstischen Scribenten glauben, wofern er nicht den Text Luthers selber aufschläget und eigentlich besiehet.

294. Fünftens: Luther hat schon bei seinem Leben darüber geklaget, daß man ihm widerwärtige Dinge anrichte: „Was soll ich sagen? Wie soll ich klagen? Ich bin noch im Leben, schreibe, predige und lese täglich, noch finden sich solche giftige Leute, die sich unterstehen, meine Schrift und Lehre stracks wider mich zu führen, lassen mich zusehen und zuhören, ob sie wohl wissen, daß ich anders lehre ꝛc. Sie üben sich mit allem Fleiß, wie sie unsere Worte in allen Buchstaben aufs schändlichste verkehren und verderben mögen. Solchen lasse ich den Teufel antworten oder zuletzt Gottes Zorn, wie sie verdienen."[1] Am andern Orte schreibet er: „Es sind viel Sprüche in der Schrift, die nach dem Buchstaben wider einander sind; aber wo die Ursachen angezeiget werden, ist es alles recht. Halts wohl, daß alle Juristen und Medici solches in ihren Büchern auch überaus viel finden, und was ist alles Wesen der Menschen denn Antilogiae oder widerwärtiges Ding, bis man die Ursachen höret. Darum sind meine Antilogisten treffliche, feine, fromme Säu und Esel, die meine Antilogieen zusammenklauben und lassen die Ursachen anstehen, ja verdunkeln sie mit Fleiß, gerade als könnte ich nicht auch aus ihren Büchern Antilogias zusammen

---

[1] In den Schmalkaldischen Artikeln, Jenaer Ausg. Bd. 6. pag. 510.

vortragen, da sie auch mit einiger Ursach nicht zu vergleichen sind." [1]

295. Sechstens: Man muß unterscheiden die Menschensatzung und die Hauptstücke der christlichen Lehre, die zur Seligkeit vonnöthen sind. In den Hauptstücken ist ihm Luther nicht zuwider, aber in der Lehre von Menschensatzungen hat er immerdar zugenommen an rechter Erkenntniß, bis er endlich dieselbigen gar verworfen. Luther machet selber den Unterschied, wenn er im Buch wider den König in England also schreibet: „Wenn der König will, daß ich wider mich selbst geschrieben habe in denen Stücken, die ein christlich Leben und die heilige Schrift betreffen, so lüget er, soll mir es auch nicht beibringen, das biete ich ihm Trotz und Recht; sondern ich will diese Lügen ihm beibringen mit allen meinen Büchern und Lesern in der Welt. Meinet er aber, daß ich in denen Stücken wider mich geschrieben habe, die außer der Schrift sind, als da ich zuvor den Pabst, Ablaß, Menschenlehre, Messen habe für etwas gehalten und darnach verworfen, so weiß er noch nicht, was widerspenstige Lehre heißet. Denn das heißt nicht widerspenstig gelehret, wenn Jemand etwas anders hernach hält, denn er zuvor gehalten hat, und selbst das bekennet, wie ich thue. Sonst müßten St. Pauli Episteln alle verdammt sein, denn er g'eich das Widerspiel lehret nach seiner Taufe, das er zuvor hielt, da er die Kirche verfolgete. So müßte auch St. Augustini Buch Retractationum verdammet sein mit allen seinen besten Büchern. Item, es müßten keine Christen sich bessern und Buße thun" ꝛc. [2]

296. Siebentens: Luther redet bisweilen in seiner schweren Anfechtung, damit ihn der Teufel versuchet, dadurch er aber nicht unbeständig wird, sondern er überwindet endlich durch Christi Hülfe. Also klaget er, es sei schwer, das Gewissen, wenn es lange mit Abgötterei und falscher Lehre beschweret worden, wiederum zu stillen; der Satan setze ihm oft zu mit solchen

---

[1] De Conc., Jenaer Ausg. Bd. 7. pag. 234. [2] Jenaer deutsche Ausg. Bd. 2. pag. 133.

Gedanken: Bist du allein verständig? werden alle andere Leute irren? hat man es in so langer Zeit nicht gewußt? Endlich aber bekräftige und stärke ihn Christus mit seinen theuren und wahren Worten, daß sein Herz fest stehe in solcher Anfechtung wie das Ufer wider das wilde Meer.¹ Wenn nun Luther also über seine Anfechtung klaget, muß man es nicht aufnehmen, als wäre er darinnen abgefallen. Denn sonst würde man von Christo auch desgleichen sagen müssen, welchen der Satan mit seinen schweren Anfechtungen versuchete; welche aber Christus und Luther durch Christi Hülfe haben überwunden.

297. Achtens: Luther bezeuget auch öffentlich seine Standhaftigkeit in der Lehre, wenn er schreibet: „Das ist mein Glaube; denn also glauben alle rechten Christen, und also lehret uns die heil. Schrift. Was ich aber hier zu wenig gesaget habe, werden mir meine Büchlein genugsam Zeugen geben, sonderlich die zuletzt sind ausgangen in vier oder fünf Jahren. Deß bitte ich alle fromme Herzen, wollen mir Zeugen sein und für mich bitten, daß ich in solchem Glauben fest möge bestehen und mein Ende beschließen. Denn (da Gott für sei) ob ich aus Anfechtung und Todesnöthen etwas Anderes würde sagen, so soll es doch nichts sein, und will hiermit öffentlich bekennet haben, daß es unrecht und vom Teufel eingegeben sei, dazu helfe mir mein HErr und Heiland JEsus Christus, gebenedeiet in Ewigkeit, Amen."² Item: „Ich kann desto fröhlicher leben und sterben, weil ich mit solchem Gewissen lebe und sterbe, daß ich ja mit allem Fleiß der Welt habe zu ihrem Besten gedienet und die heil. Schrift und Gottes Wort also an den Tag gebracht, als in tausend Jahren nicht gewesen ist. Ich habe das Meine gethan, euer Blut sei auf eurem eigenen Kopf." Item: „Ich werde je länger, je fester, je stärker in meiner Lehr."³ Das sind helle Zeugnisse, daß Luther mit freudigem Gewissen standhaftig bei seiner Lehre verblieben ist.

---

¹ Jenaer lat. Ausg. Bd. 2. fol. 441. ² Jenaer deutsche Ausg. Bd. 3. ol. 513. ³ Ebendas. Bd. 3. fol. 335.

298. **Neuntens**: Der Leser muß auch wissen, daß die Jesuiten mit den Schriften Luthers übel umgehen, wenn sie seine widerwärtigen Reden anziehen wollen. Denn sie zwacken seine Worte aus dem Text und ziehen sie an wider seine Meinung; sie setzen oft etwas hinzu, das doch nicht darinnen stehet; sie nehmen oft ein Wort heraus, das darinnen stehet. Was Luther citiret aus Anderen, ziehen sie oft an, als wenn es sein eigen wäre. Auf dem Postcolloquio zu Regensburg hat Dr. Philipp Heilbrunner den Jesuiten Conrad Vetter auch auf solchem Betrug erfunden und ihn öffentlich zu Schanden gemacht.[1] Desgleichen hat Dr. Garthius auch gethan: als die Jesuiten eine unwahrhafte Relation ausgesprenget von dem Colloquio, das sie mit ihm zu Prag gehalten, und im Anhang etliche harte Sprüche Luthers angezogen, hat er dieselbigen gründlich widerleget und der Jesuiten vielfältigen Betrug und Falschheit darinnen entdecket,[2] wie denn insonderheit des großen Betrugs halber, welcher an Vettern zu Regensburg entdecket worden, die Jesuiten ihr Lebtag sich schämen müssen.

299. **Zehntens**: Endlich wolle der Leser merken, was Dr. Heilbrunner von dem mancherlei Betrug der Jesuiten in seinem unschuldigen Luther hat aufgezeichnet, da sie Dr. Luthers bedingte Reden oft anziehen, als wenn sie ohne Bedingung geredet wären. Sie reden oft zweifelhaftig, brauchen zwar Luthers Worte, aber in einem fremden Verstande; sie ziehen oft an für eine Ursach, das doch Luther nicht als eine Ursach verstehet. Wenn Luther redet von mancherlei Fragen, wenden sie alles unter einander, und, welches zu beklagen ist, lassen sie den einfältigen Laien nicht zu, daß sie selber in den Schriften Luthers nachschlagen möchten, auf daß ihr Betrug nicht erfunden werde. Wer diese erzählten Observationen in Acht nimmt, der kann leicht antworten auf alle Widersprüche und widerwärtigen Reden, die sie

---

[1] Postcolloquium Ratisbonense, pag. 37. usque 57. [2] Acta et postacta Colloquii Pragensis, pag. 101. seq.

aus den Schriften Luthers zusammenraspeln, wie denn aus solchen Gründen unsere Theologen bisher solche vermeinte Widersprüche abgelehnt haben.¹

300. Auf sich selber aber sollten die Päbstler sehen, wie unbeständig, widerwärtig, uneinig sie in ihrer Lehre sind. Denn es ist kein einiger Glaubensartikel, darinnen diese Leute einig sind. Wie uneinig sind viele Päbste gewesen! Was einer gesetzet, hat der andere wieder umgestoßen.² Wie greuliche Widerwärtigkeit findet sich allein in den päbstischen Rechten!³ Welche Trennungen haben sich unter den Päbstlern erhoben über den römischen Stuhl, deren in die fünfundzwanzig gezählet werden!⁴ Wie haben die päbstischen Concilien einander widersprochen in vielen Stücken!⁵ Wie jämmerlich zausen die Schullehrer einander, die Scotisten, Thomisten, Albertisten, Occamisten, Sorbonnisten!⁶ Wie streiten die Franciscaner-Mönche und Dominicaner-Mönche heftig wider einander von der Jungfrau Maria, ob sie ohne Sünde empfangen, darüber der Pabst in den geistlichen Rechten sehr klaget!⁷ Wie haben die Jesuiten ganz neue Sachen auf die Bahn gebracht, die mit der andern päbstischen Theologie nicht übereinstimmen,⁸ und darf der Pabst, ihr Haupt, sich doch nicht unterstehen, solche widerwärtige Meinung zu vergleichen, wie denn die Unsrigen in ihren Schriften solches gründlich und weitläuftig haben ausgeführet,⁹ daran sich die Päbstler niemals

---

¹ Dr. Heilbrunner, im unschuldigen Luther. Lælius contra Sartorium, pag. 171. seq. Dr. Zeæman contra Ungersdorff, cap. 27. pag. 925. seq. Heerbrand, in Widerlegung des Wetterhahns. ² Antonius, part. 2. Historiar. tit. 16. ³ Osiander, in Papa non Papa. ⁴ Staplet., relect. controv 1. qu. 5. art. 3. ⁵ Gerhardus de Eccles § 237. ⁶ Flacius, de dissensione ac dissid. pontif. ⁷ Concil. Trident. sess 5. Extravag. Commun. lib. 3. tit. 12. de reliq. et vener. Sanctorum, cap. 1. Cum præexcelsa, cap. 2. Grave nimis. ⁸ Pelargus in Jesuitismo novo. ⁹ Pappus, in contrad. doct. Eccles. Rom. Hunnius, in Papatu se ipsum destr. Morton., in Apol. Cathol. Gerbard., de Eccl. § 212. &c.

gemaßt haben, werden es auch wohl unbeantwortet lassen, in welche Schriften, um geliebter Kürze willen, wir den Leser wollen gewiesen haben.

Das zweiundzwanzigste Capitel.
Von großer Verachtung und Lästerung der Obrigkeit und großer Herren, welche in Luthers Schriften gefunden werden.

301. In diesem Stück wird Luther hart angeklaget, daß er den Stand der Obrigkeit aufs äußerste geschmähet und verachtet: das Evangelium wisse von keiner Obrigkeit, leide sie auch nicht; unter Christen solle keine Obrigkeit sein, ein Jeglicher sei dem Andern gleich. Ja er schände und lästere die römischen Kaiser und die deutschen Fürsten, nenne sie Lügner, Bestien, Wölfe, Säue, Mörder; verblendete, unverschämte, tolle, thörichte, unsinnige, rasende, wahnsinnige Narren und Lästerer; daß der Türk viel frömmer und klüger sei als sie; Herzog Georg von Sachsen einen tollen, rasenden, wüthenden Tyrannen, Narren, Mörder, Bluthund, unverschämten Lügner; Herzog Heinrich von Braunschweig Teufels Heintze, beschissenen Heintze, groben Tölpel, Knobel, Rültz, Esel, ehrlosen Bösewicht, Heintz, Klotz, Wurst, Teufel, verzagten Schelmen, weibischen Mann, tollen Filz, Trunkenbold, Teufelssohn, Teufelsdreck, so der Teufel in Deutschland geschmissen, Angst-Bösewicht, Schelmen-Heintz, Meuchel-Heintz; König Heinrich in England nennet er einen Lügner, Lästerer und Biedermann, Mörder, Henker, Gaukler, Verräther, Tyrannen, Lästermaul, Luthers Stocknarr, Laus, Niß, tölpischen Alfanzer, tolles Hirn, Teufelslarven, Hurenstirn, giftig Lügenmaul 2c. Also schände und lästere Luther die Obrigkeit, und dürfe sich doch bisweilen rühmen, daß von der Apostel Zeit her Niemand so deutlich und ehrlich vom Stande der Obrigkeit habe geschrieben; er sei es, davon St. Judas in seiner Epistel weissaget, daß gottlose

191

Leute die Herrschaften werden verachten. Wie solche Anklagen in ihren Schriften mit Haufen gefunden werden.¹

302. Antwort: Erstens, Luther hat den Stand der Obrigkeit hoch geehret und von demselbigen gelehret, wie es Gottes Wort erfordert, auch wider das Lästern des Pabstthums solchen Stand hernach beschützet.² Er beweiset, wie Gott der HErr den Stand der Obrigkeit ordne und einsetze.³ Er lehret, welches die rechte Verrichtung dieses Standes sei, nämlich Gottes Ehre befördern, Recht und Gerechtigkeit erhalten, die Unterthanen schützen ꝛc.⁴ Er entschuldiget das geistliche und weltliche Regiment,⁵ er beklaget, wie die Welt der Obrigkeit Alles so sauer mache,⁶ vermahnet, daß man für sie beten solle. In Summa, er führet die Lehre von der Obrigkeit so herrlich aus, als kein einziger Päbstler vor ihm gethan hat.⁷ Das muß man erstlich zum Grund haben und merken, auf diesen Einwurf zu antworten.

303. Zweitens: Es schreibet zwar Luther an einem andern Orte, daß ein Christ dem andern gleich sei, das Evangelium wisse von keiner Obrigkeit, leide sie auch nicht, unter Christen sei keine Obrigkeit ꝛc.; damit aber hat er keineswegs das weltliche Regiment aufheben wollen, sondern er hat gelehret, Gott habe zwei Regimenter, ein geistliches und ein weltliches. Zum geistlichen gehören allein fromme Christen, die lassen sich Gottes Geist freiwillig regieren, thun Niemand Unrecht, leiden

---

¹ Pistorius, im zweiten bösen Geist. Scoppius, von Luthers Autorität, pag. 39. f. Vetter, im gravitätischen Luther, pag. 216. f. Tannerus, Dioptr. lib. 3. qu. 3. cap. 16. pag. 1007. Scherer, Dom. 23. post Trin. pag. 695. Motivae Badenses, rat. 3. pag. 124 seq. Eder, in Inquisit. fol. 66. Bozius, lib. 12. de signis Ecclesiae cap. 13. pag. 1001. Tannerus, in Anatomia August. Confess. part. 1. dem. 8. pag. 137. sq. Ungersdorff in gratulat. pag. 161. seq. Sartorius in Motivis, part. 1. pag. 175. ² Apolog. August. Confess. artic. 16. ³ Jenaer deutsche Ausg. Bd. 2. pag. 173. ⁴ Ebendas. pag. 151. 153. 186. ⁵ Ebendas. pag. 171. Jenaer deutsche Ausg. Bd. 6. pag. 155. ⁶ Jenaer deutsche Ausg. Bd. 6. pag. 148. ⁷ Jenaer deutsche Ausg. Bd. 6. pag. 148. 175. Siehe das Büchlein von der weltlichen Obrigkeit, Bd. 2. Jenaer Ausg. pag. 172.

und ertragen alles Unrecht, darum sie für ihre Person der Obrigkeit nicht bedürfen. Wollte Jemand daraus schließen, man bedürfe gar keiner Obrigkeit, da saget Luther Nein dazu und setzet diese Worte: „Ja freilich ists wahr, daß Christen um ihr selbst willen keinem Recht noch Schwert unterthan sein, noch sein bedürfen; aber siehe du zu und gieb die Welt zuvor voll rechter Christen, ehe du sie christlich und evangelisch regierest; das wirst du aber nimmermehr thun, denn die Welt und die Menge ist und bleibet Unchristen, ob sie gleich alle getaufet und Christen heißen." [1] Will also das weltliche Regiment nicht haben aufgehoben, aus Ursach, weil der wenigste Haufe Christen sind, der mehrste Ungerechte, die sich unter einander als wilde Thiere zerreißen würden, wo nicht das Schwert der Obrigkeit wehrete. Und die müssen in dem Welthaufen regieren, der müssen auch alle Christen unterthan sein als einer guten Ordnung, deren der Nächste bedürftig ist. Dieses und nichts Anderes wird der Leser in dem angezogenen Orte finden, gar deutlich und klar, welches ja die lautere Wahrheit ist, nach dem die, so rechte Christen sind, der Obrigkeit Regierung nicht bedürfen, inmaßen manch frommer Mensch zum Alter gelanget und weder Obrigkeit um Schutz hat angerufen (weil er alles Unrecht mit Geduld ertragen) noch vor derselbigen einiger Sache halber hat antworten dürfen. Dem ist die Obrigkeit keine Obrigkeit gewesen, und wenn Alle so gelebet hätten, wäre die Obrigkeit nichts nütze gewesen. Weil aber kein Haufe der Christen zu finden, darinnen nicht stetig sind, die wegen allerlei Sachen vor der Obrigkeit zu streiten haben, entweder daß sie dem Nächsten Unrecht thun, oder ihnen nicht wollen Unrecht thun lassen, so ist die Obrigkeit nöthig um Dieser, nicht aber um Jener willen.

304. **Drittens**: Was anlanget die harten Scheltworte auf große Herren, soll man unterscheiden ihr Amt und ihre Person. Ihr Amt hat er, aller Gebühr nach, hoch geehret, die Personen aber hat er wegen ihrer Laster und Untugenden halber gestrafet, daran er ja nicht unrecht gethan, denn das Uebel an Fürsten und

---

[1] Jenaer deutsche Ausg. Bd. 2. fol. 174.

Herren ebensowohl als an gemeinen Leuten zu strafen ist. Man muß aber auch betrachten die Ursache, welche ihn bewogen zu solchen harten Worten, das ist gewesen, daß diese Herren Luthern in seinem Amt und Lehre über alle Maßen hart angegriffen mit Worten und Werken, ihm nach Leib und Leben getrachtet und den HErrn JEsum gelästert, sein heiliges Evangelium verfolget; nun war Luther ihnen nicht unterthan seiner Lehre und Amts halber, darum er ihnen billig den groben Unfug mit ernstlichen, harten Worten unter Augen gestoßen; und wenn er die Wahrheit darinnen geredet, haben sie mit Recht über ihn nicht zürnen können.

305. **Viertens**: Die Worte an sich selber aber sind nicht so gar hart; es habens die heiligen Propheten und Apostel ja so hart und noch härter gemacht. Die gottlosen Obrigkeiten nennen sie um ihrer Laster willen einen Mann des Todes,[1] Verwirrer Israelis,[2] derer Blut die Hunde lecken sollen,[3] die verkauft sind Uebles zu thun,[4] die die Hunde fressen sollen,[5] Fürsten zu Sodom,[6] reißende Wölfe, Blut zu vergießen und Seelen umzubringen,[7] brüllende Löwen, Wölfe am Abend, die nichts lassen auf den Morgen überbleiben,[8] Abtrünnige und Diebsgesellen,[9] die mit bösen Stücken umgehen,[10] Stricke zu Mizpa und ausgespannte Netze zu Thabor,[11] Kinder und Weiber,[12] die das Recht in Wermuth verkehren und die Gerechtigkeit zu Boden stoßen,[13] die das Gute hassen, das Böse lieben, so den Unterthanen die Haut und Fleisch von den Beinen abschinden und die Beine zerbrechen,[14] die Zion mit Blut bauen und Jerusalem mit Unrecht, die nach Geschenken richten,[15] die nach ihrem Muthwillen rathen Schaden zu thun, und drehens wie sie wollen, deren Bester ist wie ein Dorn und der Redlichste wie eine Hecke,[16] böse Leute, die sich nicht wollen schämen lernen;[17] wie denn

---

[1] 2 Sam. 12, 7. [2] 1 Kön. 18, 18. [3] 1 Kön. 21, 19. [4] Vers 20. [5] Vers 23. [6] Jes. 1, 10. [7] Hesek. 22, 27. [8] Zeph. 3, 3. [9] Jes. 1, 23. [10] Jer. 5, 28. [11] Hosea 5, 1. [12] Jes. 3, 4. 12. [13] Amos 5, 7. [14] Mich. 3, 2. 3. [15] Mich. 3, 10. 11. [16] Mich. 7, 3. 4. [17] Zeph. 3, 5.

solcher Reden in heiliger Schrift sich sehr viel finden. Der HErr Christus nennet Herodes einen Fuchs,[1] die Schriftgelehrten, Pharisäer und Obersten im jüdischen Volk Heuchler,[2] Teufelskinder,[3] Höllenkinder,[4] Narren und Blinde,[5] die der Wittwen Häuser fressen,[6] das Himmelreich vor den Leuten zuschließen.[7] Den Hohenpriester nennet Paulus eine getünchte Wand,[8] den Kaiser Nero einen Löwen;[9] die heiligen Märtyrer nennen ihre Verfolger Tyrannen,[10] gottlose, verfluchte Leute,[11] Halsstarrige und Unbeschnittene an Herzen und Ohren, die dem Heil. Geist widerstreben, Christi Verräther und Mörder.[12] Der christliche Leser wolle diese Titel recht betrachten, so wird er befinden, daß sie ja so hart und noch härter sind als die Worte, mit welchen Luther die Herren und Fürsten um ihrer Laster willen im gleichen Fall gescholten hat.

306. **Fünftens**: Allhier fraget sichs, ob die Fürsten rechte Ursache haben, über Dr. Luther zu zürnen, oder vielmehr Ursache, ihm für die Strafe zu danken. Hat er ihre Untugend mit Wahrheit gestrafet, so haben sie mehr Ursache zu danken als zu zürnen. David war ein König, und dennoch spricht er: Der Gerechte schlage mich freundlich und strafe mich, das wird mir so wohl thun wie ein Balsam auf meinem Haupte.[13] Sirach spricht: Ein Weiser achtet die Zucht wie einen güldenen Schmuck,[14] denn die Schläge des Liebhabers meinens recht gut.[15] Hingegen sind auch Diejenigen Narren, welche, so man sie ziehen will, sich nicht anders stellen, als wollte man ihnen Fesseln legen an Händen und Füßen.[16] Wäre besser gethan, wenn Diejenigen, die Luther hat gestraft, solches mit Dank hätten angenommen, ihre Laster erkannt, bereuet und durch Hülfe und Anrufung Gottes sich gebessert.

---

[1] Luc. 13, 32. [2] Luc. 13, 15. [3] Joh. 8, 44. [4] Matth. 23, 15.
[5] Vers 19. [6] Vers 14. [7] Vers 13. [8] Apstg. 23, 3. [9] 2 Tim. 4, 17.
[10] 2 Macc. 7, 30. [11] Vers 34. [12] Apstg. 7, 5. 51. 52. [13] Ps. 141, 5.
[14] Sir. 21, 24. [15] Spr. 27, 6. [16] Sir. 21, 22.

307. Sechstens: Luther gibet selber Ursachen, warum er so scharf habe schreiben müssen, nämlich dieweil er nichts mit Demuth habe ausgerichtet, sondern man hat vorgegeben, daß er sich fürchte, heuchle und widerrufe; darum spricht er: „Ich habe nun manch fein Büchlein geschrieben ohne alle Schärfe, freundlich und sanft, dazu auch mich aufs demüthigste erboten, ihnen nachgezogen, erschienen mit vieler Kost und Mühe, und ihrer Lügen und Lästerung über die Maßen viel ertragen; aber je mehr ich mich gedemüthiget habe, je mehr sie toben, mich und meine Lehre lästern, bis sie verstocket sind und weder hören noch sehen können." [1] Und in der Antwort auf des Königs in England Buch: „Wie soll ich mich doch gegen solche Köpfe halten? Schreibe ich scharf und hart, so nimmt man Ursach, meine Lehre zu verdammen, mit solcher Farbe und Schein: ich sei stolz, hoffärtig, beißig, ungeduldig; wiederum demüthige ich mich, so haben sie aber Ursache und sagen: ich fliehe, ich fürchte mich, ich heuchle, ich widerrufe; es gehet mir eben wie Christus sagte: pfeife ich, so wollen sie nicht tanzen; klage ich, so wollen sie nicht trauern. Das will ich aber thun: meiner Person und Lebens halber will ich mich demüthigen vor Jedermann, auch vor einem Kinde, Gnad und Gunst bitten, sofern sie dem Evangelio nicht feind sind; aber meines Amts und Lehre halber und sofern mein Leben derselben gleich ist, warte nur Niemand Geduld und Demuth, sonderlich die Tyrannen und Verfolger des Evangelii." [2]

308. Siebentens: Dieweil aber nicht alle Fürsten Tyrannen und Verfolger des Evangelii sind, hat Luther sie auch nicht alle gemeinet; sie haben es auch nicht alle sich anzunehmen, die Jesuiten und Mönche dürfens auch nicht auf alle ziehen. Wer diese sieben Punkte recht betrachtet, der kann leicht sehen, daß Luther in seiner Schärfe wider die Fürsten nicht gesündiget hat.

309. Insonderheit aber den Kaiser Karl belangend, hat sich Luther zwar wider ihn beschweret, aber nicht ohne Ursach, dieweil

---

[1] Jenaer deutsche Ausg. Bd. 2. fol. 145.   [2] Jenaer deutsche Ausg. Bd. 3. fol. 334.

unter des Kaisers Namen zwei widerwärtige Mandate ausgingen
zu Nürnberg und Worms, in deren einem Luther als ein Ketzer
schlechterdings verdammt worden, im andern befohlen wird, seine
Bücher zu examiniren und das Böse vom Guten zu unterscheiden.
Also lauten Luthers Worte: „Schändlich lautet es, daß Kaiser
und Fürsten öffentlich mit Lügen umgehen; aber schändlicher lautet
es, daß sie auf einmal zugleich widerwärtige Gebote lassen ausge=
hen, wie du hierinnen siehest, daß geboten wird man solle mit mir
handeln nach der Acht, zu Worms ausgangen, und dasselbige Ge=
bot ernstlich vollführen, und doch darneben erst das Widergebot an=
nehmen, daß man auf künftigem Reichstage zu Speier soll allererst
handeln, was gut und böse in meiner Lehre sei." [1] Wenn aber
Luther wider den Kaiser schreibet, verstehet er Diejenigen, welche
unter des Kaisers Namen solch Ding vornehmen; darum spricht
er: „So will ich hiermit nicht den frommen Kaiser, noch die from=
men Herren, sondern die Verräther und Bösewichter gemeinet
haben, so unter kaiserlichem Namen ihren verzweifelten bos=
haftigen Willen vornehmen zu vollbringen, und sonderlich den
Haupt = Schalk Clementem und seinen Diener Campegium,
und dergleichen." [2] Ja, Luther entschuldigt den Kaiser vielmehr
und lobet seine Tugend, wenn er also schreibet: „Erstlich muß ich
den lieben Kaiser Karl entschuldigen seiner Person halben, denn er
hat bisher, auch jetzt auf dem Reichstage, also sich erzeiget, daß er
aller Welt Gunst und Lob überkommen hat und würdig wäre,
daß ihm kein Leid widerführe, auch die Unseren nicht anders
denn kaiserliche Tugend und Lob von ihm zu sagen wissen.
Und daß ich deß alles etliche Exempel anzeige, so ist dies eine
wunderliche, seltsame Sanftmuth, daß seine kaiserliche Majestät
unsere Lehre nicht hat wollen verdammen, ob sie gleichwohl von
geistlichen und weltlichen Fürsten heftiglich darauf gehetzt und
gereizet ist mit unabläßlichem Anhalten, auch ehe er aus Spanien
kommen ist. Aber Seine Majestät hat gestanden wie ein Fels,

---

[1] Jenaer deutsche Ausg. Bd. 2. pag. 399. [2] Jenaer deutsche Ausg.
Bd. 5. pag. 289.

und zum Reichstag geeilet, und ein gnädiges Ausschreiben gethan, willens, die Sachen gütlich und freundlich zu handeln; soll auch gesaget haben, es müsse ja nicht so gar böse Lehre sein. Welches sich auch also erfunden hat zu Augsburg, da unser Bekenntniß vor kaiserlicher Majestät ist gelesen worden, haben das Widertheil selbst erfunden, daß diese Lehre nicht so böse sei, als sie durch ihre giftigen Prediger und Ohrenbläser und hässige Fürsten ist vorgebildet; ja sie hatten sichs gar nicht versehen, daß so eine gute Lehre sein sollte, haben ihr viel selbst bekennet, es sei die lautere heilige Schrift, man könne sie mit der Schrift nicht widerlegen, deß sie gar viel anders zuvor berichtet waren gewesen. Das war auch die Ursache, warum man schwerlich zuließ, daß sie gelesen ward. Denn die Neidfürsten und giftigen Lügner sorgten wohl, wo sie gelesen würde, daß ihre giftigen Lügen müßten zu Schanden werden, hätten gesehen, daß kaiserliche Majestät stracks ungelesen und ungehört Alles verdammt hätte. Aber da Se. kaiserliche Majestät nicht konnte erhalten, daß man sie öffentlich vor Jedermann lesen ließ, that sie dennoch so viel, daß man sie vor den Reichsständen lesen und hören mußte, wie hoch auch solches andern Fürsten und Bischöfen und Sophisten zuwider war und bitterlich verdroß."[1] Und bald darauf: „Derohalben wir unserm lieben Kaiser Karl sollen hold sein, und danken für diese Tugend, daß Gott durch ihn zum Anfang unsere Lehre hat geschmücket, und erlöset von den lügenhaftigen, lästerlichen Titeln der Ketzerei und andern schändlichen Namen" 2c. Item: „Ihro kaiserliche Majestät solle auch gesaget haben: Wann die Pfaffen fromm wären, so dürften sie keines Luthers. Was ist das anders gesaget, denn wie Salomo saget: Des Kö= niges Lippen weissagen?" Bald hernach finden sich diese Worte: „Aber es muß dem frommen Kaiser gehen, wie allen frommen Fürsten und Herren. Denn wo ein Fürst mit der Sänfte regie= ren will, da kanns nicht anders sein, es kommen die größesten Schälk und Bösewichter ins Regiment und in die Aemter,

---

[1] Jenaer deutsche Ausg. Bd. 5. pag. 280.

die thun denn was sie wollen unter des Fürsten Namen, denn sie dürfen sich nicht fürchten, weil sie wissen, daß der Fürst fromm ist und läßt ihm gern sagen. Was sollt nun dieser fromme Kaiser vermögen unter so viel Schälken und Bösewichtern, sonderlich gegen den Erzbösewicht, den Pabst Clemens, der aller Schalkheit voll steckt und bisher auch redlich am Kaiser bewiesen hat?"

310. Wider den König in England hat Luther auch heftig geschrieben, er setzet aber selber die Ursache seiner Schärfe, wenn er spricht: daß selbiger König seinen König und HErrn Christum schände, darum er auch um sich gehauen; doch könne er ihn noch keiner Lügen strafen. Dabei er saget: „Ihr Papisten sollet es nicht ändern, das ihr für habet; thut, was ihr wollet, es sollen diesem Evangelio, das ich geprediget habe, weichen und untenliegen Pabst, Bischöfe, Pfaffen, Mönche, Könige, Fürsten, Teufel, Tod, Sünde und Alles, was nicht Christi und in Christo ist; dafür soll nichts helfen." [1] Also wenn Luther wider Herzog Georg, wider den Herzog von Braunschweig und Andere heftig ist, thut ers nicht ohne Ursach, denn sie mit Wüthen und Toben wider das Evangelium solches verdienen. Also unterstunden sich etliche Fürsten, das Neue Testament zu verbieten, und wollten Gottes Wort den Leuten aus den Händen reißen; dawider schreibet Luther: „In Meißen, Baiern und in der Mark und andern Orten haben die Tyrannen ein Gebot lassen ausgehen, man sollte das Neue Testament in die Aemter hin und wieder überantworten. Hie sollen ihre Unterthanen also thun: nicht ein Blättlein, nicht einen Buchstaben sollen sie überantworten, bei Verlust ihrer Seligkeit; denn wer es thut, der übergibet Christum dem Herodes in die Hände, denn sie handeln als Christi Mörder, wie Herodes. Sondern das sollen sie leiden, ob man ihnen durch die Häuser laufe und nehmen heiße mit Gewalt, es sei Bücher oder Güter. Frevel soll man nicht widerstehen, sondern leiden; man soll ihn aber nicht billigen, noch dazu dienen oder folgen." [2]

---

[1] Jenaer Deutsche Ausg. Bd. 2. pag. 130. [2] Ebendas. pag. 181.

311. Vor allen Dingen aber sollten die Päbstler auf sich selber sehen, da wird sich's befinden, wie hoch diese Gesellen den Stand der Obrigkeit ehren. Erstens, man hatte vorzeiten die christliche Kirche gemalet in Form eines Schiffes, darinnen saßen eitel Geistliche; aber die Laien, darunter auch Könige wurden gerechnet, die mußten außen im Wasser schwimmen.[1] Man beredete vorzeiten die Regenten, daß der Mönchsstand viel heiliger wäre denn ihr Stand. Darum jener Fürst von Anhalt zu Magdeburg in der Barfüßerkappe auf der Breiten Straße nach Brod umging und trug den Sack wie ein Esel, daß er sich mußte zur Erde bücken; im Kloster hatte er mit Fasten, Wachen, Kasteien sich so zermartert, daß er aussah wie ein todtes Bild, eitel Haut und Bein, starb auch bald.[2] Zweitens, haben nicht viel Fürsten und Herren sich in Mönchskappen kleiden lassen, sind darinnen gestorben und begraben worden, weil sie in ihrem Stande vermeintlich nicht konnten selig werden? Drittens, die Regenten wurden ja für unrein gehalten, darum beschlossen worden, daß sie dasselbige Jahr, wann sie regierten, der Kirche sich enthalten sollten.[3] Viertens, die Päbste begehren es, daß die römischen Kaiser ihnen sollen als Stallknechte dienen, den Steigreif halten, das Pferd beim Zaume führen, und dergleichen.[4] Fünftens, der Pabst Alexander III. hat dem Kaiser Friedrich Barbarossa auf den Hals getreten und gesprochen: Auf Ottern und Löwen wirst du gehen.[5] Die Päbste rühmen ja, daß sie die Macht haben, alle Königreiche und Fürstenthümer zu nehmen und zu geben.[6] Siebentens, sie lehren ja, daß ein Unterthan wohl möge seinen Herrn ums Leben bringen, wenn er der katholischen Religion nicht zugethan sei.[7] Achtens, sie wollen der Obrigkeit kein Urtheil gönnen in Religionssachen.[8]

---

[1] Bibembach, im verleugneten Pabstthum. [2] Luther, Jenaer deutsche Ausg. Bd. 6. pag. 9. 10. [3] Concil. Eliber. can. 56. [4] Cerem. Eccles. Rom. lib. 1. sect. 1. part. 1. fol. 43. [5] Centur. XII Magd. cap. 10. [6] Platina, in vita Gregorii VII. [7] Mariana, de Rege, lib. 1. cap. 16. [8] Bellarmin., lib. 3. de Laicis, cap. 17. 18.

Neuntens, sie entreißen sich vom Gehorsam der Obrigkeit, geben vor, daß ein Geistlicher der weltlichen Obrigkeit nicht dürfe unterworfen sein.[1] Zehntens, ja sie geben vor, daß die Unterthanen ihrer Obrigkeit gar nicht gehorchen sollen, wenn sie falscher Lehre zugethan ist.[2] Elftens, wie schreibet jener Päbstische: Die Durchlauchtige Sau zu Dresden, der hochgeborne Henker Gottes zu Wolfenbüttel, die hochgelahrte Sau zu Kassel, die deutsche Bestie zu Heidelberg, der edle Büttel zu Ansbach, der reiche Dieb zu Stuttgart, der tolle, thörichte, unsinnige, rasende Narr zu Neuburg.[3] Welches er zwar nur exempelsweise, mit Bedingung redet, gibet aber damit sein lästerliches, spöttisches Herz genugsam zu verstehen. Den Kaiser Matthias vergleichet er dem Jerobeam, schilt ihn einen unrechtmäßigen König, treulos und einen Rebellen.[4] Zwölftens, die Jesuiten und Mönche sollten nur nach London in England, nach Paris in Frankreich schicken und daselbst die Frage beantworten lassen, wie die Geistlichen im Pabstthum die weltliche Obrigkeit verunehren, so würde ihnen das Lob gepreiset werden, daß die ganze Welt sich darüber verwundern müßte. Möchten also diese Leute den Balken aus ihrem Auge zuerst ziehen, ehe sie so viel von dem Splitter in Luthers Auge reden und schreiben.

Das dreiundzwanzigste Capitel.
Von Aufruhr, Krieg und Blutvergießen, dazu Luther soll geholfen haben.

312. In diesem Stück wird Luther auch scharf angeklaget, daß er sei ein Rumorgeist gewesen und habe zu Krieg, Tumult und Aufruhr treulich geholfen. Wie oft schreibet er, das Evan=

---

[1] Bellarm., lib. de Clericis, cap. 28. [2] Bellarm., lib. 5. de Rom. Pont. cap. 7. [3] Ungersdorff, in Gratulat. pag. 163. [4] Idem pag. 23. 24.

gelium solle und müsse Aufruhr, Streit und Rumor anrichten; es sei eine große Lust, wenn um Gottes Worts willen Zwietracht und Uneinigkeit entstehe! Weil er eine Ader regen könne, wolle er schmeißen und schmieren; wo ohne Rumor das Evangelium geprediget werde, da sei es aus mit ihm. Ja die Bauern haben den Aufruhr angefangen aus Luthers Antrieb, ist also Luther ein Aufwiegler und blutdürstiger Aufrührer gewesen.[1]

313. Antwort: Das alles hätte man dem HErrn Christo auch können verwerfen, daß er ein Rumorgeist wäre, aus dessen Lehre nur Krieg und Tumult entstände. Christus hatte gesprochen: Ich bin nicht kommen Friede zu senden auf Erden, sondern das Schwert, den Menschen zu erregen wider seinen Vater, und die Tochter wider ihre Mutter;[2] darum klagten die Juden Christum auch an, daß er ein Aufrührer wäre.[3] Wie großer Unfried und Aufruhr entstand zur Zeit der Apostel über die Lehre![4] Wird also die Lehre Christi und seiner Apostel selber hierdurch verdächtig. Zweitens, in der ersten Kirche hat man den Christen nach der Apostel Zeit desgleichen vorgeworfen, daß viel Uneinigkeit entstehe aus ihrer Lehre, welchen Einwurf die Väter gar fein beantwortet.[5] Drittens, man muß unterscheiden dasjenige, welches aus einem Dinge kommt per se, für sich selber, und dasjenige, was aus einem Dinge kommt per accidens, zufälliger Weise. Unfriede kam aus der Lehre Christi und seiner Apostel, nicht für sich, als wenn die Lehre selber so aufrührisch gewesen, sondern es kam zufälliger Weise, dieweil die Juden und Heiden sich daran ärgerten, widersprachen und große Verfolgung anrichteten; dergleichen man auch von unserer evangelischen Lehre, welche Christi Lehre ist, urtheilen soll.

---

[1] Scoppius, de Autorit. Lutheri, fol. 48. Tanner., Diopt., lib. 3. qu. 4. cap. 16. pag. 1010. Bozius, lib. 11. de signis Eccles., cap. 5. pag. 875. Eder., in Inquisit., fol. 65. Tanner., in Anat. Aug. Confess. dem. 8. Forerus, im Kalbsauge. Motivae Badens., rat. 3. pag. 146.
[2] Matth. 10, 34. 35. [3] Luc. 23, 5. [4] Apstg. 15, 2.; 17, 5.; 23, 7.
[5] Clemens Alexand., lib. 7. Strom.

Viertens, also ist die Ursach des Unfriedens nicht in der Lehre, sondern in der Bosheit der Menschen zu sehen, die sich an solcher Lehre ärgern.

314. Den Bauernkrieg belangend, ist derselbe nicht entsprungen aus Luthers Reformation oder Anreizung. Denn erstens hat Dr. Luther die Unterthanen zum Gehorsam der Obrigkeit noch vor dem Aufruhr vermahnet.[1] Zweitens, nachdem die Bauern ihr Begehren öffentlich an den Tag gegeben, hat ihnen Dr. Luther auf alle Artikel geantwortet und sie fleißig vermahnet, sie möchten von ihrem Vornehmen abstehen.[2] Drittens, hernach hat er in einer Schrift dargethan, daß die päbstischen Fürsten, sonderlich die geistlichen, Ursach wären an solchem Aufruhr, dieweil sie den Lauf des Evangelii verhinderten und die Unterthanen mit unerträglichen Bürden beschwerten, deswegen er sie zur Buße vermahnet.[3] Viertens, er hat auch geschrieben beide an die Fürsten und Bauern zugleich und sie beide zum Frieden ermahnet.[4] Fünftens, er hat an die Obrigkeit absonderliche Vermahnung gethan, daß ein Jeder wolle Hand anlegen und das große Feuer löschen.[5] Sechstens, etliche Päbstler müssen es selber bekennen, daß Luther der Bauern Aufruhr sich widersetzet habe.[6] Daraus offenbar genug, daß Luthern mit dieser Anklage große Gewalt und Unrecht geschehe.

315. Wie sonst Luther den Frieden allezeit geliebet habe, ist aus seinen Schriften zu ersehen. Er hat ein schönes Buch „von Vermeidung des Aufruhrs" geschrieben.[7] Er schreibet ja wider die mörderischen und räuberischen Bauern; er schreibet ausdrücklich, daß Aufruhr eine Sündfluth aller Untugend sei.[8] In der Verantwortung wider Herzog Georg schreibet er: „Das weiß und verstehet ein Kind von sieben Jahren, daß solches eine christliche Lehre ist, wo man die Leute lehret leiden, weichen,

---

[1] Jenaer Ausg. Bd. 3. pag. 106. [2] Ebendas. pag. 121. [3] Ebendas. pag. 114. [4] Ebendas. pag. 122. [5] Sleidanus, lib. 5. [6] Bellarmin., lib 3. de Laicis, cap. 2. [7] Jenaer deutsche Ausg. Bd. 2. fol. 62. [8] Ebendas. Bd. 3. fol. 148.

Leib und Gut wagen und verlassen und sich wider ihre Obrigkeit und Tyrannen nicht setzen, um Gottes Worts willen, wie mein Brief thut; deß berufe ich mich auf alle frommen Christen, ja auf alle Vernunft in der Welt. Ich wollte schier auf Bileams Esel, ja auf alle Esel und Kühe mich berufen, wenn sie reden könnten." [1] Als Churfürst Johannes auf gefährliche Rathschläge gebracht wurde, ob er dem Kaiser mit Heereskraft sollte entgegenziehen, widerrieth ihm solches Dr. Luther und schrieb: „Wir mögen in unserm Gewissen solche Bündniß nicht billigen noch rathen, angesehen, wo es fortginge und etwa ein Blutvergießen oder sonst ein Unglück daraus erfolgete, daß ob wir alsdann gern heraus sein wollten, nicht könnten kommen und alles solches Unfalls eine unleibliche Beschwerung tragen müßten, daß wir lieber möchten zehnmal todt sein, denn solch Gewissen haben, daß unser Evangelium sollte eine Ursach gewesen sein einiges Blutes oder Schadens, so von unsertwegen geschehen, weil wir sollen die sein, die da leiden und, wie der Prophet saget, wie die Schlachtschaafe gerechnet sein und nicht uns selber rächen oder vertheidigen." Item: „Derohalben bitte und vermahne ich unterthäniglich, E. F. G. sei getrost und unerschrocken in solcher Gefahr; wir wollen, ob Gott will, mit Beten und Flehen gegen Gott mehr ausrichten, denn sie mit allem ihrem Trotzen, allein daß wir unsere Hände rein vom Blut und Frevel behalten" ꝛc. [2]

316. Zu merken aber ist, daß wenn Luther dem Pabstthum den Untergang wünschet mit harten Worten, **erstens**, thut er nichts Anderes, als daß er erzählet, was das Pabstthum habe verdienet; daneben aber lehret und gebeut er nicht, daß Jemand Hand anlegen und solches vollbringen solle, denn er hat gar wohl gewußt, daß der Widerchrist durch die Zukunft Christi zum Gericht solle gänzlich getödtet werden. **Zweitens**, er redet auch oft mit Bedingung, daß wo der Pabst würde das Evangelium mit Gewalt ausrotten wollen, solle man ihm mit Gewalt widerstehen nach aller Völker Rechte. **Drittens**, er will

---

[1] Jenaer deutsche Ausg. Bd. 6. fol. 7. [2] Ebendas. fol. 325. f.

solchen Widerstand nicht durch Aufruhr verrichtet haben, sondern Fürsten und Herren sind von Gott gesetzet, daß sie Pfleger und Beschützer der Kirche sein sollen, denen solcher Schutz oblieget. Viertens, er redet auch oftmals nicht von weltlichem, sondern von geistlichem Unfrieden; denn Christus und Belial stimmen nicht mit einander überein; wo der gute Same wird ausgestreuet, da säet der Satan bald sein Unkraut, da müssen die Kirchenlehrer kämpfen und streiten.[1] Wenn diese Stücke werden in Acht genommen, kann man auf solche Wörter und Stellen, aus Luther gezogen, gar leicht antworten.

317. Es sollen die Päbstler abermals in diesem Stück auf sich selber sehen, so wird sich's finden, daß sie mit ihrer Lehre und Werken rechte Aufrührer und Rumorgeister sind. Sie lehren ja, daß man die Ketzer mit Feuer und Schwert soll verfolgen;[2] daß die Unterthanen einer ketzerischen Obrigkeit nicht dürfen gehorchen, sondern mögen sich wohl widersetzen;[3] ja einen ketzerischen König oder Fürsten könne man ohne Sünde ums Leben bringen, mit Gift und anderen Mitteln hinrichten;[4] man soll den Krieg lieber wider die Lutheraner als den Türken führen.[5] Aus solcher Lehre kommen die Früchte, daß man auf der Hochzeit zu Paris viel tausend Menschen in wenig Tagen jämmerlich ermordet,[6] in England das Parlament mit Pulver untergraben,[7] in den Niederlanden so schreckliche Verfolgungen angerichtet und durch große Herren drohen lassen, daß man die Pferde in Lutheraner-Blut schwemmen wolle.[8] Dannenhero Johann Castellus den König in Frankreich Heinrich IV. erstechen wollen aus Anstiftung der Jesuiten,[9] wie es denn Jacob Clement mit dem Könige Heinrich III. ins Werk gesetzet,[10] und Peter Barrierius vom Rector des Jesuiten-Collegiums zu Paris zum Morde

---

[1] 1 Tim. 1, 18.; 2 Tim. 4, 8. [2] Bellarm., lib. 3. de Laicis, cap. 21. Lips., lib. 4. Polit. cap. 2. [3] Wilhelm Rossæus de Vind. Reip. Christ. pag. 156. [4] Marianna, lib. 1. de Rege et Regis institut. cap. 6. [5] Sleidan. lib. 26. [6] Thuanus in Histor. ann. 72. [7] Conjuratio Sulphur. Regis Jacobi. [8] Sleidanus, lib. 17. [9] Thuan. lib. 111. ann. 94. [10] Marian., lib. 1. de Rege et Regis institut.

des Königes Heinrich IV. ist angefrischet worden,¹ um welcher Ursach willen das Parlament zu Paris die Jesuiten für Betrüber des gemeinen Friedens und Feinde des Königes ausgeschrieen,² auch die theologische Facultät daselbst ein solches Urtheil gefället, daß die Jesuiten unter dem Volke viel Haber, Zank und Zwietracht, Streit, Eifer, Aufruhr und mancherlei Trennungen erregten,³ wie denn der Pabst Sixtus den Mord des Königes Heinrich III. in der Versammlung der Kardinäle zu Rom gelobet und des Clement That mit der Menschwerdung und Auferstehung Christi verglichen hat.⁴ Das heutige Blutbad in Deutschland zeiget auch, was diese Leute für Störenfriede sind, wie sie zur Verwüstung so vieler Städte und Länder treulich geholfen mit ihren aufrührischen Büchern, davon sie wenig Ruhm haben werden, so lange die Welt stehet. Sind also diese Leute selbst Ursach dessen, warum sie Luthern anklagen.

Das vierundzwanzigste Capitel.
Ob Luther des Türken Patron gewesen, und daß man sich wider den Türken nicht wehren sollte, gelehret habe?

318. Es beschreiben die Päbstler Luthern mit solchen Farben, daß wer es nicht wüßte, meinen sollte, er wäre ein rechter Türke gewesen. Sie sagen, er habe einen lebendigen Türken im Busen umgetragen, alle seine Haut, Haare und Herz sei ganz und gar vertürket, durchtürket, übertürket und nach dem Türken geschmücket gewesen; wenn Luther hätte von Soliman jährlich Pension oder Bestallung gehabt, er hätte ihm nicht besser dienen können, und habe der türkische Kaiser mächtige große Ursache gehabt, dem Luther mit kaiserlichen Gnaden sonderlich gewogen zu sein.⁵

---

¹ Aug. Thuanus, lib. 110. an. 94. ² Ibid. lib. 111. an. 94.
³ Ibid. lib. 110. 111. ⁴ Ibid. lib. 96. an. 89. ⁵ Vetter, im christlichen Luther, pag. 70. f. Tanner., Dioptr. lib. 3. qu. 4. cap. 16. pag. 1027. seq. Bozius, lib. 5. de signis Ecclesiae, cap. 11. pag. 392.; lib. 7. cap. 6. pag. 535. Ungersdorff, in gratulat. pag. 164. 165. Scoppius, de Autorit. Luth. pag. 61. seq.

319. Erstens sagen sie, Luther habe verboten Kriege zu führen wider den Türken, mit Vorgeben, wider den Türken streiten sei nichts denn wider Gott streiten, der durch den Türken unsere Sünde strafe.[1] Antwort: Luther verwirft nicht Krieg wider den Türken an sich selber, sondern er strafet daran **erstens**, daß man Gottes Zorn und Strafe, so er durch den Türken an der Christenheit übet, durch halsstarrige Blindheit nicht erkennen will; **zweitens**, daß man den Krieg wider den Türken mit Gelübden und päbstlichen Bullen geführet, damit nichts ausgerichtet ist, denn daß wir den Türken sind ein Spott worden; **drittens**, daß man den Pabst unter dem Schein des Türkenkrieges hat lassen Deutschland frei ausrauben. Nun müßten alle Christen bekennen, daß wer auf solche Weise Krieg führe ohne Erkenntniß der göttlichen Strafe, durch Bullen und Gelübde, mit einem Schein als ob es wider den Türken gelte, dabei aber die Länder zu seinem eigenen Nutz aussauge: daß solches sei wider Gott streiten. Was hat denn Luther unrecht geschrieben? Wenn man seine Worte selber aufschläget, redet er also davon: „Nun habe ich diesen Artikel nicht also gesetzt, daß wider den Türken nicht zu streiten sei, wie der heilige Ketzermacher, der Pabst, mir allhier aufleget; sondern wir sollten uns zuvor bessern und einen gnädigen Gott machen, nicht hineinplumpen, uns aufs Pabsts Ablaß verlassen, wie er bishero die Christen verführet, und noch verführet. Denn was unter einem ungnädigen Gott streiten sei, auch wider die verdienten Feinde, weisen uns wohl die Historien des Alten Testaments, sonderlich Jos. 7. und Richt. 18. und viel mehr."[2] Und abermal schreibet er also: „Daß ich solchen Artikel gesetzt, that ich's so viel desto lieber, daß ich der römischen Büberei den Schalkdeckel nehme. Denn die Päbste hattens nicht mit Ernst im Sinne, daß sie wider den Türken kriegen wollten, sondern brauchten des Türkenkrieges zum Hütlein, darunter sie spielten und das Geld mit Ablaß aus Deutschland raubeten, so oft sie

---

[1] Tannerus, Dioptr. lib. 3. qu. 4. cap. 16. [2] Jenaer Ausg. Bd. 1. fol. 420. wider die päbstische Bullam.

es gelüstet, wie das alle Welt wohl wußte, aber nun auch vergessen ist. Also verdammten sie meinen Artikel, nicht darum, daß er dem Krieg wehrete, sondern daß er solch Hellekäplin abriß und dem Geld gen Rom die Straß verlegte. So gefiel mir das auch nicht, daß man so trieb, hetzt und reizte die Christen und die Fürsten, den Türken anzugreifen und zu überziehen, ehe denn wir selbst uns besserten. Welche alle beide Stück und ein jegliches insonderheit gnugsam Ursache, allen Krieg zu widerrathen. Denn das will ich keinem Heiden noch Türken, geschweige denn einem Christen rathen, daß sie angreifen oder Krieg anfahen, welche zu nichts anders, denn zu Blutvergießen und Verderben gerathen, da doch endlich kein Glück bei ist. So gelingt es auch nimmer wohl, wenn ein Bub den andern strafen und nicht zuvor selbst fromm werden will." [1] Ferner spricht er also: „Wenn aber der Türke des Kaisers Unterthanen und das Kaiserthum angreift, so ist der Kaiser schuldig, die Seinen zu vertheidigen, als eine ordentliche Obrigkeit von Gott gesetzt. Und was er thun kann für die Seinen wider den Türken, das soll er thun, auf daß, ob er nicht ganz solchem Greuel steuern kann, doch, so viel es möglich ist, mit Wehren und Aufhalten sich fleißige, seine Unterthanen zu schützen und zu retten. Zu welchem Schutz sollte den Kaiser nicht allein bewegen seine schuldige Pflicht, Amt und Gottes Gebot, nicht allein das unchristliche und wüste Regiment, das der Türke in die Lande bringt, sondern auch der Jammer und das Elend, so den Unterthanen geschieht, wie denn der Türke grausamlich handelt mit denen, so er gefangen wegführet, gleichwie mit einem Vieh, schleift, schleppt, treibt, was fort kann; was aber nicht fort kann, flugs erstochen, es sei Jung oder Alt. Welches alles und dergleichen billig sollte alle Fürsten und das ganze Reich zur Barmherzigkeit bewegen, daß sie ihre eigenen Sachen und Hader eine Weile vergäßen oder liegen ließen und hier mit ganzem Ernst einträchtiglich den Elenden hülfen" 2c. [2] Hieraus siehet ein Jeder,

---

[1] Jenaer deutsche Ausg. Bd. 4. fol. 431. f.   [2] Ebendas. fol. 439. f.

welch eine Verleumdung das sei, daß Luther den Türkenkrieg ganz widerrathen haben sollte.

320. Zweitens: Luther, sagen sie, schreibe, er habe den Türken fromm gehalten; nicht der Türke, sondern der Pabst sei der Antichrist; Mahomet, gegen den Pabst zu rechnen, sei heilig; des Pabsts Regiment sei zehnmal ärger als des Türken. Was sei das anders, als daß man den Türken für fromm und heilig halte?[1] Antwort: Es redet Luther an diesem Orte comparative, in Vergleichung des Pabsts und Türken; daraus folget aber nicht, daß der Türke an sich selber auch fromm sei. Gott der HErr selber vergleichet Jerusalem, Sodom und Samaria und spricht, daß Jerusalem viel ärger sei, ja sie habe ihre Schwestern Sodom und Samaria fromm gemacht mit ihren Greueln;[2] hieraus folget aber nicht, daß Sodom und Samaria außer dieser Vergleichung an sich selber fromm gewesen. Dergleichen auch vom Türken nicht folgen mag. In Vergleichung aber findet sichs, daß der Türke frömmer als der Pabst sei. Denn der Türke läßt einen Jeglichen bleiben bei seinem Glauben, der Pabst aber zwinget die Leute zu seiner Abgötterei und Lügen. Der Türke läßt den Christen die öffentliche Ausübung ihrer Religion zu Constantinopel zu, der Pabst aber will solches den Evangelischen nicht vergönnen. Den Juden vergönnet er gern Christum zu lästern, den Huren läßt er ihre Hurenhäuser; aber daß man Christum und sein Evangelium predige, will er nicht leiden. Hiervon mag die ganze Welt urtheilen, ob Luther etwas Unrechtes darinnen geredet habe.

321. Drittens: Luther machet den Türken zum Schutzherrn der Evangelischen, wenn er schreibet, der Türke nehme sich des Artikels an, welchen der Pabst verdamme, und müsse es mit der Faust lehren, bis wir es mit Schaden erfahren, daß Christen nicht sollen kriegen.[3] Antwort: Luther unterscheidet an selbigem Orte[4] den geistlichen und weltlichen Stand, und lehret,

---

[1] Vetter, im christlichen Luther, pag. 90. seqq. [2] Hesek. 16, 47.
[3] Ungersdorff, in gratulatione, pag. 164. seqq. [4] Jenaer deutsche Ausg. Bd. 4. pag. 433. 434.

daß ein Bischof oder Pfarrer nicht soll eines Fürsten oder Richters Amt führen; hinwiederum ein Fürst oder Richter soll nicht eines Bischofs oder Pfarrers Amt führen; und will nicht haben, daß die Geistlichen sollen mit dem Türken kriegen, sondern das gebühre den weltlichen Herren. Denn die Geistlichen sind berufen, mit Gottes Wort und Gebet wider den Teufel zu streiten; solch Amt sollen sie nicht lassen anstehen. Man solle auch erstlich ein christliches Leben führen, ehe man wider den Türken streite; denn wo die Christen in solchem Streit ärger sind als die Türken, da läuft es sehr übel ab. Darum setzet er hinzu: „Wenn Kaisers Caroli Panier oder eines Fürsten zu Felde ist, da laufe ein Jeder frisch und fröhlich unter sein Panier, da er unter geschworen ist. Ist aber eines Bischofs, Cardinals oder Pabsts Panier da, so lauf davon und sprich: Ich kenne der Münze. Wenn es ein Betbuch wäre oder die heilige Schrift in der Kirche geprediget würde, wollte ich auch wohl zulaufen." Wenn nun die Geistlichen im Pabstthum Krieg führen, dazu türkisch leben, und doch wider den Türken streiten, solcher Krieg aber übel abläuft: so bestätiget der Türke mit solchem Ausgang, daß es wahr sei, was Luther geschrieben. Mag also allhier abermals ein Jeder urtheilen, ob Luther unrecht geredet habe.

322. Viertens: Luther, sagen sie, habe gerühmet, daß der türkische Kaiser Soliman nach ihm gefraget, und gesprochen: ich wollte, daß Luther noch jünger wäre, er sollte einen gnädigen Herrn an mir haben; haben also der Türk und Luther gute Zuneigung zusammen getragen.[1] Antwort: In den Tischreden Luthers wird erzählet, daß ein Gesandter bei dem türkischen Kaiser gewesen, da ihn der Kaiser gefraget, was Luther für ein Mann und wie alt er wäre, und als er geantwortet: etwa 48 Jahre, habe der türkische Kaiser gesagt: er wollte, daß Luther noch jünger wäre, denn er sollte einen gnädigen Herrn an ihm haben. Es stehet aber dabei, daß Luther das Kreuz vor

---

[1] Vetter, im christlichen Luther, pag. 86.

sich geschlagen und gesprochen: Behüte mich Gott vor diesem gnädigen Herrn.¹ Das sollten die Päbstler fein hinzusetzen, so könnte der Leser eigentlich sehen, wie es mit dieser Historie beschaffen wäre.

323. Fünftens: Luther darf vorgeben, daß Mahomet nicht der Antichrist sei, da er doch Christo zuwider ist.² Antwort: Alle, die Christo zuwider sind in ihrer Lehre, das sind Antichristen; es ist aber einer der große Antichrist, von welchem St. Paulus geweissaget, daß er im Tempel Gottes sitze. Dieser große Antichrist ist der Mahomet nicht, sondern der Pabst ist es. Luther setzet Ursachen hinzu: Erstens, der Pabst sitzet in der Christenheit, nicht Mahomet; zweitens, der Pabst rühmet sich der Zeichen und Wunder, aber das rühmet Mahomet nicht; drittens, der Pabst gibet Keuschheit vor und enthält sich des Ehestandes, das thut der Mahomet nicht, welcher öffentlich viel Weiber zuläßt; viertens, der Pabst mordet, geizet und raubet unter Christi Namen, das thut der Mahomet nicht, welcher Christum nicht zum Schein vorwendet. Er schließt endlich: wenn wir Glück wider den Mahomet wollen haben, sollen wir dem inwendigen Feinde, dem Antichrist, mit seinem Teufel absagen durch rechte Buße. Setzet dazu: Gott wolle beide, Pabst und Mahomet, strafen mit ihren Teufeln.³ Hat also Luther auch in diesem Stück nicht unrecht geschrieben.

324. Was sonst Dr. Luther vom Türken und Türkenkriege gehalten, hat er in unterschiedenen Schriften an den Tag gegeben, als: im Büchlein vom Kriege wider den Türken,⁴ in der Heerpredigt wider den Türken,⁵ welche Büchlein mit Nutzen zu lesen sind. Und bestehet der Inhalt seiner Meinung darin, daß man erstens nicht solle aus bloßem Anstiften des Pabstes den Türkenkrieg anfangen; zweitens, daß man nicht durch die Messe, sondern durch wahre Buße und Gebet solle bei Gott Hülfe suchen; drittens, daß der Pabst und Bischöfe sollen davon bleiben

---

¹ Tischreden Luthers fol. 595. ² Vetter, im christlichen Luther. ³ Jenaer Ausg. Bd. 8. fol. 37. ⁴ Jen. deutsche Ausg. Bd. 4. fol. 431. ⁵ Ibid. f. 472.

und mit dem Gebet streiten; **viertens**, daß man unter dem Schein des Türkenkrieges nicht solle das ganze Deutschland berauben und aussaugen; **fünftens**, daß dem Kaiser gebühre eigentlich wider den Türken zu streiten, nicht Rache oder Ehre halber, sondern Schutzes halber; **sechstens**, daß man nicht so nachlässig im Türkenkriege sein solle, wie geschiehet, dieweil der Feind so groß und mächtig ist; **siebentens**, daß man nicht blos auf des Kaisers Schutz Alles setzen solle, sondern auf Christum sehen, welcher der rechte Beschützer seiner Kirche ist; **achtens**, es solle nicht geschehen zu dem Ende, der Türken Glauben auszurotten, denn mit dem Schwert lässet sich solches nicht thun.

325. Es sollten auch die Päbstler in diesem Stück sich und ihre Päbste selber ansehen, so würden sie befinden, daß sie die rechten Freunde des Türken sind, welche durch den Türken und Türkenkrieg der Christenheit großen Schaden gethan. Pabst Gregor IX. hat den Kaiser Friedrich II. genöthiget, mit einem Kriegsheer wider die Türken zu ziehen; unterdeß aber hat der Pabst ausgegeben, der Kaiser wäre im heiligen Lande gestorben, hat damit Apulien dem Kaiser in seiner Abwesenheit entzogen.[1] Der Pabst Eugenius hat den Ladislaus, König in Ungarn, beweget, daß er seinen Eid brechen und wider den Türken ziehen müssen, darüber ihn Gott gestraft, daß der König mit 30,000 Christen erschlagen worden.[2] Als Constantinopel vom Türken belagert worden, begehrte der griechische Kaiser Hülfe von der römischen Kirche; die schlug der Pabst Nicolaus V. ab, dadurch die ganze Christenheit in große Gefahr gesetzet wurde.[3] Pabst Alexander III. hat des Kaisers Friedrich Bildniß dem Sultan zugeschicket, daß er den Kaiser solle kennen lernen, und also fangen möchte, über welche Untreue des Pabstes sich der Kaiser auf dem Reichstage zu Nürnberg höchlich beklaget.[4] So lehren auch die Päbstler, daß es besser sei, den Krieg wider die Lutheraner als wider den Türken zu führen.[5] Haben also die Päbstler vor ihrer Thüre genug zu kehren.

---

[1] Naucler. gener. 41. [2] Naucl. gener. 49. [3] Münster. Cosmogr. p.1297. [4] Balæus 10. Alexandro III. [5] Possevin. de nucl. script. p.275.

Das fünfundzwanzigste Capitel.
Wie Dr. Luther die hohen Schulen und freien Künste verachtet habe.

326. In diesem Stück wird Luther auch sehr angeklaget, daß er alle hohen Schulen verachtet habe. Er gebe vor, daß sie aus der Heidenschaft entstanden; sie seien der Christenheit so viel nütze als der Teufel; sie seien werth, daß man sie alle zu Pulver mache, weil nichts Höllischeres noch Teuflischeres auf Erden kommen ist; sie seien des Teufels Synagogen; im Alten Testament seien sie vorgebildet durch den Moloch, welchem die Juden ihre Kinder opferten; der Teufel säe das Unkraut auf Universitäten; die hohen Schulen seien vom Teufel besessen, Pforten der Hölle, Teufelsschulen, Hurenhäuser und des Teufels Tavernen; die zu Löwen nennet er Bestien, epikurische Säue, markolphische Gaukler, Latrin zu Löwen, die in Markolphs Spiegel ihre Theologie studiren.[1]

327. Antwort: Wofern Luther die Universitäten hätte gehasset, würde er sich bemühet haben, die Wittenbergische und Leipzigsche hohe Schule am ersten abzuthun, davon man in seinen Schriften und Historien die allergeringste Nachricht nicht kann finden. Zweitens, wofern er die hohen Schulen an sich selber für ein heidnisch, höllisch, teuflisch Werk gehalten, würde er sich ja nicht zur Profession begeben und der hohen Schule Wittenberg in die dreißig Jahre lang gedienet haben. Drittens, er schreibet ja eine herrliche Vermahnung an die Obrigkeit in Deutschland, christliche Schulen anzuordnen und die Studien der heiligen Schrift und anderer Künste darinnen zu befördern,[2] welches alles helle Zeugnisse sind, daß Luther die hohen Schulen an sich selbst nicht angefeindet habe.

---
[1] Gretserus, in Luthero Academ. cap. 2. 3. pag. 3. seq. Vetter, im gravitätischen Luther, pag. 220. Scherer, Conc. 5. Dom. 1. post Epiphan. pag. 119. [2] Jenaer deutsche Ausg. Bd. 4, fol. 455.

328. Wenn aber Luther scharf wider die hohen Schulen schreibet, meinet er die hohen Schulen, wie sie damals durch das Pabstthum verderbet waren; denn da hörte man von Christo und seinem Evangelio wenig, sondern die Zeit wurde mit allerlei unnützen und thörichten Fragen zugebracht: ob Gott von Ewigkeit her die Welt hätte besser machen können, als er sie gemacht hat; ob Gott einen Menschen schaffen könne, der ohne Sünde wäre; ob Gott einen Vater schaffen könne ohne einen Sohn, oder einen Sohn ohne einen Vater; ob Gott könne eine allgemeine Natur schaffen und erhalten, die nicht einhellig dies oder jenes sei; ob Gott vermag seine Gewalt zu schaffen und den Geschöpfen mitzutheilen; ob Gott aus dem, was geschehen ist, kann machen, daß es nicht geschehen wäre. Mit solchen und dergleichen Fragen aus dem Magistro Sententiarum, Scoto, Bonaventura, Alexandro de Ales, Thoma Aquinato und andern Scholastikern haben die Mönche die Christenheit geplaget, daß allerlei Secten der Schullehrer, als der Thomisten, der Albertisten, der Scotisten, der Occamisten, daraus entstanden. Hat man gleich des HErrn Christi gedacht, so ist es nur incidenter und zufälliger Weise geschehen, und zwar in solchen Fragen, die zur Seligkeit nicht vonnöthen sind. Da hat man gefraget, welches doch recht gesaget sei: Christus ist aus zweien Naturen zusammengesetzet oder bestehet in zweien Naturen vermischet, oder zusammengeleimet, oder zusammengefüget, oder gelöthet, oder gespannet. Ob diese Proposition: Gott ist ein Kürbis, so möglich sei als diese: Gott ist ein Mensch; ob Gott habe eines einzelnen Menschen Natur oder die gemeine menschliche Natur an sich genommen. Ob diese Proposition möglich sei: Gott der Vater hasset den Sohn; ob die Seele Christi habe können betrogen werden, oder betrügen, oder lügen. Die protestirenden Churfürsten und Stände bezeugen es, daß Studirende der heiligen Schrift zur selbigen Zeit bekannt, wie sie der Theologen Lectionen fleißig besuchet und in fünf oder sechs Jahren weder JEsum noch Christum hätten jemals nennen noch sein gedenken hören.[1] Um solcher Ursach willen

---

[1] Vide causas Concilii Tridentini recusati, pag. 17. 18. seq.

schilt Dr. Luther die hohen Schulen billig als heidnische, höllische, teuflische Schulen, darinnen die Jugend viel mehr von Christo und der Wahrheit abgeführet, als zu ihm geführet worden.

329. Dr. Luther erkläret sich fein selber, was er für hohe Schulen meine, indem er erzählet die Greuel und Verwüstungen derselbigen, wenn er schreibet: „Dazu halfen die Doctores in den hohen Schulen, die sonst nichts zu thun hatten denn neue Opiniones einer über den andern zu erdenken, und es hätte einer nicht mit sonderlichen Ehren mögen Doctor sein, wer nicht etwas Neues hätte aufgebracht. Ihr Bestes aber war, daß sie die heilige Schrift verachteten und unter der Bank liegen ließen. Was Biblia, Biblia! sprachen sie; Biblia ist ein Ketzerbuch; man muß die Doctores lesen, da findet man es. Ich weiß, daß ich hier nicht lüge, denn ich bin ja unter ihnen aufgewachsen, habe solches alles von ihnen gesehen und gehöret. Scotus schreibet, daß man aus der Schrift nicht beweisen kann diesen Artikel: descendit ad inferos. Occam, mein lieber Meister, schreibet, daß man aus der Schrift nicht beweisen möge, daß einem Menschen zum guten Werke Gottes Gnade noth sei. Das sind die besten Zwei; was sollten die Andern thun? Ueber diese alle gehet Thomas Aquinas, Lehrer aller Lehrer (sagen anders die Predigermönche recht), der sagt frei, daß Mönch werden sei gleich so viel als getauft werden. So soll man Christi Blut und Sterben ehren, noch ist das keine Neuigkeit, und er ist dazu canonisiret vom Pabst und allen Bischöfen. Summa, es war Jammer und Herzeleid mit Predigen und Lehren; noch schwiegen die Bischöfe still und sagten nichts Neues, die doch jetzt eine neue Mücke in der Sonne sehen können. Und stunden also alle Dinge so wüst und wild vor unreinen Lehren und seltsamen neuen Opinionen, daß Niemand mehr wissen konnte, was gewiß oder ungewiß, was ein Christ oder Unchrist wäre. Da lag die alte Lehre vom Glauben Christi, von der Liebe, vom Gebet, vom Kreuz, vom Trost in Trübsal gar darnieder, ja es war kein Doctor in aller Welt, der den ganzen Catechismum, das ist, das Vater Unser, Zehn Gebot und Glauben, gewußt hätte, geschweige daß sie ihn sollten verstehen und lehren, wie er

denn jetzt, Gott Lob, gelehret und gelernet wird auch von jungen Kindern; deß berufe ich mich auf ihre Bücher, beide Theologen und Juristen; wird man ein Stück des Catechismi daraus recht lernen können, so will ich mich rädern und ädern lassen." [1]

330. Wie hoch er sonst die Schulen gehalten, ist zu sehen aus der Schrift an die Bürgermeister und Rathsherren aller Städte deutschen Landes, daß sie christliche Schulen sollen aufrichten und halten. [2] Darinnen lehret er, man solle die Jugend zur Schule halten; der Teufel hindere die Schulen, dieweil ihm durchs junge Volk großer Schaden geschiehet; Versäumung der Jugend sei eine Ursache vieler Strafe; die Obrigkeit sei schuldig der Sprachen sich anzunehmen, die Sprachen wären eine edle Gabe Gottes; die Schulen sollten beides um der Schrift und um Regiments willen aufgerichtet werden, wie die Heiden mit großem Fleiß und Ernst haben ihre Kinder auferzogen; das Pabstthum habe die Schulen verderbet mit den tollen Mönchsbüchern, als da sind: Catholicon, Florista, Graecista, Labyrintus, Dormi secure und dergleichen Eselsmist vom Teufel eingeführet. In diesem Buche redet Luther auch den hohen Schulen das Wort, indem er insgemein von Schulen redet, die er alle hoch gehalten und befördert hat.

331. Insonderheit aber werfen die Päbstler vor, daß Luther die Philosophie und Aristoteles über die Maßen sehr verachtet, und gerathen habe, man solle ihn abschaffen in der Christenheit, dieweil er voller Irrthum stecke. [3] Antwort: Wenn Luther scharf schreibet wider die Philosophie, redet er wider sie, nachdem sie zur selbigen Zeit im Pabstthum getrieben wurde, denn da wurde die heilige Schrift von den Sorbonnisten, Scotisten und Occamisten mit der Philosophie confundiret; von den Geheimnissen des Reiches Gottes lehrete man aus den Principien des Aristoteles; in Predigten wurden Thomas, Plato und Andere

---

[1] Jenaer deutsche Ausg. Bd. 5. fol. 83. [2] Jenaer deutsche Ausg. Bd. 2. pag. 456. f. [3] Gretserus, Luthero Academico, cap. 14. & 20. pag. 135. seq. 188. seq.

mehr angezogen, als die Bibel: ja etliche Mönche thaten die Evangelien gar von der Kanzel hinweg und predigten dafür die Ethik des Aristoteles.¹ Wer dem Aristoteles widersprach, der wurde für einen Ketzer gehalten. Dr. Luther erzählet, daß ein Mönch in einer Passionspredigt habe über zwei Stunden mit der Frage zugebracht: utrum quantitas realiter distincta sit a substantia (ob die Größe an ihr selber unterschieden wäre von dem Wesen).² Solche Verwirrung und große Thorheit strafte Luther billig, sonst aber hat er die Philosophie als eine Gabe Gottes hoch gehalten; er nennet sie das Größte, das ein Mensch nächst Gottes Wort haben könne;³ die freien Künste nennet er Geschöpfe, köstliche und edle Gaben Gottes;⁴ ja er citiret und lobet die Philosophen,⁵ hat auch auf der Universität Wittenberg die Philosophie und Aristoteles nicht abgeschafft, es auch niemals begehret. Mit Herrn Philippo ging er täglich um, der doch Aristoteles fleißig tractirte; man liest aber nirgends, daß er ihn davon abgemahnet hätte. So ist Luther auch ein guter Philosoph gewesen, in Sprachen und Künsten wohl geübet; wie er denn oftmals klaget, daß die tollen Mönche den Aristoteles nicht recht verstanden haben und dennoch solchen Irrthum und Unverstand in der Christenheit ausgebreitet.⁶ Aus welchem allem zu sehen, daß Luther allein den Mißbrauch der Philosophie gestrafet habe.

332. Es gehen aber die Widersacher auf alle Stücke der Philosophie, sagen, daß Luther sie alle zu Hauf verworfen, Logik, Rhetorik, Grammatik, Musik, Physik, Ethik, Mathematik, Metaphysik, das alles habe er verachtet und vernichtet.⁷ Antwort: Es könnten diese Calumnien weitläuftig widerleget werden mit Luthers eigenen Worten, um der Kürze willen aber wollen wir ein Weniges aus Luther dagegen halten.

333. Die Grammatik und Sprachen hat Dr. Luther sehr hoch gehalten, und vermahnet fleißig dazu im Büchlein an die

---

¹ Apologia Aug. Confess. de justificatione, pag. 62. ² In Tischreden, cap. 37. ³ Jenaer deutsche Ausg. Bd. 1. pag. 506., von der Beichte. ⁴ Jenaer deutsche Ausg. Bd. 8. pag. 319. ⁵ In comment. Genes. cap. 12. ⁶ In Tischreden, cap. 37. ⁷ Gretserus in Luthero Acad., cap. 15—19.

217

Bürgerschaft und Rathsherren der Städte in Deutschland, daß man die Jugend fleißig in Sprachen informiren solle. Er klaget, in den hohen Schulen und Klöstern habe man nicht allein das Evangelium verlernet, sondern auch die lateinische und deutsche Sprache, daß die elenden Leute schier zu eitel Bestien worden sind, weder deutsch noch lateinisch recht reden oder schreiben können, und haben auch beinahe die natürliche Vernunft verloren.[1] Die Dialektik hat er auch hoch gehalten; er rühmet sie höchlich und conferiret sie mit der Rhetorik, wie er denn in seinen Schriften erweiset, daß er in selbiger Kunst wohl geübet gewesen. Und weil die Päbstler so oft seine Tischreden anziehen, möchten sie doch aufschlagen den Titel von der Dialectica, da würden sie finden, wie diese Kunst von ihm gerühmet wird, als die sehr nöthig und nützlich sei. Rhetorik hat er gleichermaßen hoch gehalten, herrlich gebrauchet und Anderen commendiret; desgleichen er auch in den Tischreden unter dem Titel: „Unterschied zwischen der Dialektik und Rhetorik", dieser Kunst rühmlich und weitläuftig gedenket.[2] Die Physik rühmet er auch höchlich, als in welcher wunderbare Dinge der Natur gefunden werden, welche Kunst Salomo durch den Geist Gottes gewußt habe.[3] Die mathematischen Künste hat er auch hoch gehalten; ja in den Tischreden unter dem Titel: „Lob der Astronomie", nennet er die Sternkunst die allerälteste Kunst, die viel andere Künste mit sich gebracht hat, und ist den alten Hebräern sehr bekannt gewesen; sie bestehe in gewissen Demonstrationen und Beweisen.[4] Die Musik rühmet er auch als eine wunderliche Gabe Gottes, dadurch David den bösen Geist Sauls verjaget.[5] Ethik rühmet er auch, wie er denn Aristoteles in der Ethik anzieht.[6] Aus welchem allem zu sehen, daß er die freien Künste geliebet habe, wie denn auch seine Schriften ausweisen, daß er selbst in solchen Künsten trefflich geübet müsse gewesen sein.

---

[1] Jenaer deutsche Ausg. Bd. 2. pag. 475. [2] Commentar in Genes., cap. 8. In Genes. cap. 18. [3] In der Kirchenpostille, am heil. Dreikönigstage. [4] Comment. Latin. in Genes., cap. 1. [5] Jenaer deutsche Ausg. Bd. 8., von den letzten Worten Davids. [6] Comment. Lat. in Genes , c. 2.

Das sechsundzwanzigste Capitel.
Ob Luther die guten Werke verboten und die Leute habe heißen sündigen.

---

334. Der arme Luther muß in diesem Stück auch viel leiden, daß nämlich seine Lehre Thür und Thor aufmache zu allerlei Sünde und Laster; er vernichte die guten Werke, gebe vor, daß sie uns nichts nützen zur Seligkeit; er halte den Unglauben allein für Sünde, ja er heiße die Leute sündigen; er bekenne gern, daß die Leute aus dem Evangelio nur ärger werden: zuvor wären sie mit Einem Teufel besessen gewesen, jetzt aber seien sie mit sieben besessen. Davon in den päbstischen Anklagen gar viel gesehen wird,[1] welches wir kürzlich wollen besehen.

335. Erstens: Luther schreibet, das Evangelium fordere keine guten Werke.[2] Antwort: Erstens, es ist kein Zweifel, Gesetz und Evangelium seien unterschiedene Stücke der christlichen Lehre, die also zu unterscheiden, daß man nicht eines in das andere menge. Nun scheidet sie Luther also: „Im Gesetz saget Gott, was er von uns haben will, und gebeut, was wir thun sollen; im Evangelio saget Gott nicht von unserm Thun, sondern von seiner Gnade, was er thun und uns aus Barmherzigkeit mittheilen wolle."[3] Welches ja nicht unrecht, nachdem es im Gesetze heißet: Wer das thut, wird daburch leben,[4] und: Verflucht sei, wer nicht alle Worte dieses Gesetzes erfüllet, daß er danach thue;[5] im Evangelio aber: Wer glaubet und getauft wird, der wird selig, wer aber nicht glaubet, der wird verdammt werden.[6] Item: Wer an den Sohn glaubet, der wird nicht gerichtet; wer aber nicht glaubet, der ist schon gerichtet, denn er glaubet nicht an

---

[1] Vetter, im unschuldigen Luther. Bellarm., lib. 4. de Ecclesia, cap. 11. Lessius, in Consult. consid. 1. & 3. Scherer, Dom. 18. post Trin. conc. 4. Prädicanten-Credo, Art. 7. [2] Scherer, Concion. 2. Domin. 14. post Trin. pag. 553. [3] Wittenberger Ausg. Bd. 5. fol. 1. [4] 3 Mos. 18, 5. [5] 5 Mos. 27, 16. [6] Marc. 16, 16.

den Namen des eingebornen Sohnes Gottes.¹ Zweitens, darum ist Luthers Meinung nicht, als fordere Gott keine guten Werke von denen, die dem Evangelio anhangen; sondern er fordere es, zwar nicht durch das Evangelium oder durch die Gnadenpredigt, jedoch durchs Gesetz, dem alle Christen den Gehorsam schuldig sind. Drittens, so muß man auch darauf sehen, daß Luther die guten Werke unnütz achte zur Rechtfertigung und die Seligkeit zu erwerben, nachdem St. Paulus lehret: Dem, der nicht mit Werken umgehet, glaubet aber an den, der die Gottlosen gerecht macht, dem wird sein Glaube gerechnet zur Gerechtigkeit,² ob er sie schon, außer dem Werke der Seligkeit, an einem Christen nothwendig erfordert.³

336. Zweitens: Luther schreibet: ein Gerechter sündiget tödtlich in allen seinen Werken, ja ein Jeglicher sündige in seinem allerbesten Werke.⁴ Antwort: Erstens, ein Anderes ist, sagen, daß gute Werke Sünde seien (das Luther nicht saget), ein Anderes, ein Christ sündige in seinen besten Werken, das ist: aller Christen guten Werken hange Böses an. Solches ist Luthers Wort;⁵ hat er übel geredet, so trage man es aus mit Jesaia, der ihn also gelehret: Alle unsere Gerechtigkeit ist wie ein unflüthig Kleid;⁶ mit Sirach: Was der Mensch vornimmt, da klebet immer etwas Unreines dran;⁷ und St. Paulo: So finde ich in mir nun ein Gesetz, der ich will das Gute thun, daß mir das Böse anhange;⁸ und das betrifft alle Christen, in welchen das Fleisch gelüstet wider den Geist und den Geist wider das Fleisch, dieselben sind wider einander, daß ihr nicht thut, was ihr wollet.⁹ Der Mensch ist nicht vollkommen fromm und gerecht, denn die Sünde wüthet wider des Geistes Werk; drum sind auch die Früchte vermenget, wie der Baum ist.¹⁰ Und das läuft wider das Gebot: Du sollst Gott, deinen HErrn,

---

¹ Joh. 3, 18. 36. ² Röm. 4, 5. ³ Matth. 5, 16. ⁴ Scherer, Conc. 2. Dom. 18. post Trin. pag. 625. ⁵ Jenaer latein. Ausg. Bd. 2. fol. 303. 309. ⁶ Jes. 64, 6. ⁷ Sir. 27, 5. ⁸ Röm. 7, 21. ⁹ Gal. 5, 17. ¹⁰ Matth. 7, 18.

lieben von ganzem Herzen und von ganzer Seele.¹ Zweitens, allein wäre die Frage, erstens, ob das anklebende Unreine eine Todsünde zu nennen. Antwort: Alles, was wider das Gesetz läuft, ist Sünde;² diese Unreinigkeit aber ist wider das Gesetz, welches ein ganzes Herz, ganze Seele erfordert;³ wer nun in Einem sündiget, der ist des ganzen Gesetzes schuldig und unter dem Fluch,⁴ darum es Luther recht eine Todsünde nennet, weil sie den ewigen Tod mitbringet.⁵ Zweitens, ob daraus zu schließen, man soll gute Werke verbieten, weil allezeit das Böse mit gethan wird. Antwort: Wenn das gilt, so muß Dr. Luther nicht schuldig sein, daß man gute Werke verbiete, sondern zuvörderst Jesaias, Paulus und Sirach, mit denen Luther aus einem Munde geredet hat. Drittens, hier frage man dagegen viel, ob der Ehestand nicht ein gut Werk sei. Gott saget: Ja!⁶ denn er ordnet und schaffet ihn, und besiehlt, darin Kinder zu zeugen.⁷ Der Pabst stimmt auch dazu (denn er hälts für ein Sacrament), von diesen guten Werken aber spricht er: wer darin lebe, der könne Gott nicht gefallen und werde verhindert an dem Gebet.⁸ Folget nicht daraus: in den guten Werken sündige ein Christ tödtlich? Wohlan, lehret der Pabst also, wie kann er oder die Seinen darüber Luthern strafen?

337. Drittens: Luther hat alle guten Werke wollen aufheben und verbieten, denn er heißet die guten Werke Unflath, Dreck und Läuse in einem unreinen Pelze, hält es für die höchste Kunst und christliche Weisheit, vom Gesetz, von Werken und aller werklichen Gerechtigkeit nichts wissen; darum soll man sich insonderheit vor guten Werken hüten, und wünschet, er hätte eine Stimme wie ein Donnerschlag, der das Wörtlein „gute Werke" aus dem Herzen reißen könnte, oder doch einen rechten Verstand darauf geben.⁹ Antwort: Erstens, wenn von dem Leben der

---

¹ 5 Mos. 6, 5. ² 1 Joh. 3, 5. ³ 5 Mos. 6, 5. ⁴ Jac. 2, 10.
⁵ 5 Mos. 27, 26. ⁶ Hebr. 13, 4. ⁷ 1 Mos. 1, 28.; Jer. 29, 6.
⁸ Causs. 32. qu. 1. cap. 12. nuptiae terram; Causs. 33. qu. 4. cap. 1. sciatis. ⁹ Scherer, Conc. 4. Dom. 18. post Trin. pag. 633. 635.

Christen gefraget wird, ob in demselben gute Werke nöthig seien, so spricht Luther mit der ganzen heil. Schrift Ja dazu.[1] Wird aber gefraget, wie ein Mensch rechtfertig bestehen könne vor Gott, so antwortet Luther: Nicht durch gute Werke, sondern aus Christi Gnade. Diese einige Gnade muß es thun ꝛc.[2] Es ist in keinem Andern Heil, ist auch kein ander Name den Menschen gegeben, daraus sie mögen selig werden. Er ist der einige Grund der Seligkeit,[3] der einige Mensch in Gnaden,[4] der einige Mittler zwischen Gott und Menschen,[5] der einige Weg zum Vater;[6] die guten Werke aber dienen dazu nichts: nicht um der Werke willen, die wir gethan hatten, sondern nach seiner Barmherzigkeit macht er uns selig.[7] Ists aber aus Gnade, so ists nicht aus Verdienst der Werke, sonst würde Gnade nicht Gnade sein; ists aber aus Verdienst der Werke, so ist die Gnade nichts, sonst wäre Verdienst nicht Verdienst.[8] Zweitens, und wenn man vor Gottes Gericht stehet und will daselbst seine Werke anziehen und rühmen, so wird nur übel ärger gemacht. Der Pharisäer, der viele gute Werke vor Gott brachte, wurde nicht gerechtfertiget; der Zöllner, so nicht von guten Werken, allein aber von bösen Werken zu sagen wußte, wurde gerechtfertiget.[9] Was that dem Zöllner den Vortheil, denn daß er vor Gott keine Werke rühmte, allein aber Gnade suchte? Was that dem Pharisäer Schaden, denn allein daß er auf seine guten Werke sah und sie Gott als verdienstlich vortrug? Darum wollte auch St. Paulus die Werke im Handel der Rechtfertigung nicht leiden: Ihr habet Christum verloren, die ihr durch das Gesetz gerecht werden wollt, und seid von der Gnade gefallen.[10] Wenn nun Luther eben in demselben Verstande (wie Niemand einen andern nimmermehr beweisen wird) gewünschet, daß er die Werke allen Menschen aus dem Herzen könnte reißen, damit Niemand sein Vertrauen darauf setzte noch Gerechtigkeit darinnen suchte,

---

[1] Jenaer deutsche Ausg. Bd. 3. fol. 469. [2] Apstg. 4, 12. [3] 1 Cor. 3, 11. [4] Röm. 5, 15. [5] 1 Tim. 2, 5. [6] Joh. 14, 6. [7] Tit. 3, 5. [8] Röm. 11, 6. [9] Luc. 18, 21. [10] Gal. 5, 4.

vermahnet auch, sich vor solchen pharisäischen Werken zu hüten, und hält es für eine hohe Kunst und christliche Weisheit, dieselbigen fliehen und meiden; hat er ja daran recht wohl und christlich gelehret, damit aber einen gottseligen Wandel nirgends verboten, allezeit aber mächtig dazu getrieben.[1] Drittens, Unflath, Dreck und Läuse in einem unreinen Pelz nennet Luther nicht die guten, von Gott gebotenen und beliebten Werke, sondern eigene, erdichtete Phantasie, die als gute Werke fälschlich ausgegeben werden, als Kappen, Platten, härene Hemden, barfuß gehen, knieen, beten nach der Zahl oder zu den Heiligen,[2] fasten, kasteien ꝛc., die St. Paulus auch verwirfet als selbsterwählte Geistlichkeit, die Gott höchlich mißfallen.[3] Zwei Ursachen aber hat er, sie zu verdammen: erstens, weil sie außer Christo geschehen, als unbefohlen ꝛc.; zweitens, weil sie Christi Reinigkeit aufheben, als bedürften wir derselben nicht.[4] Darum, wenn er schon von gerechten guten Werken redete, wären sie doch verwerflich, weil sie in Christi Amt sich mengen und seinem Verdienst vorgreifen wollen.

338. Viertens: Luther gibt diese Regel: Wenn die Schrift gebeut, daß man ein gut Werk thun soll, so sollt du es also verstehen, daß sie verbeut, daß du sollt kein gut Werk thun.[5] Antwort: Diese Worte hat Dr. Luther geschrieben,[6] in welcher Meinung aber, hat ein Jeder selbst zu vernehmen. Er lehret also: „Gute Werke soll man wahrlich thun, und der Baum des Geistes soll seine Früchte bringen;[7] aber damit muß man sehen auf Christi Spruch: Wenn das Weizenkörnlein in der Erden erstirbet, so bringets Frucht.[8] Und abermal: Der Vater wird den Reben, der Frucht bringet, reinigen, daß er mehr Frucht bringe.[9] So muß ein Christ ersterben, daß er gute Werke nicht thue, als ihm selber damit etwas zu verdienen,

---

[1] Jenaer deutsche Ausg. Bd. 4. fol. 102. [2] Ebendas. Bd. 6. fol. 74. [3] Col. 2, 23. [4] Jes. 58, 3.; Matth. 6, 5. ff. [5] Scherer, Domin. 18. post Trin., Conc. 4. pag. 630. [6] Jenaer latein. Ausg. Bd. 2. fol. 55. [7] Gal. 5, 6. [8] Joh. 12, 24. [9] Cap. 15, 2.

sondern Gott zu ehren,[1] damit er ist Gottes Werkzeug, als in dem Gott dieselbe wirket. Darum wenn die Schrift gebeut, daß man gute Werke thun soll, sollt du es also verstehen, daß sie verbeut, du sollt kein gutes Werk thun, nämlich aus deinem Vermögen und dir zum Verdienst." Darum setzet er alsobald die Worte darauf: „sintemal du dies nicht vermagst".

339. So ist dies eine solche Art zu reden, deren sich St. Paulus gebraucht: So thue ich dasselbige (das ich hasse) nicht, sondern die Sünde, die in mir wohnet.[2] Ich habe viel mehr gearbeitet denn sie (die andern Apostel) alle; nicht aber ich, sondern Gottes Gnade, die in mir ist.[3] Und der HErr Christus: Ihr seid es nicht, die da reden, sondern eures Vaters Geist ist's, der in euch redet.[4] Wie man nun recht saget: nicht Paulus, sondern die anklebende Sünde thut das, so er hasset, ob es schon Paulus selbst thut. Item: Paulus hat nicht gearbeitet am Evangelium, sondern die Gnade Gottes; und Paulus hat doch selbst gearbeitet. Item: Die Apostel haben nicht geredet in den Rathhäusern, sondern Gottes Geist; und gleichwohl haben sie geredet, nämlich die Apostel haben geredet und gearbeitet als des Heil. Geistes Werkzeuge. Gleich also spricht Luther: „Wenn dir befohlen worden, gute Werke zu thun, mußt du dir nicht einbilden, du wollest sie selber thun dir zu gut und Verdienst, denn du vermagst es nicht; sondern die Meinung hat es: du sollst gleich dir selber absterben, dich Gott ergeben und in dir wirken lassen, so wird er aus dir gute Werke bringen, die du nicht gethan hast, sondern Gott, dessen Werkzeug du allein gewesen bist, und zu dessen Ehre sie einig und allein sollen gerichtet sein."[5] Man lese Luthers Text, so wird man dies alles eigentlich befinden, daß nicht gute Werke verboten, sondern allein auf Gott, als den rechten Ursprung, gestellet werden.

340. Fünftens: Luther nennet auch die allerbesten Werke tägliche, ja Todsünden. Antwort: Erstens, die aller-

---

[1] Matth. 5, 16. [2] Röm. 7, 21. [3] 1 Cor. 15, 10. [4] Matth. 10, 20.
[5] Jenaer latein. Ausg. Bd. 2. fol. 55.

besten Werke, die ein Mensch kann, werden entweder betrachtet nach dem, wie sie Gott von uns fordert, und also sind sie gut, als von Gott geboten, werden von ihm gnädig angenommen und belohnet; sofern hat sie Luther nicht für Sünde geachtet, sondern stetig mit großem Ernst getrieben und darauf gedrungen.[1] Zweitens, nach dem, wie sie von uns verrichtet werden, da zwar ein Christ nach des Geistes Gesetz das Gute thut, aber nach der Sünde Gesetz die Sünde drein menget. Wie nun aber, wenn dir dein Diener sollte Wein vorsetzen und thäte das, aber hätte zuvor Gift oder andere Unreinigkeit darein vermenget, bei dir nur Zorn verdienen würde: also ein Mensch bei Gott, der gute, aber mit bösen verderbte Werke vor ihn bringet. Und wie du den Wein, darin Gift ist, würdest Gift heißen (in concreto, non in abstracto), unangesehen der guten Natur des Weines, die darin ist: also nennet Gott die guten Werke, darin Sünde stecket, auch Sünde, unangesehen des Guten, das darin ist. Und diese Erklärung ist dem gemäß, das Luther selbst davon geschrieben.[2] Drittens, daß sie aber nicht allein tägliche oder erläßliche (venialia), sondern auch Todsünde heißen, kommt daher, weil Luther siehet auf Gottes Gerechtigkeit und seine Barmherzigkeit und spricht so viel: gute Werke sind Sünde; werden sie geschätzet nach Gottes Gerechtigkeit, sind es Todsünden, denn auch darum der Fluch und ewige Tod über die Menschen kommen müßte;[3] wenn man sie aber hält gegen Gottes Barmherzigkeit und Gnade, so sind sie doch Sünde, aber erläßlich und nicht verdammlich, wegen Christi Verdienst, das alle Verdammniß wegnimmt.[4] Viertens, wollte aber Jemand daraus abnehmen, Luther verbiete gute Werke zu thun, damit man nicht sündige, so antwortet man Nein dazu, erstens, weil der Pabst hält, daß der Ehestand viel Unreinigkeit und Sünde mit sich bringe, und doch nicht will den Namen haben, daß er den Ehestand verbiete; ja er würde ihn gebieten, wenn sich alle Christen desselben ent=

---

[1] Jenaer deutsche Ausg. Bd. 4. fol. 102.; Bd. 5. fol. 370. [2] Jenaer latein. Ausg. Bd. 2. fol. 309. [3] 5 Mos. 27, 26. [4] Röm. 8, 1.

halten wollten; zweitens, weil Gott allezeit der Menschen Gebrechen am besten weiß und dessen ungeachtet gleichwohl gute Werke zu thun geboten; drittens, weil es noch ärger wäre, wenn man gute Werke allerdings unterlassen wollte; daß unserm lieben Gott auch die Begierde eines gottseligen Herzens, das sich mit St. Paulo [1] darüber ängstet, daß es Gott nicht in solcher Vollkommenheit, wie das sein sollte, dienen mag und kann, angenehm ist, als welcher das Herz und den Glauben ansiehet. [2]

341. Sechstens: Luther hat den Sünden und Lastern Thür und Thor aufgethan, wenn er geschrieben: unsere Sünden können nicht vor Gericht kommen und uns verdammen, sie seien so groß und grob als sie wollen; allein der Unglaube sei die Sünde, welche die Welt verdamme. Ein Christ sei so reich, daß er die Seligkeit nicht verlieren könne, wenn er gleich wollte, durch keinerlei Laster, sie seien so groß als sie sein mögen; es wäre denn, daß er nicht glauben wollte. [3] Antwort: Erstens, hiemit hat Luther keinem Laster die Thür geöffnet, weil er den Glauben nicht erkennet für rechtschaffen, wo nicht gute Werke daraus kommen. [4] Wenn nun das Wort Christi unfehlbar gewiß ist (wie es ist): Wer an den Sohn glaubet, der wird nicht gerichtet, er hat das ewige Leben; [5] wer glaubet und getauft wird, der soll selig werden; [6] so muß gewiß folgen: der da glaubet, den kann nichts, auch keine Sünde verdammen, wie denn St. Paulus, der sich für den vornehmsten Sünder hielt, [7] gleichwohl nicht konnte verdammet werden, darum, weil er glaubete. Und wenn Judas, Herodes, Pilatus ⁊c. an Christum wären gläubig worden, hätten sie von allen ihren Sünden nicht können verdammet werden, das ist sonnenklar und kanns kein Christ leugnen, noch muß Luther daran unrecht geschrieben haben. Zweitens, wolltest du aber daraus schließen: wenn ich nur glaube, mag ich sündigen wie ich will, es wird mir alles nichts schaden; so wird dich Luther

---

[1] Röm. 7, 21. [2] Jer. 5, 3. [3] Scherer, Conc. 1. Dom. Cantate, pag. 377. Prädicanten-Credo, Art. 7. § 2. [4] Kirchenpostille, am Himmelfahrtsfeste, fol. 93. [5] Joh. 3, 18. 36. [6] Marc. 16, 16. [7] 1 Tim. 1, 15.

bald abweisen und sagen: „Wenn es möglich wäre, daß Glaube und gottlos Leben bei einander stünden, so würde dir das böse Leben nicht schaden; weil aber dies unmöglich, und sobald du dich in vorsätzliche Sünden begibst, so hast du schon den Glauben verloren, so würde dir freilich schaden, wenn du nach deinem Willen sündigtest, denn erstlich kämest du um deinen Glauben, darnach um deine Seligkeit."[1] Drittens, was nun die Rede anlanget: „allein der Unglaube verdammet", hat Luther mit derselben eigentlich darauf gesehen, daß die Sünden, die vor Gottes Gericht kommen, sind entweder eines Gerechten oder Ungerechten, Gläubigen oder Ungläubigen; den Gläubigen und Gerechten können sie nicht verdammen, sonst wäre alles Christenthum nichts; den Ungerechten betreffend, ist der auch seiner Schuld sofern benommen, daß sie Christus auch bezahlet und gebüßet hat, und fehlet ihm nichts, denn daß er solche Bezahlung nicht mit gläubigem Herzen annimmt. Da saget man recht und wohl: diesen verdammen nicht seine Sünden, denn Christus hat sie, so groß sie auch sind, mit seinem heiligen Blute ausgetilget; sondern sein Unglaube, daß er Christi Bezahlung nicht annimmt. Und also redet der HErr Christus selbst: Wer nicht glaubet, der ist schon gerichtet, denn er glaubet nicht an den Namen des eingebornen Sohnes Gottes.[2] Daraus ist klar, daß der HErr erzähle die Ursache der Verdammniß, nicht einige Sünde, sondern allein den Unglauben. Wie aber Christus damit nicht verleugnet, die Sünden werden einen Ungläubigen verdammen:[3] also hat es Luther mit derselbigen Rede auch keineswegs gelengnet; denn wie ich recht sage: der Knecht, der seinem Herrn zehntausend Pfund schuldig war, ist ins Gefängniß geworfen worden nicht wegen der Schulden, denn sie waren ihm allbereit erlassen, sondern wegen des Frevels, den er an seinem Mitknechte übete, gleichwohl aber die Schuld bezahlen mußte;[4] und wenn ein guter Mann für Einen, der im Schuldthurm gefangen läge, bezahlete, und ihn also wahr=

---

[1] Jenaer deutsche Ausg. Bd. 1. fol. 236. 255.; Bd. 7. fol. 142. [2] Joh. 3, 18. [3] Matth. 25, 42. [4] Matth. 18, 35.

haftig losmachete, der Gefangene aber wollte diese Erledigung nicht annehmen, von dem sagte man mit Wahrheit: Diesen Menschen halten nicht seine Schulden im Gefängniß, sondern seine undankbare Halsstarrigkeit, ob er schon seine Schulden zu bezahlen innengehalten wird. Also muß ein Ungläubiger wegen seiner Sünden verdammt werden, ob man schon wahrhaftig saget, er bedürfte der Verdammniß nirgends zu, seine Sünden wären vor Gott abgetilget, und ist nur sein Unglaube schuld, obschon derselbe ihn von Neuem seiner Sündenschuld unterwirfet. Aus diesem allem ist zu sehen, wie unrecht Dr. Luthern geschehe in der Anklage, als hätte er die guten Werke verboten und für Sünde gehalten, da er sie doch allein vom Artikel der Rechtfertigung ausschließt, sonst aber dieselbigen gelehret und dazu getrieben hat.

Das siebenundzwanzigste Capitel.
Von mancherlei Lügen Dr. Luthers, damit er sich als einen falschen Propheten erwiesen hat.

342. Eine schwere Anklage führen die Päbstler über Dr. Luthern in diesem Stücke, daß er ein Lügen = Prophet gewesen sei.[1] Luther sagt recht, man könne den Teufel nirgend so wohl kennen als bei den Lügen. Nun sei Dr. Luther ein Lügner und in vielen Stücken auf Unwahrheit betroffen worden. Er hat geweissaget, Deutschland werde Gottes Wort verlieren, des Pabstthums Ende sei gar nahe, Anno 1524 werde nichts mehr da sein. Die Welt

---

[1] Vetter, im wahrhaftigen Luther, pag. 54. f. Scoppius, de Autor. Lutheri, pag. 8. 10. 16. 17. Scherer, in Profesto Trium Regum, pag 90. Motivae Badenses, rat. 3. pag. 145. Tanner., part. 1. Anatomiae August. Confess. dem. 4. § 7. Bozius, lib. 6. de signis Ecclesiae, cap. 5. pag. 416. Bellarmin. lib. 4. de notis Eccles., cap. 15. Studentengespräch, part. 2 lit. A fol. 4. Eder, in Inquisit. pag. 163.

werde nur stehen bis auf das 1584ste Jahr, der Jüngste Tag solle 1588 kommen. Kurz vor seinem Tode habe Luther zu Eisleben gesaget, er wolle wieder nach Wittenberg reisen, welches doch gefehlet, indem er zu Eisleben gestorben. Solche und dergleichen Lügen werden viel von ihm erzählet, mit Beschreibung, daß kein böser Geist in der Hölle im Lügenhandwerk dem Luther das Wasser reiche, er sollte billig genennet werden nicht Martinus Lutherus, sondern Martinus Lügenerus, oder L. M., das ist Lügen=Maul. In Summa, er sei ein Lügenprophet, dieweil seine Weissagungen nicht eintreffen.

343. Antwort: Erstens, das Wörtlein „Prophet" hat nicht einerlei Bedeutung; es heißet bisweilen Einen, der zukünftige Dinge verkündiget,[1] oder bedeutet einen Kirchenlehrer[2] und Ausleger der heiligen Schrift.[3] Wenn nun Luther etwa genennet wird „ein Prophet deutsches Landes", siehet man nicht eben auf die Weissagung, sondern auf die Lehre und der Schrift Auslegung; denn wir Gott danken, daß er uns diesen vortrefflichen Kirchenlehrer als einen Propheten gesandt hat. Zweitens, Luther hat sich selbst einen Propheten genennet und seine Weissagungen angezogen, aber nicht mit solchem Verstand wie die heilige Schrift Propheten nennet, sondern wie man in gemeiner Conversation von zukünftigen Dingen zu reden pfleget, da ihm Einer dies, der Andere etwas Anderes bedünken lässet; kommts hernach, daß es eintrifft, was Einer geredet hat, so spricht man: das ist ein großer Prophet gewesen, ob man schon ihn weder dem Elias noch dem Jesaias gleich machet. In diesem Verstande hat Dr. Luther geweissaget und ist ein Prophet gewesen, da denn nichts an gelegen ist, ob er bisweilen gefehlet hätte. Aus den Weissagungen schließt man nicht, daß er ein Prophet und Lehrer von Gott gesandt sei, sondern wir prüfen seine Lehre nach Gottes Wort; drittens, und also urtheilet er selber von seinen Weissagungen: er gibt sich nicht für einen Propheten aus,[4]

---

[1] Marc. 11, 32.; Apstg. 11, 27.; 21, 9. 10.   [2] Apstg. 13, 1.
[3] 2 Pet. 1, 19.   [4] Jenaer deutsche Ausg. Bd. 1. fol. 401.

allein ist er ein Prophet, so viel die Lehre betrifft;[1] was er Zu=
künftiges verkündiget, nimmt er aus dem Augenschein, den er gegen
Gottes Wort gehalten, und was zu befürchten sei, angezeiget;
darum wer sich nicht wolle warnen lassen, an dem wolle er ent=
schuldiget sein.[2] Darum er seine Weissagungen auch nicht als
nöthig und unfehlbar hat ausgeben wollen, von denen er sagt:
er besorge sich, es werden seine Weissagungen geschehen; er weis=
sage nicht gerne, denn es komme gemeiniglich mehr als ihm
lieb sei, das Böse mehr als das Gute.[3] Wer aber besorget,
daß seine Weissagung komme, als die pflege zu geschehen und
gemeiniglich komme, der gibet sie nicht aus für allerdings nöthige,
gewisse und unfehlbare Prophezeiung, wie Elias, Jesaias gehal=
ten sind. Darum, wo seine Weissagungen nicht alle eintreffen,
Niemand ihn für einen falschen Propheten (in dem Verstand,
wie Gottes Wort davon redet [4]) halten soll.

344. Was aber die Weissagungen selber anlanget, davon
ist zu wissen, erstens, daß der meiste Theil aus gewisser Con=
dition mit Bedingung gestellet sei, nämlich: Wenn alle Christen
das Evangelium treiben, lehren, reden, schreiben, predigen,
wie Menschengesetze nichts seien, auch wehren, daß Niemand zu
Bullen 2c. etwas gebe: so soll man sehen, wie der Pabst sammt
seinem Geschwärme in zweien Jahren wie der Rauch vergehen
werde.[5] Als aber solcher Fleiß wider das Pabstthum nicht ge=
than wurde, die Leute die Liebe zur Wahrheit nicht angenommen,
ein Jeder das Seine gesuchet, nicht das Christi ist: so hat diese
Weissagung nicht können noch sollen erfüllt werden. Also wenn
Luther weissaget, daß Deutschland Gottes Wort wieder ver=
lieren werde, stellet ers auf den Undank der Leute; da derselbige
sollte continuiren, sollte fast ein jedweder Bauer aus Gottes Wort
solche Weissagung thun können, die so gewiß folgen muß, als Got=
tes Wort wahr ist.[6] Und ob zwar fromme Herzen solch Uebel

---

[1] Jenaer deutsche Ausg. Bd. 5. fol. 260.; Bd. 8. fol. 38. [2] Ebendas.
Bd. 6. fol. 302. [3] Ebendas. Bd. 7. fol. 283. 304. [4] 5 Mos. 13, 13.
[5] Jenaer deutsche Ausg. Bd. 2. fol. 62. [6] Röm. 11, 22.; Amos 8, 11.

bisher aufhalten möchten, so tränet uns auch Gott eine Erfüllung dieser Weissagungen gewaltig. Zweitens, es werden Luthern etliche Dinge zugeschrieben, die er als Weissagungen ausgegeben,[1] daran er doch nie gedacht hat. Wo hat er verkündiget, daß der Jüngste Tag Anno 1588 kommen werde? Wo hat er als eine Weissagung ausgegeben, daß er von Eisleben nach Wittenberg reisen wolle, und nicht vielmehr also geredet, wie ein Jeder im gemeinen Leben von seinem Wandel zu reden pfleget, jedoch mit Vorbehalt göttlicher Regierung. Drittens, so sind auch viele solche Weissagungen erfüllet. Denn Luther ist bei seinem Leben dem Pabst eine Pestilenz, im Tode aber ein Tod worden;[2] denn nicht allein viel fromme Herzen nach Luthers Tode das Pabstthum abgeworfen, sondern auch in Papistenherzen selbst der Pabst das alte Ansehen verloren, so er vor Luthern gehabt. Trotz sei ihm geboten, er beweise den Kaisern und Königen zu dieser Zeit, was ihnen die Päbste in vorigen Zeiten. Er narre die Welt noch mit dem Ablaßkram und andern unzähligen Dingen, derer sich jetzt seine besten Leute schämen, und wollens lieber gänzlich leugnen. Also stirbet der Pabst in aller Menschen Herzen (nach Luthers Worten) von Tage zu Tage, wie denn viele andere Weissagungen erfüllet sind, daraus man sehen kann, daß Luther Gottes Wort auf die Zeiten fleißig accommodiret und manch Ding getroffen habe, daran sonst ein Mensch nicht gedacht hätte.

345. Von Dr. Luthers Prophezeiungen, so erfüllet sind, schreibet Herr Matthesius[3] also: Dr. Luther schreibet an Fürst Georgen zu Anhalt, er sei gewiß, bei seinem Leben solle kein Hauptkrieg im deutschen Lande entstehen, denn sein Gebet sei stark erhöret; aber nach seinem Tode, da möge man aufsehen. Ist das nicht wahr worden? Auf dem Gespräch zu Marburg weissagte Dr. Luther deutlich, ehe drei Jahre vorüber, würden Oekolampad und Zwingel ihre Hände über die Köpfe zusammenschlagen, et factum est ita: im zweiundbreißigsten wird die

---

[1] Tanner., lib. d. § 12. [2] Tanner., part. 1. Anat. Aug. Confess. dem. 4. § 10. 11. [3] Matthes, Conc. 25. de Luth., pag. 190. 191.

Weissagung erfüllet, wie es Zwingli sein Herz zuvor saget, denn allda sollte der irrige Mann mit heißen Thränen sich vernehmen lassen: Gott sei mein Zeuge, ich wollte mit Niemand lieber eins sein, denn mit dem von Wittenberg. Unser Doctor kommt dies Jahr in harte Anfechtung, daß sich ihrer viele seines Lebens verziehen. Nein, saget er, heftig setzet mir der Teufel zu, aber diesmal sterbe ich nicht, damit die Widersacher über meinen Tod sich auch nicht zu rühmen haben, wie über andere Leute, sie hätten mich zu Tode gebetet. Ich habe aus seinem Munde mit vielen Andern etlichemal gehöret, daß er von einem gelehrten Manne sagete, dessen ich seinen Zuhörern zu Ehren geschweige: Der wird noch zum Ketzer werden, denn es ist lauter Rühmens und Trotzens bei ihm, und meinet, er könne es alles allein. Dies kam ins Werk, wie an viel Andern mehr. Dies Wort hat er oft wiederholet, wie ers auch zu mir am Tische gesaget: Matthesius, ihr werdets erfahren, alle, die sich wider diese Schule und Kirche zu Wittenberg auflegen (so lange die reine Lehre hier bleibet), die werden Schiffbruch am Glauben leiden und zu Ketzern werden. Ich meine, die Zeit hat die Prophezei wahr gemacht: was haben sich undankbare Schüler, so in dieser Schule erzogen und gefördert sind, wider diesen Berg Libanon aufgebäumet und von der Lehre, die allda gehöret, abgewendet und ihre Träume hineingeflicket! Der Doctor sagete auch: Ich hoffe nicht, daß es noch soll Noth haben, weil Leute leben, so uns gehöret und mit uns umgegangen sind; wenn nun die weggerafft und schlafen gehen, so gilt es Aufsehens. Die Welt höret gern was Neues, so will sich die kluge Vernunft auch gern mit neuer, fremder und heimlicher Lehre vernehmen lassen. Vilescit quotidianum; aber wohl denen, die bei dem einfältigen Worte in Einfalt verharren und allein Christum den Gekreuzigten kennen, anrufen und predigen! In der Vorrede über den Propheten Daniel hat Dr. Luther Gedanken, es werde noch vor des HErrn Christi Erscheinung kein Predigtstuhl mehr sein, darauf man Gottes Wort predige; Hausväter möchten ihren Katechismum, wie zu

Eliä Zeiten, in ihren Häusern eine Zeitlang erhalten, aber endlich, wenn Christus zum Gericht komme, werde er sehr wenig reine Lehre und Glauben auf Erden finden. Hilf, ewiger Sohn Gottes, versiegle dein Wort in unsern und unsrer Kinder und Nachkommen Herzen, und laß den Teufel nicht von ihren Herzen reißen, und hole uns und sie mit Gnaden heim in seliger Erkenntniß und Anrufung deines Namens, Amen. Was er von Königreichen und Fürstenthümern geweissaget, und schon zum Theil eben stark ins Werk gesetzt, will sich nicht leiden, daß wir diese Schwären angreifen; es ist bei vielen noch nicht gar ausgedrückt und verheilt. Er ließ sich auch oftmals vernehmen: Ich bin nicht gern ein Prophet, denn es wird mir gemeiniglich wahr; Trotz und Hochmuth hat in der Welt nie Bestand. Im 29sten Jahre, als der Türke Wien belagerte, las er im Jesaia; unter Anderem spricht er: Ich hoffe, Danielis Prophezeiung werde wahr bleiben; Türk, das Lästermaul des Allerhöchsten, hat dem römischen Reich drei Hörner und Reiche abgestoßen, daran soll er seinen Tod fressen. An Germanien mag er seinen Muthwillen versuchen, unsere Sünden können ihm auch helfen, daß er darinnen streife und Leute wegführe; geruhig, hoffe ich, soll ers nicht besitzen, denn Gott legte Sennacherib auch einen Ring in die Nase und setzet ihm ein Ziel, darüber er nicht kommen konnte. Diese Weissagung vom Türken ist auch in ihrem Werth blieben; Gott helfe weiter dem römischen Reich, daß Türke und Pabst geschwächet und das heilige Evangelium durch dies Haupt dieses Kaiserthums, wie zu der Zeit Nabuchodonosoris, Chri, Assveri, Theodosii, Arcadii Regierung, mit öffentlichen Mandaten in alle Welt gebracht werde, zum Zeugniß der letzten Welt, und daß sich der Sohn Gottes vor seiner Zukunft bei männiglich verwahre und entschuldige und in alle Ewigkeit gerecht bleibe, wenn er von den gottlosen Verächtern seines Evangelii mit Unwahrheit und aus teuflischem Neid beschuldiget wird.

Das achtundzwanzigste Capitel.

Ob Luther ein furchtsamer und verzagter Mann gewesen, in welchem keine apostolische Freudigkeit gewesen.

346. Man klaget Luther dessen an, daß er ein furchtsamer Mann gewesen, welcher auf den Reichstag gen Worms sich ohn kaiserliches und anderer Fürsten Geleite nicht hat begeben wollen, wie auch nach Augsburg zum Cardinal Cajetan, da er ohne Hosen, Stiefel, Sporen und Schwert entritt und in großer Eile auf Wittenberg postiret.[1] Das alles zeiget nun an den großen Glauben, so Christus und die Apostel haben, die bereit gewesen sind, ihr Blut zu vergießen.

347. Antwort: Erstens, das Geleite hat Luther billig gefordert, denn ohne dasselbe einen so weiten Weg unter Feinden zu reisen, nicht ein christlicher Muth oder Glaube, sondern eine schändliche Vermessenheit wäre, die in der Schrift verworfen wird; denn wer sich gern in Gefahr gibt, der verdirbet darinnen, und einem vermessenen Menschen gehts übel aus, ein vermessener Mensch macht ihm selber viel Unglück[2] ꝛc. Dabei ist es doch genug, daß er sich in die Gefahr begeben, die vor ihm Johann Huß betroffen, der auch kaiserliche Geleite hatte. Zweitens, Dr. Luther ist von Augsburg abgezogen nicht aus unzeitiger Furcht, sondern aus christlicher Fürsichtigkeit. Gen Augsburg hat er sich begeben zum Kardinal Cajetan, welcher ihn eines Besseren sollte unterrichten; als ihn aber derselbige allein aus des Pabsts Recht wollt überweisen, sonst ihm die Disputation abschlug und ihn schlecht und bloß auf den Widerruf dringen wollte, Luthern aber daneben mit vergeblichen Worten von einer Zeit zu der andern aufhielt, bis seine Post, die er nach Rom geschickt hatte, wiederkäme, darum verständige Leute Luthern mit seinen Gefährten riethen, sich davon zu machen, nachdem es wohl darauf stünde,

---

[1] Scherer, Conc. 2. Domin. 3. post Epiph. pag. 183. Studentengespräch, part. 2. lit. B. fol. 2.   [2] Sir. 3, 27. ff.

der Kardinal würde sie ins Gefängniß legen lassen. Darauf sich Dr. Staupitz und Dr. Wenceslaus Lyenck, Luthers Gefährten, auf die Reise gemacht, Luther aber bei fünf oder mehr Tagen noch zu Augsburg verharret, ungeachtet er vom Kardinal im Abschied gehabt, er solle nicht wieder zu ihm kommen, er habe denn einen Widerruf gethan, ist er auf Nürnberg zu geritten und auf Rath verständiger Leute die Appellation zwei Tage nach seinem Abzug anzuschlagen bestellet,[1] mit welchem er nichts Anderes gethan als der HErr Christus, welcher denen zu Nazareth aus den Händen entging,[2] vor den Juden sich verborgen und zum Tempel hinausging;[3] auch St. Paulus zu Damaskus entrann, da ihn die Brüder über die Mauer ließen;[4] ja, der HErr Christus befiehlet seinen Jüngern: Wenn sie euch in einer Stadt verfolgen, so fliehet in eine andere.[5] Wenn aber diese alle bei ihrer Flucht große Lehrer der Christenheit geblieben sind, warum hätte es denn Luther nicht auch bleiben können? Drittens, ob gleich Luther aus menschlicher Schwachheit geflohen wäre, das doch nicht geschehen ist, könnte er dennoch ein christlicher Lehrer sein, wie Petrus und die andern Apostel, ob sie gleich schändlich davon geflohen[6] und sich alle am HErrn Christo geärgert,[7] auch mit Worten und Schwören verleugnet,[8] derer doch keines Luther gethan hat.

348. Wenn sonst die Papisten wollen die rechte Wahrheit sagen, müssen sie bekennen, daß Luther einen rechten Heldenmuth, ein fröhliches Herz, einen apostolischen freudigen Geist wider sie gehabt und geführet habe. Das ist zu sehen, erstens, daß er nach Augsburg zum Kardinal Cajetan zog, da ihm doch große Leib- und Lebensgefahr darauf stund und er das Exempel Johann Hussens vor sich hatte. Zweitens, daß er sich erboten, gern von Wittenberg zu ziehen, als der Churfürst seinethalben fürchtete, er möchte in Gefahr kommen, obgleich Luther nicht wußte, wo hinaus.[9] Drittens, daß er die päbstischen Rechte verbrannte vor dem Thore zu Wittenberg, da er doch wußte,

---

[1] Jenaer deutsche Ausg. Bd. 1. fol. 111. f. [2] Luc. 4, 30. [3] Joh. 8, 59. [4] Apstg. 9, 25. [5] Matth. 10, 23. [6] Matth. 26, 56. [7] Marc. 14, 27. [8] Matth. 26, 20. [9] Jenaer lat. Ausg. Bd. 1. fol. 213.

daß ihm das ganze Pabstthum darüber feind werden würde.¹
Viertens, daß er gen Worms gezogen auf den Reichstag,
allda vor dem römischen Kaiser mit der ganzen Versammlung des
römischen Reichs seiner Lehre halber Antwort gegeben und sich
die römische Bulle, so wider ihn ausgangen war, nicht schrecken
lassen; ja er ließ sich vernehmen: wenn so viel Teufel in Worms
wären als Ziegel auf den Dächern, so wollte er sich doch nicht
fürchten. Fünftens, obgleich die päbstische Bulle und kaiser=
liche Achtserklärung wider ihn ergangen, also daß er Leib= und
Lebensgefahr halber öffentlich nicht konnte sicher sein, kam er doch
aus seinem Patmos wider gen Wittenberg ohne einzige Furcht
dieser großen Gefahr und schreibet an seinen Herrn, den Chur=
fürsten: Wenn die Sache zu Leipzig stünde, so wollte ich doch
hineinreisen, wenn es gleich neun Tage eitel Herzog Georgen
regnete und ein jeglicher wäre neunfach wüthender wie dieser ist.
Sechstens, als der Pabst Hadrian VI. dem Churfürsten von
Sachsen gebot bei zeitlicher und ewiger Strafe, er sollte an Luthern
das kaiserliche Edict vollziehen, wich doch Luther nicht, gab auch
keine Anzeigung einiger Furcht. Siebentens, die Päbstler
sollten sich doch fleißig umsehen in seinen Schriften, wie freudig
und beherzt er den Feinden des Evangeliums unter Augen gehe.
„Wohlan", spricht er an einem Orte,² „alle zusammen, welche
zusammen sind und zusammen gehören, Teufel, Papisten und
Schwärmer auf einen Haufen, nur frisch auf den Luther, ihr Pa=
pisten von vorn her, ihr Schwärmer von hinten zu, ihr Teufel
von allen Enden dran, hetzet, jaget, treibet getrost, ihr habet das
rechte Wild vor euch; wenn der Luther lieget, so seid ihr genesen
und habt gewonnen. Ich sehe doch wohl, daß Alles verloren ist;
es hilft kein Schelten, kein Lehren :c. Wohlan, so gelte der Trotz
im Namen Gottes; wen es gereuet hat, der lasse ab; wer sich
fürchtet, der fliehe; mein Rückenhalter ist stark genug, das weiß ich;
ob mir schon die ganze Welt anhinge und wiederum abfiele, das ist
mir eben gleich, und denke, ist sie mir doch zuvor auch nicht an=
gehangen, da ich allein war."

---

[1] Jenaer deutsche Ausg. Bd. 1. fol. 353. [2] Ebendas. Bd. 3. pag. 335.

Das neunundzwanzigste und letzte Capitel.
Von Luthers Tod und Begräbniß.

349. Gleichwie die Päbstler Luthers Leben allerlei schändliche Dinge angedichtet, also schreiben diese greulichen Lügner auch von seinem Tode, daß er ein gar böses Ende genommen habe. Etliche geben vor, daß Luther des Abends wohl gezechet zu Bette gegangen und des Nachts ersticket sei.[1] Item, daß er einen Strick genommen und sich selbst elendiglich erhenket habe, wiewohl alsobald sei geboten worden allen Denen, die im Hause gewohnet, daß sie dem Evangelio zu Ehren solches verschweigen sollten.[2] Andere geben vor, daß Luthern ein großer Hund erschrecket habe und die Teufel bei seinem Tode sich haben sehen lassen.[3] Andere geben vor, Luther habe bei seinem Tode gute Possen gerissen,[4] und nachdem er mit Lachen und Kurzweil die Zeit zugebracht, sei er eines jählichen Todes gestorben;[5] sein böses Gewissen habe ihm Angst gemacht vor seinem Tode, dieweil vieler tausend Seelen Verderb von seinen Händen solle gefordert werden.[6]

350. Antwort: Das ist nichts Neues, daß man nach Luthers Tode solche Lügen erdichtet, dieweil es schon bei seinem Leben geschehen ist. Er selber hat in seinen Schriften aufgezeichnet die welsche Lügenschrift, welche zu Rom von seinem Tode ausgegangen war; es lautet aber dieselbe also: „Martin Luther, als er krank war, begehrte er das heilige Sacrament des Leibes unsers HErrn JEsu Christi, welches, als ers empfangen, ist er alsbald gestorben. Und in seiner Krankheit, als er sahe, daß sie gar heftig war und gänzlich sich zum Tode neigete, hat er geboten, daß sein Leib auf einen Altar sollte gesetzet und angebetet werden

---

[1] Bozius, lib. 23. de signis Eccles. cap. 3. Gretser., Tom. 1. defens. Bellarm. Col. 855. [2] Bozius, lib. 23. cap. 3. Claudius Santes, repet. 1. de Euchar. cap. 10. [3] Bredenbach, colloq. sacr. lib. 7. cap. 39. [4] Scherer, Conc. 2. in profesto Trium Regum pag. 94. [5] Eder, in Inquisit. pag. 186. [6] Cochlæus de actis Lutheri, pag. 309.

als ein Gott. Aber die göttliche Güte und Fürsichtigkeit, als sie hat wollen einem so großen Irrthum ein Ende machen und ein wenig stillschweigen, hat sie nicht abgeschlagen solche Wunderzeichen zu eröffnen, welche sehr vonnöthen waren, auf daß das Volk abstünde von solchem großen Irrthum, Zerstörung und Verderbniß, welche obgenannter Luther in dieser Welt hat angerichtet, darum sobald sein Leib ins Begräbniß ist geleget worden, ist alsbald ein erschrecklich Rumor und Getümmel gehöret worden, als fiele Teufel und Hölle in einander, durch welche alle die Irrigen, so gegenwärtig waren, kamen in ein groß Schrecken, Entsetzen und Furcht, und als sie die Augen gen Himmel huben, sahen sie klärlich die allerheiligste Hostie unsers HErrn JEsu Christi, welche ein solch unwürdiger Mann also unwürdig hat dürfen empfahen. Ich sage auch, daß alle die, die dabei sind gewesen, scheinbarlich gesehen haben die allerheiligste Hostie in der Luft hangen. Derohalben mit großer Andacht und Ehrerbietung haben sie die allerheiligste Hostie mit großer Ehre und Andacht zu den Heiligthümern ehrlich gethan. Da das geschehen ist, hat man denselbigen Tag nicht mehr ein solch Getümmel und ein höllisch Rumpeln gehöret. Aber die folgende Nacht an demselbigen Orte, da der Leib Martin Luthers war begraben, hat Jedermann gemeinlich gehöret ein größer Ungestüm denn das erste. Darum auch das Volk aufgestanden, und kam in eine große Furcht und Entsetzung. Derohalben, als es Tag ward, gingen sie hin, aufzuthun das Grab, da der gottlose Leib des Martin Luther hingeleget war, welches Grab, als es ward aufgethan, sahe man klärlich, daß da weder Leib oder Fleisch, noch Bein, noch einige Kleider waren, aber es war voll solches geschweflichten Gestankes, daß es Alle, die da umherstunden, krank machte, dadurch Viele ihr Leben haben gebessert zu dem heiligen christlichen Glauben, zur Ehre, Lob und Preis JEsu Christi und Befestigung und Bekräftigung seiner heiligen christlichen Kirche, die da ist ein Pfeiler der Wahrheit." [1]

---

[1] Jenaer deutsche Ausg. Bd. 8. pag. 207.

351. Hiervon ist Dr. Martin Luthers Gutdünken dieses: "Ich Martinus Lutherus D. bekenne und zeige mit dieser Schrift, daß ich solches zornig Gedichte von meinem Tode empfangen habe am 21. Martii, und fast gern und fröhlich gelesen, ausgenommen die Gotteslästerung, da solche Lügen der hohen göttlichen Majestät wird zugeschrieben. Sonst thut mirs sanft auf der rechten Kniescheibe und an der linken Ferse, daß mir der Teufel und seine Schuppen, Pabst und Papisten, so herzlich feind sind. Gott bekehre sie vom Teufel. Ists aber beschlossen, daß mein Gebet für die Sünde zum Tode vergeblich ist, wohlan, so gebe Gott, daß sie ihr Maß voll machen und nicht anders denn solche Büchlein zu ihrem Trost und Freuden schreiben. Laß nunmehr hinfahren, sie fahren recht, si voluerunt, ich will dieweil zusehen, wie sie wollen selig werden, oder wie sie büßen und widerrufen mögen alle ihre Lügen und Gotteslästerungen, damit sie die Welt füllen."

352. Wie es aber eigentlich mit dem Tode Herrn Luthers beschaffen gewesen, das haben kürzlich zusammengefasset Dr. Justus Jonas, M. Michael Cölius und Andere, welche als lebendige Zeugen sind dabei gewesen. Ihre Beschreibung lautet also: "Des Abends zuvor (als er den Morgen, kurz vor 3 Uhr, seliglich in Gott verschieden ist) hat er viel wichtige Wort und Reden vom Tod und ewigen Leben geredet, unter Anderem gesaget: Ach lieber Gott, zwanzig Jahre ist eine geringe Zeit, noch machete die kleine Zeit die Welt wüst, wenn Mann und Weib nicht nach Gottes Geschöpf und Ordnung zusammenkämen; wie gar ists eitel Creatio! Gott sammlet ihm seine christliche Kirche ein groß Theil aus den kleinen Kindern; denn ich glaube, wenn ein Kind von einem Jahr stirbt, daß allezeit tausend oder zweitausend jährige Kinder mit ihm sterben; aber wenn ich Dr. Martinus dreisechziger sterbe, so halte ich nicht, daß ihrer sechzig oder hundert durch die Welt mit mir sterben, denn die Welt wird jetzund nicht alt. Wohlan, wir Alten müssen darum so lange leben, daß wir dem Teufel in Hintern sehen, so viel Bosheit, Untreu, Elend der Welt erfahren, auf daß wir Zeugen seien, daß der Teufel so ein böser

Geist gewesen. Menschlich Geschlecht ist wie ein Schaafstall der Schlachtschaafe. Auch gedachte der Herr Doctor denselbigen letzten Abend über Tische dieser Frage, nämlich, ob wir in jener seligen, künftigen, ewigen Versammlung und Kirche auch einander kennen würden; und da wir fleißig baten des Berichts, da sprach er: Wie that Adam? Er hatte Eva sein Lebtage nicht gesehen, lag da und schlief; als er aber aufwachte, da sagte er nicht: wo kommst du her? was bist du? sondern: das Fleisch ist von meinem Fleische und das Bein von meinem genommen. Woher wußte er das, daß dies Weib aus keinem Stein gesprungen wäre? Daher geschah es, daß er des Heiligen Geistes voll und in wahrhaftiger Erkenntniß Gottes war. Zu der Erkenntniß und Bild werden wir in jenem Leben wiederum in Christo erneuert, daß wir Vater und Mutter und uns unter einander kennen werden von Angesicht, besser denn wie Adam und Eva. Nicht lange nach diesen Worten ist er aufgestanden und in sein Stüblein gegangen, und sind ihm seine zwei kleinen Söhne, Martinus, Paulus, M. Cölius bald nachgefolget, hat er sich seiner Gewohnheit nach im Stüblein in das Fenster geleget zu beten, ist M. Cölius wieder herabgegangen, und ist Johannes Aurifaber Vimariensis hinaufkommen, so hat der Doctor gesagt: Mir wird aber wehe und bange, wie zuvor, um die Brust. Da hat Johannes gesagt: Ich habe gesehen, da ich der jungen Herren Präceptor war, wenn ihnen um die Brust oder sonst übel ward, daß ihnen die Gräfin Einhorn gegeben hat; wollt ihrs haben, will ichs holen. Hat der Doctor Ja gesagt. Indem ist Johannes, ehe er zu der Gräfin gangen, eilend herunter gelaufen, und ruft Dr. Jonam und M. Cölium, der über zwei Vater Unser lang nicht danieder gewesen, und schnell hinaufgelaufen. Als wir hinaufkamen, hat er sich aber hart geklaget um die Brust, da wir von Stund an (seinem Gebrauch nach), wie er daheim gepfleget) mit warmen Tüchern ihn wohl gerieben, daß er empfand und sprach, ihm wäre besser. Kam Graf Albrecht selber gelaufen mit M. Johann, brachten das Einhorn, und sprach der Graf: Wie gehets, o lieber

Herr Doctor? Darauf der Doctor sprach: Es hat keine Noth, gnädiger Herr, es beginnt sich zu bessern. Da hat ihm Graf Albrecht selbst das Einhorn geschabet, und nachdem der Doctor Besserung gefühlet, ist er wiederum von ihm gangen, seiner Räthe einen, Conrad von Wolfframsdorff, neben uns, Dr. Jona, M. Coelio, Johanne Ambrosio, bei ihm gelassen. Da hat man auf des Doctors Begehren das geschabete Einhorn in einem Löffel Weins zweimal ihm eingegeben, da Conrad von Wolfframsdorff zuvor selbst einen Löffel voll (damit der Doctor desto weniger scheuet) genommen. Da leget er sich ungefähr um 9 Uhr aufs Ruhebettlein und sprach: Wenn ich ein halbes Stündlein könnte schlummern, hoffe ich, es sollte alles besser werden. Da hat er anderthalb Stunden bis auf 10 Uhr sanft und natürlich geschlafen, sind wir, Dr. Jonas und M. Michael Cölius, sammt seinem Diener Ambrosio und seinen zwei kleinen Söhnen, Martino und Paulo, bei ihm blieben. Als er aber gleich in puncto 10 Uhr aufwachte, sprach er: Siehe, sitzet ihr noch? möchtet ihr euch nicht zu Bette legen? Antworten wir: Nein, Herr Doctor, jetzt sollen wir wachen und auf euch warten. Mit dem begehrte er auf und stund auch vom Ruhebettlein auf und ging in die Kammer, hart an der Stube, die mit Fenstern vor aller Luft verwahret, und wiewohl er da nichts klaget, doch da er über die Schwelle der Kammer ging, sprach er: Walts Gott, ich gehe zu Bette; in manus tuas commendo Spiritum meum; redemisti me, Domine, Deus veritatis. Als er nun zu Bette ging, welches wohl zubereitet mit warmen Betten und Kissen, legte er sich ein, gab uns allen die Hand und gute Nacht und sprach: Doctor Jona und M. Cöli und ihr Andern, betet für unsern HErrn Gott und sein Evangelium, daß ihm wohlgehe, denn das Concilium zu Trident und der leidige Pabst zürnet hart mit ihm. Da ist die Nacht bei ihm in der Kammer blieben Dr. Jonas, seine zwei Söhne, Martinus, Paulus, und sein Diener Ambrosius und andere Diener. Diese einundzwanzig Tage hat man alle Nacht Licht in der Kammer gehalten, dieselbige Nacht aber auch das Stüblein lassen

warm halten; da hat er wohl geschlafen mit natürlichem Schnau=
ben, bis der Zeiger Eins geschlagen; ist er erwachet und hat seinen
Diener Ambrosius gerufen, ihm die Stube einzuheizen; als aber
dieselbige die ganze Nacht warm gehalten und Ambrosius,
der Diener, wiederkam, fragte ihn Dr. Jonas, ob er wieder
Schwachheit empfinde. Sprach er: Ach HErr Gott, wie ist mir
so weh! Ach lieber Doctor Jonas, ich achte, ich werde hier
zu Eisleben, da ich geboren und getaufet bin, bleiben. Darauf
Dr. Jonas und Ambrosius, der Diener, antwortet: Ach Reverendo Pater! Gott, unser himmlischer Vater, wird helfen durch
Christum, den ihr geprediget habt. Da ist er ohne Hülfe oder
Handleiten durch die Kammer in das Stüblein gangen, auch im
Schritt über die Schwelle gesprochen, wie er zu Bette gangen,
diese Worte: In manus tuas commendo Spiritum meum;
redemisti me, Domine, Deus veritatis. Auch einmal oder
zweimal im Stüblein hin und wieder gangen, legte sich darnach auf
das Ruhebettlein und klaget, es drücke ihn um die Brust sehr hart,
aber doch schonete es noch des Herzens. Da hat man ihn, wie er
begehret und zu Wittenberg im Brauch gehabt, mit warmen
Tüchern gerieben und ihm Kissen und Pfühl gewärmet, denn er
sprach, es hülfe ihm wohl, daß man ihn warm hielte. Vor die=
sen allen und da der Doctor nun sich aufs Ruhebettlein geleget,
kam M. Cölius aus seiner Kammer, hart an der unsern, gelaufen
und bald nach ihm Johannes Aurifaber; da hat man ganz eilend
den Wirth, Johann Albrecht den Stadtschreiber, und sein Weib
aufgeweckt, desgleichen die zwei Medicos in der Stadt, welche alle
(da sie nahe wohneten) in einer Viertelstunde gelaufen kamen:
erstlich der Wirth mit seinem Weibe, darnach M. Simon Wild,
ein Arzt, und Dr. Ludewig, ein Medicus; bald darauf Graf Al=
brecht mit seinem Gemahl, welche Gräfin allerlei Würz und Lab=
sal mit sich brachte und ohn Unterlaß mit allerlei Stärkungen ihn
zu erquicken sich befleißigte. Aber in dem allen sagt der Herr
Doctor: Lieber Gott, mir ist sehr weh und angst; ich fahr dahin,
ich werde nun wohl zu Eisleben bleiben. Da tröstet ihn

Dr. Jonas und M. Cölius, und sprachen: Reverendo Pater, rufet euren lieben HErrn JEsum Christum an, unsern Hohenpriester, den einigen Mittler; ihr habet einen großen guten Schweiß gelassen, Gott wird Gnade verleihen, daß es wird besser werden. Da antwortet er und sprach: Ja, es ist ein kalter, todter Schweiß; ich werde meinen Geist aufgeben, denn die Krankheit mehret sich. Darauf fing er an und sprach: O mein himmlischer Vater, ein Gott und Vater unsers HErrn JEsu Christi, du Gott alles Trostes, ich danke dir, daß du mir deinen lieben Sohn JEsum Christum offenbaret hast, an den ich glaube, den ich geprediget und bekennet habe, den ich geliebet und gelobet habe, welchen der leidige Pabst und alle Gottlosen schänden, verfolgen und lästern; ich bitte dich, mein HErr JEsu Christe, laß dir mein Seelchen befohlen sein. O himmlischer Vater, ob ich schon diesen Leib lassen und aus diesem Leben hinweggerissen werden muß, so weiß ich doch gewiß, daß ich bei dir ewig bleiben, und aus deinen Händen mich Niemand reißen kann. Weiter sprach er auch: Sic Deus dilexit mundum, ut unigenitum filium suum daret, ut omnis, qui credit in eum, non pereat, sed habeat vitam aeternam. Und die Worte aus dem 68. Psalm: Deus noster, Deus salvos faciendi, et Dominus, est Dominus educendi ex morte. Das ist deutsch: Wir haben einen Gott des Heils und einen HErrn, der mitten aus dem Tode uns führet. Indem versuchte der Magister noch eine sehr köstliche Arznei, die er zur Noth allezeit in seiner Tasche hatte, daß der Doctor einen Löffel voll einnahm; aber er sprach abermal: Ich fahre dahin, meinen Geist werde ich aufgeben; sprach derohalben dreimal sehr eilend auf einander: Pater, in manus tuas commendo Spiritum meum; redemisti me, Deus veritatis. Als er nun seinen Geist in die Hände Gottes, des himmlischen Vaters, befohlen hatte, fing er an stille zu sein; man rüttelt aber, rieb, kühlt und rief ihn, aber er that die Augen zu, antwortet nicht. Da streicht Graf Albrechts Gemahl und die Aerzte ihm den Puls mit allerlei Stärkwassern, welche ihm die Doctores geschicket und er selbst pflegete zu gebrauchen. Indem er aber still ward, rief ihm Dr. Jonas und M. Cölius stark ein: Reverende Pater, wollet ihr auf Christum und die Lehre, die ihr hie geprediget, beständig sterben? Sprach er, daß man es deutlich hören konnte: Ja. Mit dem wandte er sich auf die rechte Seite und fing an zu schlafen fast eine Viertelstunde, daß man auch der Besserung hoffete. Aber die Aerzte und wir sagten alle, dem Schlaf wäre nicht zu trauen, leuchteten ihm mit Lichtern fleißig unter das Angesicht. Indem kam Graf Hans Heinrich von Schwartzenburg sammt seinem Gemahl auch dazu, nachdem bald erbleicht der Doctor sehr unter dem Angesichte, wurden ihm Füße und Nase kalt, thät einen tiefen, doch sanften Odem holen, mit welchem er seinen Geist aufgab mit stiller und großer Geduld, daß er nicht mehr einen Finger noch Bein reget, und konnte Niemand merken (das zeugen wir vor Gott auf unser Gewissen) einige Unruhe, Quälung des Leibes oder Schmerzen des Todes, sondern entschlief friedlich und sanft im HErrn, wie Simeon singet; daß wohl der Spruch Joh. 8. an ihm wahr ward: Wahrlich, ich sage euch: wer mein Wort hält, wird den Tod nimmermehr sehen ewiglich. Welcher Spruch Joh. 8. die letzte Handschrift ist, so er auch den Leuten zum Gedächtniß in die Bibel geschrieben und dieselbige seine Handschrift gegen Ulrich Hans Gaßmann, dem hohensteinischen Rentmeister, zukommen, vorn in einer Hauspostill, welchen Spruch der liebste, herzliche Vater also ausgelegt: (Den Tod nimmermehr sehen) Wie unglaublich ist doch das geredet und wider die öffentliche und tägliche Erfahrung! Dennoch ist es die Wahrheit, wenn ein Mensch mit Ernst Gottes Wort im Herzen betrachtet, ihm glaubet und stirbet, so sinket und fähret er dahin, ehe er sich des Todes versiehet oder gewahr wird, und ist gewiß selig im Wort, das er also geglaubet und betrachtet, von hinnen gefahren. Unter dies war geschrieben: Martinus Luther, Doctor, 1546, geschehen am 7. Tag Februarii." [1]

---

[1] Jenaer Ausg. Bd. 8. pag. 386. 387.

353. Mit dieser Relation stimmen überein Dr. Pomeranus in Luthers Leichenpredigt, Matthesius in seinen Predigten von Luther; ja Thuanus, der päbstische Historiker, beschreibet seinen Tod auch, daß er sich mit gutem Gespräch vom ewigen Leben dazu bereitet habe. Fast um diese Zeit (spricht er) war Martin Luther, welcher diesen Lärm wider den Pabst angefangen, 63 Jahr alt und starb in seinem Vaterlande zu Eisleben, in der Grafschaft Mansfeld, am 18. Hornung, als er von Wittenberg, da er Professor war, von den Mansfeldischen Herren einer Irrung halben, welche sie unter einander wegen der Grenzen und Erbschaft hatten, dieselbige zu vertragen, gefordert ward. Da er die Nacht vor seinem Tode, nach dem Nachtessen, gefraget ward, ob wir auch im ewigen Leben einander kennen würden, sagt er Ja, und bewährt es mit Zeugnissen aus der Schrift. Und wie ihn viel Leute bei seinem Leben haufenweise lieb hatten, also konnten sie auch nach seinem Tode nicht von ihm getrennet werden. Denn die von Mansfeld wollten haben, weil er bei ihnen geboren und seine Abkunft von ihnen hätte, sollte auch sein Körper bei ihnen begraben werden. Aber Herzog Johann Friedrichs Meinung ging vor, daß er gen Wittenberg gebracht und daselbst zur Erde bestattet ward. Justus Jonas von Nordhausen, einer alten Reichsstadt in Thüringen, bürtig, etwann Johann Friedrichs, des Churfürsten von Sachsen, Kinder Präceptor, und der auch bei ihnen in ihrer großen Widerwärtigkeit beständig hielt und Luthers treuer Mitdiener bis an seines Lebens Ende war, stand bei ihm, als er verschied, und starb ihm über zehn Jahre zu Eisfeld, da er Prediger war, im 63sten Jahr seines Alters nach).[1]

354. Es geben die Widersacher zwar vor, daß bei dem Begräbniß Luthers, als er von Eisleben gen Wittenberg sei geführet worden, viel schwarze Raben sich haben sehen lassen, welches die bösen Geister sollen gewesen sein;[2] es sind aber bei solchem Begräbniß gegenwärtig gewesen fürstliche, gräfliche und

---

[1] Thuanus, lib. 2. Histor. an. 46.   [2] Bozius, lib. 23. de signis Eccles. cap. 3.

andere hohe Standespersonen, Männer und Frauen, des Churfürsten von Sachsen Gesandte, die ganze Universität Wittenberg sammt der Bürgerschaft daselbst, sammt vielen vornehmen Leuten, Jung und Alt in großer Menge, welche die schwarzen Raben nicht gesehen, wie denn Dr. Luthers stattliches und christliches Begräbniß weitläuftig beschrieben gefunden wird.[1] Ist zu verwundern, woher nun erst lange nach Luthers Tode die Päbstler solches erfahren haben. Alle christlichen und verständigen Herzen sehen genugsam, wie es mit den päbstischen Lügen von Luthern in diesen und andern Stücken beschaffen sei.

Aus diesem allen siehet der christliche Leser, wie übel die Päbstler mit Luthern und seinen Schriften umgehen, wie offenbare Lügen sie erdichten, wie fälschlich sie seine Meinung verkehren, wie verstümmelt sie seine Worte anziehen: damit sie dann an Tag geben, welches Geistes Kinder sie sind. Der barmherzige, getreue Gott wolle den Feinden des Evangelii das steinerne Herz nehmen und ihnen ein fleischern Herz geben; er wolle ihnen die Augen öffnen, daß sie sehen die Greuel und Irrthümer, darinnen sie leben, und zur Wahrheit des Evangelii sich bekehren. Uns aber wolle derselbige unser Gott und Vater bei der einmal erkannten Wahrheit gnädiglich schützen und erhalten, und uns dermaleins selig machen. Das helfe uns allen Gott der Vater um JEsu Christi, seines lieben Sohnes willen! Amen.

SOLI DEO GLORIA!

---

[1] Jenaer deutsche Ausg. Bd. 8. fol. 387. f.

www.ingramcontent.com/pod-product-compliance
Lightning Source LLC
Chambersburg PA
CBHW021349230426
43666CB00006B/459